Die 7 Todsünden

1.700 Jahre Kulturgeschichte zwischen Tugend und Laster

Katalog zur Sonderausstellung
der Stiftung *Kloster Dalheim*.
LWL-Landesmuseum für Klosterkultur
30. Mai bis 1. November 2015
herausgegeben von der Stiftung *Kloster Dalheim*.
LWL-Landesmuseum für Klosterkultur

Die 7 Todsünden in der Stiftung *Kloster Dalheim*.
LWL-Landesmuseum für Klosterkultur wird gefördert von:

Wir bedanken uns bei unseren Leihgebern

Augsburg, Staats- und Stadtbibliothek
Basel/Schweiz, Museum Tinguely
Bergisch-Gladbach, Andreas Mudring, Big food – Essen in XXL
Berlin, Schering Archiv / Bayer AG
Berlin, Bruno Balz-Archiv
Berlin, Bundesarchiv
Berlin, Stiftung Deutsches Historisches Museum
Berlin, Guido Gaßner
Berlin, Gesellschaft gegen Gewichtsdiskriminierung e.V.
Berlin, GKV Spitzenverband
Berlin, Landesarchiv
Berlin, Staatliche Museen zu Berlin, Ägyptisches Museum und Papyrussammlung
Berlin, Staatliche Museen zu Berlin, Kunstgewerbemuseum
Berlin, Staatsbibliothek zu Berlin – Preußischer Kulturbesitz
Berlin, Stiftung Stadtmuseum Berlin
Blankenburg, René Holzheuer
Bocholt, LWL-Industriemuseum TextilWerk Bocholt
Bochum, Madonna e.V.
Bonn, Stiftung Haus der Geschichte der Bundesrepublik Deutschland
Bonn, Universitäts- und Landesbibliothek
Braunschweig, Richard Borek Stiftung
Bremen, Kunsthalle Bremen – Kupferstichkabinett – Der Kunstverein in Bremen
Bretten, Herbert von Neumann-Cosel
Brixen/Italien, Bibliothek des Priesterseminars
Büren-Wewelsburg, Kreismuseum Wewelsburg
Chemnitz, Universitätsbibliothek
Dresden, Porzellansammlung, Staatliche Kunstsammlungen
Dresden, Kupferstich-Kabinett, Staatliche Kunstsammlungen
Düsseldorf, DAK-Gesundheit
Düsseldorf, Universitäts- und Landesbibliothek
Düsseldorf, Heinrich-Heine-Universität, Grafiksammlung „Mensch und Tod"
Essen, Museum Folkwang / Deutsches Plakat Museum
Frankfurt a. M., Universitätsbibliothek Johann Christian Senckenberg
Hamburg, Hamburger Institut für Sozialforschung
Hannover, Gottfried Wilhelm Leibnitz Bibliothek – Niedersächsische Landesbibliothek
Hannover, Historisches Museum
Heidelberg, Universitätsbibliothek
Heiligenkreuz/Österreich, Zisterzienserabtei Stift Heiligenkreuz, Handschriftenkammer
Herne, LWL-Museum für Archäologie, Westfälisches Landesmuseum
Innsbruck/Österreich, Universitäts- und Landesbibliothek Tirol
Jena, Thüringer Universitäts- und Landesbibliothek
Kassel, Museumslandschaft Hessen Kassel
Köln, Historisches Archiv der Stadt Köln
Köln, NS-Dokumentationszentrum der Stadt Köln
Köln, Universitäts- und Stadtbibliothek
Konstanz, Rosgartenmuseum
Leipzig, Stadtgeschichtliches Museum
Leipzig, Universitätsbibliothek
London/Großbritannien, National Maritime Museum, Greenwich
Luckenwalde, Heimatmuseum
Lund/Schweden, Lunds Universitets Historiska Museum
Lutherstadt Wittenberg, Stiftung Luthergedenkstätten in Sachsen-Anhalt
Mainz, Gutenberg-Museum
Mauthausen, KZ-Gedenkstätte
Mannheim, Reiss-Engelhorn-Museen
MISEREOR
München, Bayerisches Nationalmuseum
München, Bayerische Staatsbibliothek
München, Staatliche Graphische Sammlung
Münster, LWL-Archäologie für Westfalen
Münster, Universitäts- und Landesbibliothek
Nürnberg, Germanisches Nationalmuseum
Nürnberg, Privatleihgabe
Paderborn, Parfümerie Pieper
Paderborn, Stadt Paderborn
Paderborn, Stadtarchiv
Rheinberg, Jörg Bohn, Wirtschaftswundermuseum
Regensburg, Historisches Museum der Stadt Regensburg
Schönecken, Sammlung Lothar Graff
Soest, Burghofmuseum
Speyer, Landesbibliothekszentrum Rheinland-Pfalz / Pfälzische Landesbibliothek
St. Gallen/Schweiz, Stiftsbibliothek
St. Paul im Lavanttal/Österreich, Benediktinerstift
Straßburg/Frankreich, Bibliothèque nationale et universitaire
Stuttgart, Haus der Geschichte Baden-Württemberg
Stuttgart, Landesmuseum Württemberg
Tecklenburg, Hartwig von Diepenbroick-Grüter
Trier, Stadtbibliothek
Tübingen, Universitätsbibliothek
Verl, Klaus Sinnerbrink, Joh. Sinnerbrink GmbH & Co.KG Furnierschälwerk
Vorau/Österreich, Augustiner Chorherrenstift
Weimar, Klassik Stiftung Weimar, Goethe- und Schiller-Archiv
Wien/Österreich, Theatermuseum
Zürich/Schweiz, Kunsthaus Zürich, Grafische Sammlung

Inhalt

9 **Grußwort**

10 Vom Tabu zur Tagesordnung –
Einführung in die Sonderausstellung *Die 7 Todsünden*
Ingo Grabowsky

20 Die sieben Todsünden –
Alltagsleben ins Bild gesetzt
Helga Fabritius

32 Wider die Versuchung –
ein Lasterkanon entsteht
Carolin Mischer

38 Von Hauptlastern zu Todsünden –
Vermittlung und Verweltlichung des Lasterkanons
Carolin Mischer

48 Zeiten des Umbruchs –
die sieben Todsünden in der Frühen Neuzeit
Stefanie Wittenborg

58 Neue Blickwinkel –
Todsünden im 19. Jahrhundert
Stefanie Wittenborg und Helga Fabritius

68 Tradition und Neuanfang –
Todsünden in Kaiserreich und Weimarer Republik
Linda Eggers

76 Das Unmoralische als Moral –
Todsünden im Nationalsozialismus
Linda Eggers

86 Neue Gesellschaft, alte Sünden?
Todsünden in der Nachkriegszeit
Alexandra Buterus

96 Selfies, Sex und schrille Slogans –
die sieben Todsünden heute
Alexandra Buterus

108 Lasterkatalog für Fortgeschrittene –
Theologischer Einwurf
Dieter Hattrup

112 **Exponatteil**

268 **Anhang**

Liebe Besucherinnen und Besucher,

Hochmut, Habgier, Neid, Trägheit, Völlerei, Wollust und Zorn – kaum jemand hat heute noch eine genaue Vorstellung von den sieben Todsünden und ihrem ursprünglich religiösen Zusammenhang. Doch auch heute stellen sie unser Gewissen auf die Probe: Ist Geiz wirklich geil? Kann Zorn heilig sein? Macht Neid uns erfolgreicher? Die sieben Todsünden sind Wurzeln großen und kleinen Übels, aber auch Triebfedern des Fortschritts. Keine Zeit, keine Generation, kein Mensch kann sich ihnen entziehen.

Die Sonderausstellung *Die 7 Todsünden* der Stiftung *Kloster Dalheim.* LWL-Landesmuseum für Klosterkultur geht Ursprung, Wirkung und Faszination der Lehre von den sieben Todsünden auf den Grund. Durch mehr als 1.500 Jahre Kulturgeschichte folgen die Besucher dem schmalen Grat zwischen Tugend und Laster in die Welt der Versuchungen. Sie sind dabei, wenn im 4. Jahrhundert die Mönche in der Wüste erstmals einen Katalog der menschlichen Laster verfassen. Sie begegnen dem Konzept der Todsünden im Mittelalter als moralischer Grundlage von kirchlicher Lehre und rechtlichen Verordnungen. Doch je weltlicher die Gesellschaft wird, desto mehr verlieren die sieben Todsünden ihren Schrecken. Werte werden neu definiert. Trotzdem wirft der Teufel auch in der Gegenwart sein Netz aus. Von der Schnäppchenjagd bis zum „All you can eat" werden die sieben Todsünden zum Kern eines universalen Werbeversprechens: der Erfüllung aller Wünsche.

Knapp 100 nationale und internationale Leihgeber konnten für die Ausstellung gewonnen werden, darunter renommierte Museen, Klöster und Galerien, aber auch Privatleute. Die außergewöhnliche Zusammenschau vereint auf diese Weise hochkarätige Kunstwerke, seltene Handschriften, archäologische Funde, geschichtsträchtige und aufsehenerregende Alltagsobjekte.

Wir wünschen Ihnen eine inspirierende Reise in die Welt der Asketen und Abzocker, Dämonen und Diktatoren, Patres und Pin-ups, Reformatoren und Revolutionäre. Und vielleicht begegnen Sie zwischen Wutbürgern und Wirtschaftsbossen auch ein bisschen sich selbst!

Matthias Löb
LWL-Direktor
Vorsitzender des Kuratoriums
der Stiftung *Kloster Dalheim*

Dr. Barbara Rüschoff-Thale
LWL-Kulturdezernentin
Vorsitzende des Vorstands
der Stiftung *Kloster Dalheim*

Vom Tabu zur Tagesordnung – Einführung in die Sonderausstellung *Die 7 Todsünden*
Ingo Grabowsky

„Heute ein König", „Geiz ist geil", „Du darfst" oder „Mach mal Pause!": Unentwegt bedrängt uns die Werbung mit ihren Botschaften und Aufforderungen. Bilder schöner Frauen, dicker Autos und appetitlicher Leckerbissen aus dem Supermarktregal versprechen uns „Genuss ohne Reue", wie es in der Werbung seit Jahrzehnten heißt. Beharrlich spielen die Reklamestrategen der Konzerne dabei mit Eigenschaften, die uns seit Menschengedenken begleiten, nämlich mit den sieben Todsünden: Hochmut, Habgier bzw. Geiz, Wollust, Zorn, Völlerei, Neid und Trägheit. Die Werbung fordert uns nachgerade dazu auf, uns den Todsünden hinzugeben. Damit ist sie vom ursprünglichen religiösen Zusammenhang des Todsündenkonzeptes, von dem kaum jemand noch eine genaue Vorstellung hat, weit entfernt: Hier galt es vielmehr, der „Sünde zum tode", wie sie der *erste Brief des Johannes* im Neuen Testament nennt, zu widerstehen (1 Joh 5,16-17).[1]

Die Todsünden begegnen uns auch heute immer wieder, zumeist jedoch in einer metaphorischen oder verweltlichten Form: Die elf Todsünden der Kommunikation, die zehn Todsünden des Marketing, die acht Todsünden der zivilisierten Menschheit und die sieben Todsünden der Bewerbung. Zahl und Inhalt variieren, auffallend ist allerdings immer der Reklamecharakter. Wenn etwas „eine Sünde wert" ist, sind meist Produkte der Lebens- oder Genussmittelindustrie gemeint, mitunter auch erotische Versuchungen: Die Sünde, sie scheint für viele Zeitgenossen nicht mehr abschreckend, sondern geradezu anziehend zu sein.

Dazu passt eine Beobachtung des Kulturkritikers Matthias Matussek: „Heute ist Sünde allenfalls eine Art Verstoß gegen die soziale Straßenverkehrsordnung und, soweit Schuld und Seelenqual und Gewissensbisse mit ihr verknüpft sind, eine Sache für Therapeuten und in jedem Fall verhandelbar."[2] Bei der Sünde handelt es sich seit Jahrhunderten um einen zutiefst religiösen Begriff. Zwar ist „Sünde" wohl nicht, wie man früher meinte, verwandt mit dem germanischen „Sund" (Meerenge), sondern mit dem Verb *sein:* Der Sünder ist derjenige, der es *gewesen ist.* Theologisch meint die Sünde jedoch „eine tiefgreifende Trennung vom Schöpfer"[3] (so wie die Meerenge Landflächen voneinander trennt). Sie scheidet den Menschen von Gott – und zwar von Anfang an, wenn der Bibel zu glauben ist.

Die Todsünden in der Bibel

Gemeinsam leben die ersten Menschen mit Gott im Paradies. Die Schlange jedoch verführt Adams Frau Eva dazu, vom Baum der Erkenntnis zu genießen. Fortan unterscheiden die Menschen zwischen Gut und Böse, und „nach gethaner Sünde / [leidet] das Gewissen angst", wie es in Martin Luthers Kommentar zu seiner Bibelübersetzung heißt (1 Mo 3,8).[4] Von Todsünden im engeren Sinne spricht die Bibel nicht. Allerdings sind sie als zu vermeidendes, menschliches Fehlverhalten unterschwellig oder offen das Thema vieler biblischer Gleichnisse und Geschichten. Präsent sind sie zum Beispiel im *Buch der Sprüche* im Alten Testament, das die Laster Geiz, Zorn, Trägheit und Neid nennt. Sprichwörtlich ist die Aussage über den Hochmut geworden:

"Hoffart kommt vor dem Sturz, / und Hochmut kommt vor dem Fall" (Spr 16,18). Auch ex negativo sind die Todsünden immer wieder Inhalt biblischer Erzählungen: Gleichgültigkeit als Trägheit des Herzens etwa beschreibt das Gleichnis vom barmherzigen Samariter (Abb. 2). Ein Mann, der von Jerusalem nach Jericho gehen wollte, liegt überfallen und ausgeraubt halbtot am Wege. Achtlos eilen ein Priester und ein Levit (ein Angehöriger eines der zwölf Stämme Israels) an ihm vorbei, ohne dem Schwerverletzten Hilfe zu leisten. Schließlich hilft der wenig geachtete Mann aus Samaria (Lk 10,25-37). Die gute Tat als Überwindung der Trägheit des Herzens, sie ist ein häufiges Thema in Gleichnissen Jesu.

Gott hat den Menschen nach seinem Ebenbild erschaffen. Und so nimmt es nicht wunder, dass der Herr selbst über Eigenschaften verfügt, die in der späteren Tradition zu Todsünden werden: Zornig zerstört er zum Beispiel die sündigen Städte Sodom und Gomorrha. Auch die Zehn Plagen, die Ägypten verheeren, oder die Sintflut sind Ergebnisse von Gottes Zorn. Nicht nur im Alten Testament ist dieser zu finden. Voll Zorn vertreibt Jesus die Händler aus dem Tempel. Übrigens kennt nicht nur die Bibel Hochmut, Wollust, Neid, Habgier und die anderen Todsünden. Mit dem Zorn des Achill beginnt – im griechischen Original von Homers Epos *Ilias* – die abendländische Literatur.

Abb. 1
Jüngstes Gericht
Regensburg, um 1480
München, Bayerisches Nationalmuseum

Entstehungsumfeld und Genese des Sündenkonzepts

Bereits die antiken Philosophen kennen das tief in der menschlichen Natur begründete Spannungsverhältnis von Tugenden und Lastern und fassen es theoretisch. Im *Brief an die Galater* stellt sie der Apostel Paulus einander gegenüber: Die Werke des Fleisches „als da sind Ehebruch / Hurerey / Vnreinigkeit / Vnzucht / Abgötterey / Zeuberey / Feindschafft / Hadder / Neid / Zorn / Zanck / Zwitracht / Rotten / Hass / Mord / Sauffen / Fressen" stehen im Kontrast zu den Früchten des Geistes, nämlich „Liebe / Freude / Friede / Gedult / Freundligkeit / Gütigkeit / Glaube / Sanfftmut / Keuscheit" (Gal 5,19-22).[5] Hier sind dem Sinn nach bereits alle jene Eigenschaften enthalten, die mit dem Aufkommen der klösterlichen Kultur zu einem Lasterkatalog entwickelt und formuliert werden. Die „Wüstenväter", asketische Wegbereiter monastischen Lebens, sehen sich in ihrem täglichen Streben nach Gottesschau weltlichen Versuchungen ausgesetzt: „Als Asketen und zölibatär Lebende wurden Mönche und Nonnen zu den Spezialisten schlechthin, wenn es um Fragen von Versuchung, Selbstkontrolle und Kontrollverlust ging."[6] Dämonen verführen die Gottessucher als „böse Gedanken"[7]. Für den mönchischen Alltag formuliert der Eremit Evagrius Ponticus (*345, †399) einen Katalog von acht Lastern: Völlerei, Unkeuschheit, Habsucht, Traurigkeit, Zorn, (geistige) Lustlosigkeit, Ruhmsucht und Hochmut. Mit Ponticus führt „die Überwindung dieser Versuchungen, die Loslösung von ihnen, [...] zur Befreiung von der Leidenschaft, zur *apatheia* [...], aus welcher Nächstenliebe entsteht; von da gelangt die Seele zur *gnosis*, zum Wissen von Gott".[8] Durch Johannes Cassianus (*360, †435) kommen die Idee mönchischen Zusammenlebens und damit auch das Sündenkonzept nach Europa.

Papst Gregor der Große (*540, †604), bedeutender Praktiker des Glaubens und zugleich einer der wichtigsten Nachfolger Petri am Übergang von der Antike zum Mittelalter, formuliert daraus schließlich die sieben Kardinalsünden, die aus der Wurzel des Hochmuts hervorgehen: Ruhmsucht, Neid, Zorn, Trägheit (Traurigkeit), Habsucht, Völlerei und Wollust. Später entwickelt sich daraus das bis heute bekannte Schema der sieben Todsünden.

Von den Hauptsünden zu den Todsünden

Zunächst führt die katholische Morallehre die Todsünden unter dem Begriff Hauptsünden. Diese verbreiten sich schwerpunktmäßig im klösterlichen Umfeld, das sich bei seinem Streben nach wahrhaftem Christentum offenkundig stark von den Anfechtungen des Lebens bedroht sieht. Im 13. Jahrhundert entstehen die Bettelorden, Franziskaner und Dominikaner, die durch ihre rege Predigttätigkeit und Lehre klösterliches Gedankengut und damit auch die Sündenlehre in der Öffentlichkeit weit verbreiten. Das IV. Laterankonzil – es findet 1215/1216 im Lateran, dem römischen Sitz der Päpste, statt – führt das Bußsakrament und die Beichtpflicht ein. Als Element der Beichtpraxis lernen nun die einfachen Gläubigen die Lehre von den Hauptsünden kennen. Diese erfahren einen radikalen Begriffs- und Bedeutungswandel: Die sieben Hauptsünden werden zu Todsünden erklärt. Belehrende Bildprogramme in Handschriften sowie in Ausmalung und Skulpturenschmuck kirchlicher und weltlicher Gebäude haben nun Hochkonjunktur. Zusammen mit religiöser und weltlicher Literatur sowie Musik machen sie den Gläubigen die Todsündenlehre allgegenwärtig. Eine andere Frage ist freilich, wie sehr die Gläubigen und auch die Kleriker ihr folgen: Gewalt als

Abb. 2
Gleichnis vom barmherzigen Samariter
aus: *Die Bibel in Bildern,* Bl. 197
Julius Schnorr von Carolsfeld, Leipzig, 1860

Ausdrucksform des Zornes ist im Mittelalter sehr viel mehr an der Tagesordnung als heute. Die *Sacra Poenitentiaria Apostolica,* das päpstliche Buß- und Gnadenamt, verhandelt unzählige Fälle von Laien und Klerikern, die gegen die kirchliche Ordnung verstoßen haben. Ein Stifts- oder Chorherr aus dem norditalienischen Cividale „legt ein ganzes Leporello seiner Frauengeschichten vor: mehrere Frauen mehrmals, verheiratete wie unverheiratete, dazu etliche Nonnen aus zwei verschiedenen Klöstern der Stadt, und dann, obwohl er Besserung geschworen hatte, noch eine verheiratete Frau (neben Würfelspiel und Lästern der Madonna)"[9]. Berühmt geworden ist der Fall des bretonischen Philosophen und späteren Abtes Peter Abaelard (*1079, †1142). Er beginnt ein Liebesverhältnis mit seiner Schülerin Heloise (*1095, †um 1164). Deren wutentbrannter Onkel lässt Abaelard aus Rache entmannen. Immerhin scheint diese Operation die Wollust des Liebespaares zu dämpfen. Heloise, inzwischen selbst Äbtissin eines Nonnenklosters nahe dem französischen Nogent, wird zur „Seelenfreundin"[10] des früheren Heißsporns.

Zeiten des Wandels und des Umbruchs

Die Reformation bringt auch in Bezug auf die Todsündenlehre einen Wendepunkt: Martin Luther (*1483, †1546) setzt die Todsünde mit der Erbsünde gleich, so dass die sieben Todsünden nach katholischem Verständnis für Protestanten nun „harmloser" erscheinen. Dennoch finden sie auch im Protestantismus weiterhin Beachtung. Sparsamkeit (Geiz), Genügsamkeit und der Verzicht auf Luxusgüter (Völlerei) sind besonders für den Calvinisten erstrebenswert und wirtschaftlicher Erfolg eine Gottesauszeichnung. Trägheit ist nach protestantischem Verständnis aller Laster Anfang. Die Aufklärer des 18. Jahrhunderts betrachten die sieben Todsünden viel differenzierter als die katholische Lehre – auch positive Aspekte werden nun untersucht und thematisiert. Während das 16. und 17. Jahrhundert allgemein eine massive sexuelle Repression kennzeichnet, folgt im 18. Jahrhundert eine Phase sexueller Libertinage – zumindest für die begüterten Schichten. Im Zeitalter des Barock erfreuen sich vor allem die Todsünden Völlerei und Wollust eines freizügigen öffentlichen Umgangs mit ihnen: Volle Tische gelten als Statussymbol, Schaugerichte und üppige Tischdekorationen gehören zu einem standesgemäßen Auftreten. Zu einer Symbolfigur der Zeit wird der venezianische Glücksritter Giacomo Casanova (*1725, †1798), der unzählige Frauen mit seinen Liebeskünsten beglückt. Eine ähnlich faszinierende, allerdings sagenhafte Figur ist der Don Juan: Dieses gewissenlosen Frauenhelden nehmen sich die wichtigsten europäischen Künstler an. Molière (*1622, †1673), Wolfgang Amadeus Mozart (*1756, †1791) oder Alexander Sergejewitsch Puschkin (*1799, †1837) zeigen sich fasziniert vom Don-Juan-Stoff.

Neukonzeptualisierung der Todsünden

Nach der Französischen Revolution 1789 bricht die von der Religion geprägte alteuropäische Welt zusammen. Das 19. Jahrhundert sucht nach einem neuen Umgang mit den Sünden: Sigmund Freud (*1856, †1939) etwa, der Begründer der Psychoanalyse, deutet Taten des Menschen nicht als Verstoß gegen Gottes Gesetz, sondern als Folge psychischer Bedingtheiten. In der industriellen Revolution werden Todsünden als treibende Kräfte der neuen Wirtschaftsordnung positiv gedeutet. Die Neukonzeptualisierung von Neid und Habgier bildet die Grundbedingung des wirtschaftlichen und politischen Erfolgs der abendländischen Welt. Trägheit erfährt in diesem Zusammenhang eine besonders negative Bewertung: In der modernen Arbeitswelt ist sie nicht gefragt. Stechuhren und Maschinen geben nun den Takt vor, dem sich die arbeitende Bevölkerung unterwerfen muss.

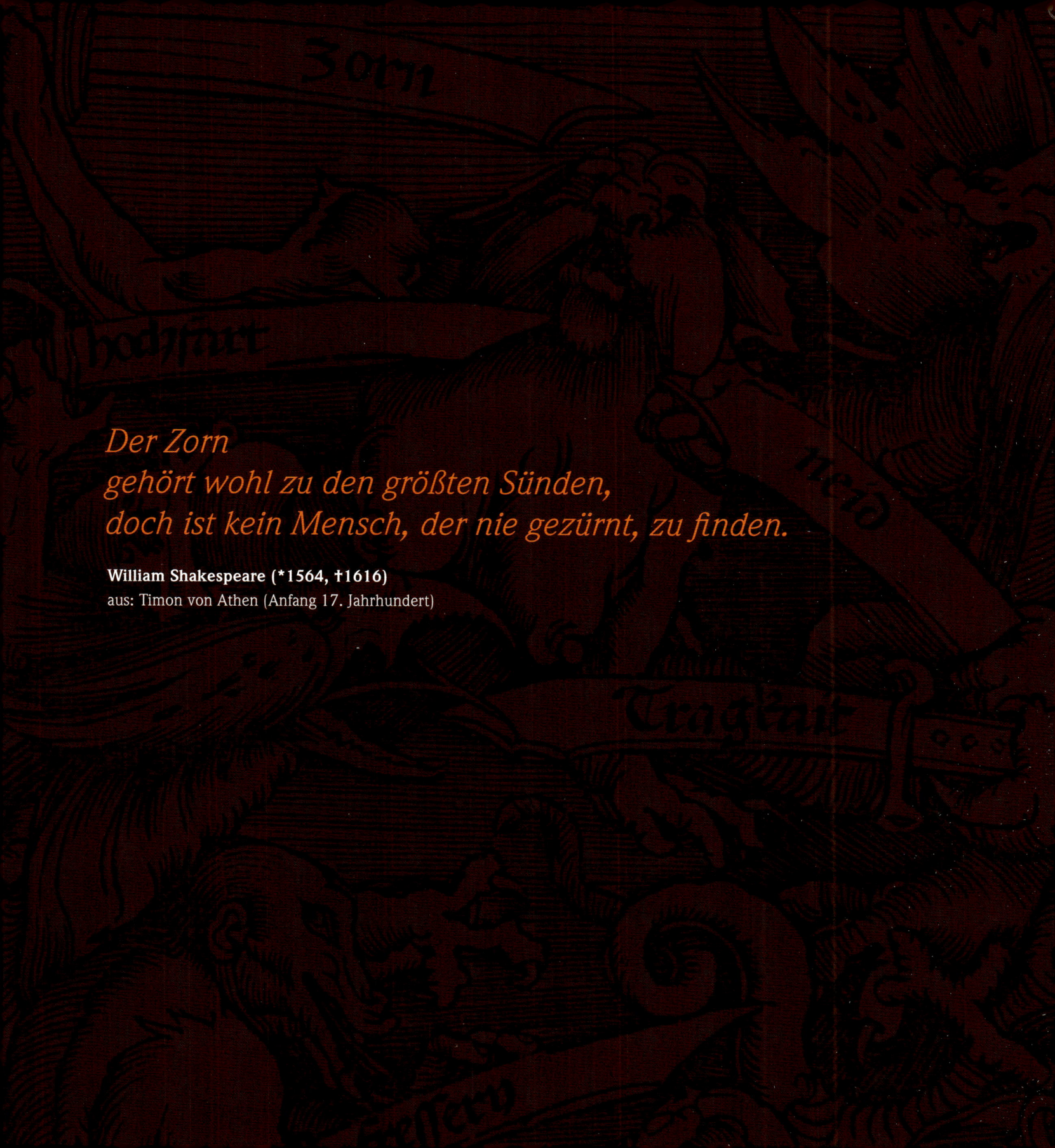

*Der Zorn
gehört wohl zu den größten Sünden,
doch ist kein Mensch, der nie gezürnt, zu finden.*

William Shakespeare (*1564, †1616)
aus: Timon von Athen (Anfang 17. Jahrhundert)

Aufbruch in die moderne Gesellschaft

Die gesellschaftliche Liberalisierung zwischen der Gründung des Deutschen Reiches 1871 und dem Ende der Weimarer Republik bringt einen zusehends laxen Umgang mit den Todsünden mit sich: Im wilhelminischen Deutschland ist im stolzen Ringen um Weltgeltung und in der sinnlosen Konkurrenz mit dem übermächtigen England die Katastrophe des Kaiserreichs bereits angelegt, die im Zorn des Ersten Weltkriegs endet. Die Kolonialzeit ist geprägt von einem rassistischen Überlegenheitsdünkel gegenüber den Bewohnern der vom Deutschen Reich einverleibten Länder, etwa auf dem afrikanischen Kontinent. Wie Zootiere finden sie sich in „Völkerschauen" einem sensationslüsternen Publikum ausgesetzt. In scheinbarem Widerspruch zu diesem offenen, wenn auch nicht unbedingt bewussten Ausleben der Todsünde Hochmut steht das Verhältnis der Menschen zur Wollust. Ein bigotter Blick auf die Sexualität prägt die Zeit vor 1914: Was dem Ehemann erlaubt ist, darf die Frau noch lange nicht – etwa sich Befriedigung verschaffen, zumal außerhalb der Ehe. Diese starren Grenzen verschieben sich allerdings spätestens in der Republik von Weimar. Wollust und Völlerei gehören bei gehobenen Schichten in den 1920er Jahren beinahe zum guten Ton – so wie es bei den Renaissance-Fürsten der Fall war. Zumal in Berlin gehören Kabarett, Revuen und frivole Schlager zum Freizeitvergnügen. Eine weitere Todsünde wird geradezu zum Schmiermittel des Wirtschaftssystems: Die moderne Konsumgesellschaft ermöglicht erstmals weiten Bevölkerungskreisen die Befriedigung der Gier nach Massenprodukten.

Die Todsünden im „Dritten Reich"

Eine völlige Umwertung der Todsünden vollziehen die Nationalsozialisten. Hauptantriebsfeder des mörderischen Antisemitismus ist der Neid. Die SS – in ihren schwarzen Uniformen gleichsam das Zerrbild eines Männerordens – erhebt Zorn, Hochmut und auch Trägheit des Herzens, die in der „Erziehung zum Wegsehen"[11] deutlich wird, zu höchsten Tugenden. Bei der „Arisierung" jüdischen Eigentums kommt der Habgier in „Hitlers Volksstaat"[12] geradezu eine Schlüsselrolle zu, wie jüngere Forschungen des deutschen Historikers Götz Aly belegen. Der rassistische Hochmut richtet sich auch gegen andere Gruppen, wie Sinti und Roma, Menschen mit Behinderungen, sogenannte Asoziale, Prostituierte oder Homosexuelle, die rechtlich diskriminiert, verfolgt und ermordet werden. Maßlosigkeit äußert sich in allen Lebensbereichen, besonders prägnant aber in großangelegten Bauprojekten für die Reichshauptstadt Berlin oder auch die westfälische Wewelsburg.

Eine Gesellschaft formt sich neu

Nach dem Zweiten Weltkrieg geht die deutsche Gesellschaft in Ost und West unterschiedlich mit den Todsünden um: Geradezu mönchisches Maßhalten in einer homogenen Gesellschaft ist die Grundforderung der SED-Diktatur an die Menschen in Ostdeutschland. Die Gesellschaft der Bundesrepublik dagegen steht im Zeichen des „Wirtschaftswunders": Oberstes Ziel ist ökonomischer Erfolg – Habgier die treibende Kraft und Völlerei ein Ausdrucksmittel. Sprichwörtlich ist die „Fresswelle" der frühen 1950er Jahre, die ihre Legitimation in den Hungerjahren der unmittelbaren Nachkriegszeit findet. Die Wollust dagegen gerät wieder zu einer suspekten Größe: Vielleicht ist die vielzitierte Prüderie der Adenauer-Zeit eine psychologische Gegenreaktion auf die Entgrenzungen der Moral, die kennzeichnend für den Nationalsozialismus mit seiner „Biologisierung der Sexualität"[13] waren. Auf den Kopf stellt dann die *68er-Bewegung* die herkömmlichen Moralvorstellungen. Entscheidenden Vorschub liefert dafür die „Pille", die die weibliche Wollust erstmals von der Angst entkoppelt, schwanger zu werden: Konterkariert wird diese Befreiung durch Forschungsergebnisse, die vor einigen Jahren in der Presse kursierten. Auf Dauer scheint die „Pille" die weibliche Libido zu dämpfen – die sexuelle Befreiung endet in lustloser Tristesse. In der Folgezeit interpretiert und bekämpft die politische Linke sittliche Grenzen zunehmend als repressiv. Das Private wird politisch, und das betrifft auch andere Todsünden. Völlerei ist spätestens seit dem „Dritte-Welt"-Diskurs der 1980er Jahre wieder suspekt: In unserem Appetit auf Fleisch und in der ungleichen Verteilung von Lebensmitteln machen viele Beobachter die Ursache für den Hunger in armen Gegenden der Welt aus.

Die sieben Todsünden heute

Heute begegnen uns Todsünden als Schlagwort in nahezu allen Lebensbereichen. In einer Zeit der „All-inclusive"-Kultur gilt das mit dem Konzept der Todsünden verbundene Maßhalten lange als altmodisch. Die Welt von heute, die „bis in alle Details durchökonomisiert"[14] ist, zwingt den einzelnen nachgerade dazu, mit seinen Eitelkeiten und Egoismen hausieren zu gehen, etwa in der Sphäre der sogenannten sozialen Netzwerke.

Und dennoch wenden sich immer mehr Menschen gegen Exzesse der Habgier, der Wollust oder des Zorns, die nicht selten als pathologisch gedeutet werden. Gegen die Ökonomisierung des Egoismus – als solcher verkleiden sich altbekannte Todsünden wie Hochmut und Habgier – schreibt der Herausgeber der *Frankfurter Allgemeinen Zeitung,* Frank Schirrmacher (*1959, †2014), an. Die Idee der Nachhaltigkeit ist dabei ein mögliches Konzept im Umgang mit den Todsünden. Kirchliche Autoren wie der Osnabrücker Bischof Franz-Josef Bode oder der Abtprimas der Benediktiner, Notker Wolf, widmen den Todsünden Aufmerksamkeit. Papst Franziskus wendet sich wie lange kein Kirchenoberhaupt vor ihm gegen kapitalistische Gier und Hochmut.

Abb. 3
Die sieben Todsünden
Otto Dix, 1933
Karlsruhe, Staatliche Kunsthalle

Der Zorn Gottes in der Bibel, aber auch der Zorn des Achill in Homers *Illias* zeigen eines auf: Prinzipiell wohnt den Todsünden nicht nur Schlechtes inne. Zorn kann gerecht sein, Wollust garantiert das Fortbestehen der Gattung Mensch, Neid ist im Kapitalismus einer der wichtigsten Antriebe, wirtschaftlichen Erfolg erzielen zu wollen. Letztlich sind die Todsünden anthropologische Konstanten, Grundeigenschaften des Menschen also, die Fragen an die Existenz stellen. Jede Zeit gibt ihre eigenen Antworten darauf.

Die Todsünden sind in jedem Menschen potentiell angelegte Verhaltensweisen, die sowohl ins Gute als auch ins Negative gewendet werden können. Richtungsgebend kann dabei bis heute die *discretio* sein, das rechte Maß also, wie es die Äbtissin Hildegard von Bingen (*1098, †1179) benennt: Ursprünglich Merkmal einer im religiösen Sinne seelischen Gesundheit, wird es in der Gegenwart vielfach als Anzeichen psychischen Wohlbefindens gewertet und spielt auch in Diskussionen über Ökologie und Ökonomie eine bedeutsame Rolle. In diesem Zusammenhang können Todsünden, so meinen Psychologen, auch produktiv wirken: Ohne Neid gäbe es keinen Fortschritt, ohne Wollust stürbe die Menschheit aus, und ohne Zorn kämpften vielleicht weniger Menschen für Gerechtigkeit. Eines jedenfalls scheint offensichtlich: Wenn auch vielleicht nicht mehr unbedingt als „Schlange in der [...] Finsternis"[15] – die Todsünden fordern den Menschen heraus. Wir können nicht nicht darüber nachdenken!

Literatur
Aly 2005, Hildegard von Bingen 2014 [1158-1163], Bode 2012, Borst 2007, Brooke 2001, Eitler 2009, Ernst 2011, Esch 2012, Evagrius Ponticus 2012a [4. Jh.], Matussek 2010, Sachsse 2003, Schallenberg 2007, Schirrmacher 2013, Wolf/Linder 2014.

Anmerkungen
1 Luther-Bibel 1545.
2 Matussek 2010, S. 61.
3 Schallenberg 2007, S. 23.
4 Luther-Bibel 1545.
5 Ebd.
6 Ernst 2011, S. 10.
7 Evagrius Ponticus 2012a [4. Jh.], S. 12.
8 Brooke 2001, S. 25.
9 Esch 2012, S. 43.
10 Borst 2007, S. 356.
11 Sachsse 2003.
12 Aly 2005.
13 Eitler 2009, S. 379.
14 Schirrmacher 2013, S. 16.
15 Hildegard von Bingen 2014 [1158-1163], S. 112.

Abb. 4
Dagobert Duck
Der Milliardär verkörpert den „Geiz" in der Comic-Welt Entenhausen.

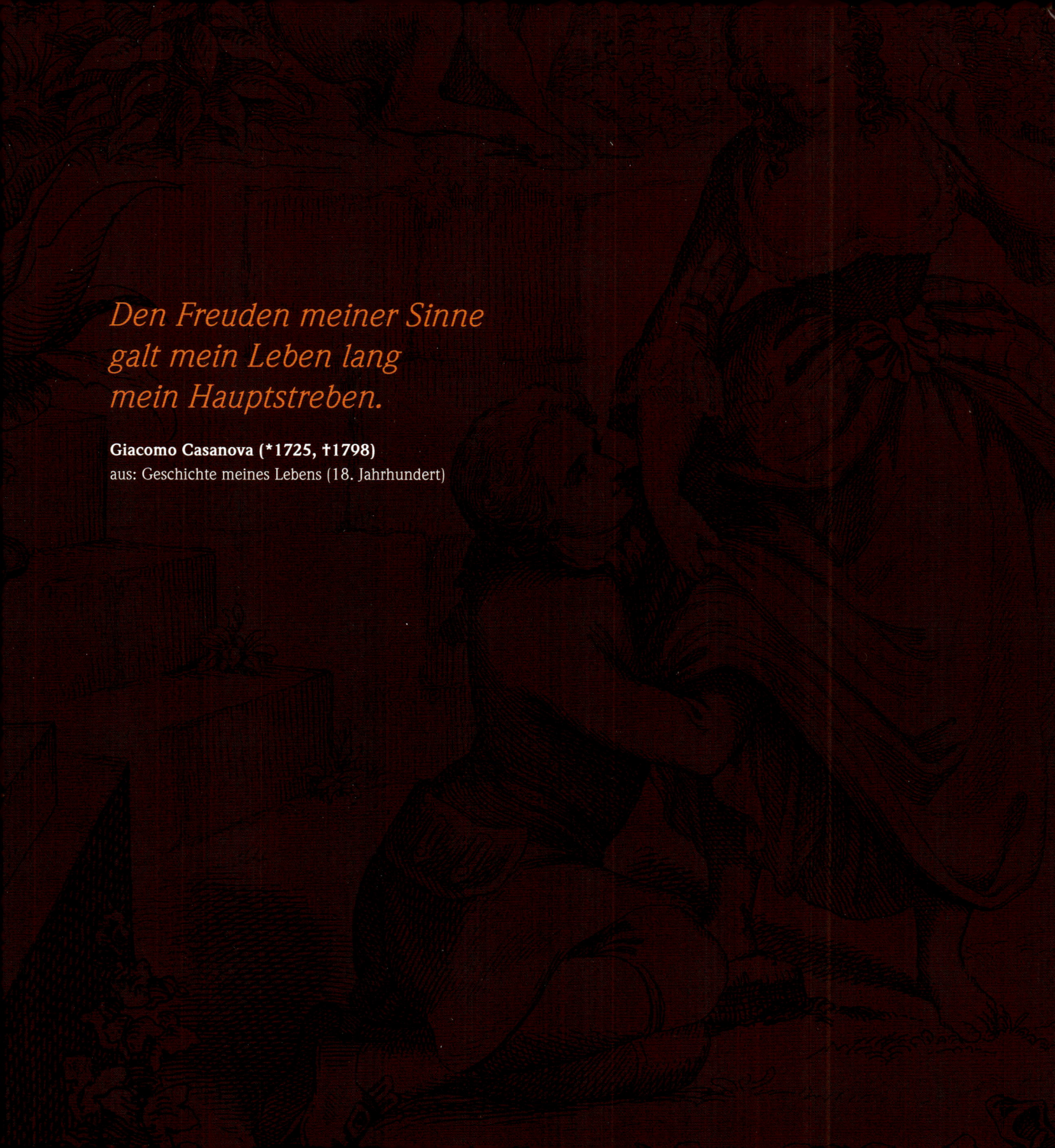

Den Freuden meiner Sinne galt mein Leben lang mein Hauptstreben.

Giacomo Casanova (*1725, †1798)
aus: Geschichte meines Lebens (18. Jahrhundert)

Die sieben Todsünden – Alltagsleben ins Bild gesetzt
Helga Fabritius

Das Konzept der sieben Todsünden dient bereits über Jahrhunderte hinweg als allgemein bekanntes und von vielen anerkanntes Ordnungsprinzip, das menschliches Handeln prägt. Es wandelt sich dabei von einem zunächst rein theologischen Konzept im Laufe der Zeit zu einem gesellschaftlich allgemeingültigen Wertekanon, der bis heute diskutiert und an der Alltagswirklichkeit immer wieder neu ausgerichtet wird.

In der Kunst ist das Thema Laster bzw. Todsünden in allen Epochen – wenn auch in unterschiedlich starker Ausprägung – kontinuierlich präsent. Daher stellt sich die Frage: Inwiefern orientieren sich die bildlichen Darstellungen der Todsünden an der Alltagswirklichkeit, inwiefern spiegeln sie die gesellschaftlichen Verhältnisse ihrer Entstehungszeit? Und mit welchen Mitteln versuchen die Bilder das Wesen der Sünde zu erfassen?

Im Folgenden soll dem Antlitz der Todsünden – diesen zutiefst menschlichen Charaktereigenschaften Hochmut, Habgier, Wollust, Zorn, Völlerei, Neid und Trägheit – in Darstellungen aus dem neunten bis 21. Jahrhundert exemplarisch nachgespürt werden.

Zum Ursprung des Todsündenkonzepts

Der Ursprung des Konzeptes der sieben Todsünden findet sich im engen Personenkreis der Wüstenmönche des vierten Jahrhunderts. Sie reflektieren das Spektrum menschlichen Verhaltens und benennen dabei Eigenschaften, die ihrer eigenen Lebensweise zuwiderlaufen. Dieses praxisorientierte System einer mönchischen Selbstanalyse entwickelt Papst Gregor der Große (amt. 590–604) weiter und überführt es in den gesamtkirchlichen Bereich der Seelsorgepraxis. Das Hoch- und Spätmittelalter bringt die Popularisierung des Lasterkanons; in dieser Zeit entsteht auch der Begriff der „sieben Todsünden". Diese bilden von nun an eine wichtige Richtschnur in der religiösen Erziehung der Laien, in Predigten und in der Beichte.

Vom allegorischen Bild zur Alltagswirklichkeit

Bereits im sechsten Jahrhundert betont Gregor der Große die Bedeutung der Bilder für die Vermittlung von Glaubensinhalten an Laien: „Denn was für die Lesenden die Schrift, das zeigt das Bild den unwissenden Sehenden."[1] Bildliche Darstellungen zur Lasterlehre haben sich erst aus dem neunten Jahrhundert erhalten. Dabei handelt es sich um Handschriften der *Psychomachia*, einer ursprünglich spätantiken Schrift des Prudentius (*348, †nach 405), die den Seelenkampf zwischen Laster und Tugenden beschreibt. Dieses Werk erfreut sich im Mittelalter großer Beliebtheit und beeinflusst nachhaltig die Darstellungsform der sieben Todsünden. So wendet das mittelalterliche Traktat *Etymachia* das Kampfmotiv nun explizit auf die sieben Todsünden an und zeigt diese als Personifikationen auf Reittieren (Kat.-Nr. 2.2).

Im Zusammenhang mit der Einführung der jährlichen Beichtpflicht 1215 entsteht die Notwendigkeit, die Lasterlehre möglichst rasch und nachhaltig einem breiten Laienpublikum zur Kenntnis zu bringen. Im Sinne Gregors des Großen sind Bilder das Medium, um die abstrakte moraltheologische Lehre den Laien leichter erfassbar und verständlich zu machen. Ab dem 13. Jahrhundert beginnt daher die Blütezeit moralisch-didak-

Abb. 5
Himmlische und weltliche Stadt
aus: *Cité de Dieu des Augustinus,* fol. 6r
Frankreich, 1478
Den Haag/Niederlande, Museum Meermanno

tischer Darstellungen der Lasterlehre. Es entstehen zahlreiche bildliche Formulierungen des Lasterkanons in Malerei, Skulptur, Grafik und Textilkunst, die für eine weitreichende und nachhaltige Verbreitung der nun volkstümlich als „sieben Todsünden" benannten Laster sorgen. Allegorische Personifikationen, exemplarische Szenen oder eine Kombination beider Darstellungsformen veranschaulichen die sieben Todsünden.

Alltagsbeobachtungen fließen schon sehr früh in die Darstellungen ein. Aus dem ersten Viertel des 13. Jahrhunderts stammt die Portalskulptur der zentralen westlichen Vorhalle der gotischen Kathedrale von Amiens/Frankreich. Sie zeigt einen Tugend- und Sündenzyklus: Die Wollust erscheint hier als sich küssendes Paar und die Habgier als Geizhals, der in seinen Goldtruhen kramt. Die jeweilige Todsünde ist in einen eigenen – wenn auch sehr reduzierten – Handlungszusammenhang eingebunden.

Um die Laien direkt anzusprechen, zeigen Darstellungen der Todsünden vermehrt den in Alltagsszenen aktiv handelnden Sünder. Entsprechende Bilder finden sich in der privaten Andachtsliteratur, etwa in den Stundenbüchern, wo einprägsame Lehrbilder zu Tugenden und Lastern die Bußpsalmen einleiten, oder in Erbauungsbüchern, wie der didaktischen Schrift *Somme le roi*. Der französische König Philipp III. (*1245, †1285) beauftragt seinen Beichtvater, den Dominikaner Laurent, dieses Erbauungsbuch zur moralisch-religiösen Erziehung seiner Untertanen zu verfassen. Die Schrift aus dem Jahr 1279 enthält u.a. auch Miniaturen zu den Todsünden: Das Gegensatzpaar Mäßigkeit und Völlerei zeigt beispielsweise die Tugend als allegorische Frauengestalt, während das Laster als Alltagsszene dargestellt ist: Der Essende trägt zeitgenössische, höfische Kleidung; er sitzt an einem gedeckten Tisch und muss sich – offenbar nach einem zu reichlichen Mahl – übergeben (Kat.-Nr. 2.10).

Ein deutlicher und entscheidender Schritt hin zur Darstellung der Todsünden in Form von Alltagsszenen vollzieht sich um 1460 in der französischen Miniaturmalerei einer Gruppe von *De Civitate Dei*-Handschriften. Der Kirchenvater Augustinus (*354, †430) entwirft in seiner Schrift *Vom Gottesstaat* (lat. *De civitate Dei*) zwischen 413 und 426 ein Weltbild, das von einem himmlischen und einem irdischen Staat ausgeht. Letzterer sei den sterblichen und sündigen Menschen vorbehalten. Die genannten französischen Handschriften aus dem 15. Jahrhundert enthalten eine Illustration zum Zwei-Staaten-Modell (Abb. 5). Sie zeigt den irdischen Bereich als Stadt, die radial aufgefasst und analog zu den sieben Todsünden in sieben Segmente unterteilt, von Alltags-

Die sieben Todsünden 21

Abb. 6
Tischplatte mit den sieben Todsünden und den vier letzten Dingen
Hieronymus Bosch, um 1505/1510
Madrid/Spanien, Museo Nacional del Prado

szenen belebt ist. Im Sinne eines Lehrbildes wird jeder sündhaften Szene eine tugendhafte Aktivität gegenübergestellt. So ist das Stadtsegment im Bildvordergrund der Trägheit gewidmet: Mehrere schlafende Personen, darunter das im Mittelalter vielfach verwendete Motiv der trägen Spinnerin, stehen im Kontrast zu emsig arbeitenden Handwerkern. Zorn verbindet eine Kampfszene mit einvernehmlich diskutierenden und betenden Menschen. Die Neider im folgenden Stadtsegment sind am Zeigegestus zu erkennen; eine Gruppe andächtig Betender veranschaulicht das gegenteilige, positiv besetzte Verhalten. Hochmut führt ein vornehmes Paar vor: eine Dame mit überlanger Schleppe und ein Herr mit Zepter. Als tugendhaftes Gegenbild erscheint die Fußwaschung Christi. Auf die Wollust verweisen Liebespaare, denen betende Mönche als Tugendbeispiel gegenüberstehen. Eine Tischgesellschaft illustriert Völlerei, diametral gespiegelt durch die Speisung eines Armen. Schließlich verweisen die Wechsler und Spieler auf Habgier; das Beschenken eines Armen ist hier die tugendhafte Alternative.

Die irdische Stadt breitet sich gleichsam als Panorama mit unterschiedlichen Alltagsszenen vor dem Betrachter aus. Die Gegenüberstellung von sündigem und tugendhaftem Verhalten fordert eine Entscheidung zwischen Böse und Gut und bindet den Betrachter ins Geschehen ein.

Panorama des irdischen Sündenpfuhls

Was die französische Buchmalerei mit der radial angelegten und mit Alltagsbeispielen belebten irdischen Stadt vorlegt, verdichtet Hieronymus Bosch (*um 1450, †1516) in seinem Gemälde *Von den sieben Todsünden und den vier letzten Dingen* (1505/10) (Abb. 6) zu einem Höhepunkt lehrhafter Bildkompositionen an der Schwelle der Neuzeit: Er macht die sieben Todsünden zum Sujet großer Gemälde. Bosch gilt als Vater der sogenannten Genremalerei, der Darstellung des Alltagslebens. Sein genanntes Gemälde ist sowohl für die Genremalerei als auch für die Ikonographie der sieben Todsünden von herausragender Bedeutung.

Die ältesten Hinweise zum Gemälde überliefert Don Felipe de Guevara (†1560), ein spanischer Humanist und Kunstsammler. Er beschreibt 1560 in seinen Kommentaren zur Malerei (span. *Comentarios de la pintura*) das Bosch-Gemälde als eine Tischplatte, die sich im Besitz des spanischen Königs Philipps II. befände. Tatsächlich gibt es 1574 einen entsprechenden Inventareintrag, der angibt, Philipp II. hätte das Bild in den *Escorial,* den königlichen Palast, bringen lassen. 1605 ist es als Ausstattung des Schlafzimmers des Monarchen bezeugt. Das Gemälde dient also der privaten Andacht eines Herrschers.

In seinem symmetrischen, klar gegliederten Aufbau steht es in der Tradition spätmittelalterlicher Lehr- und Meditationsbilder. Das große, mittige Medaillon ist als Auge gestaltet, in dessen Zentrum im Strahlenkranz der Iris der auferstandene Christus zu sehen ist. Die umlaufende Mahnung *Cave, cave, Deus videt* (lat.: Hüte dich, hüte dich, Gott sieht!) formuliert die Gesamtaussage der kreisförmig angeordneten sieben Szenenfelder, die in Alltagsszenen jeweils eine Todsünde vorstellen. Im unteren Szenenfeld veranschaulichen streitende Zecher den Zorn, rechts daneben hält ein Teufel der hochmütigen Frau den Spiegel vor, es folgt eine Szene mit wollüstigen Hofleuten in einem Zelt, vor dem ein Narr Schläge auf sein entblößtes Hinterteil erhält. Die Szene zur Trägheit zeigt einen Mann, der offenbar die Gebetszeit verschläft. Die Völlerei gibt eine Szene eines üppigen Mahls wieder. Es folgen Habgier, die durch die Bestechlichkeit eines Richters in Szene gesetzt ist, und schließlich eine subtile Studie des Neides. Bosch illustriert den Neid mittels einer Straßenszene: Im Vordergrund giert ein Hund trotz zweier Knochen, die

vor ihm liegen, auf den Knochen in der Hand des Bürgers. Dieser wiederum schaut neidisch auf den Adligen, dessen Diener einen Sack voll Geld wegträgt. In der Herausstellung des Neides folgt Bosch dem Dominikaner Thomas von Aquin (*1225, †1274), der sich in seinem Werk *De Malo* (lat.: Vom Bösen) mit den Hauptlastern und deren möglicher Benennung als Todsünden befasst. Den Neid hebt dieser unter den Sünden besonders hervor und bezeichnet ihn als alleinige, immerwährende Todsünde.

Die Ecken des Gemäldes zieren vier weitere Medaillons mit den vier letzten Dingen: Oben die *Sterbestunde* und das *Jüngste Gericht,* unten die *Hölle* und das *Paradies*. Zwei Bibelzitate fassen die Darstellung oben und unten programmatisch ein: „Doch diesem Volk fehlt es an Rat, / ihm mangelt es an Verstand. Wären sie klug, so begriffen sie alles / und verstünden, was in Zukunft mit ihnen geschieht" und „Ich will mein Gesicht vor ihnen verbergen / und dann sehen, was in Zukunft mit ihnen geschieht" (5 Mos 32,28-29; 20).[2]

Die Äußerungen sündhaften Verhaltens studiert Bosch äußerst genau, setzt seelische Gefühlszustände in einer Alltagssituation subtil in Szene und zielt damit auf eine leidenschaftliche Ansprache des Betrachters ab. Bereits im 16. Jahrhundert wird Boschs besondere Ausdrucksstärke gerühmt. So fügt Don Felipe de Guevara seiner Beschreibung der Todsündentafel 1560 hinzu: „Während das Gemälde als Ganzes zu bewundern ist, ist das Bild des Neides nach meinem Urteil so einzigartig und ingeniös und drückt so gut dessen Wirkung aus, dass es mit den Werken des Aristeides [griech. Maler der Antike] in einen Wettbewerb treten kann, des Erfinders jener Bilder, welche […] die Sitten und die Affekte der Seelen der Menschen zeigen."[3]

Neben der Verankerung der Todsünden im Alltagsleben entwickelt Bosch phantasievoll-düstere Teufelswesen, die in der Hölle die Sünder mit ihren eigenen Todsünden peinigen. Sowohl in seiner dichten theologischen Aussage als auch in der Wiedergabe gelebter Todsünden und Affekte kommt Bosch und seinem Werk eine Schlüsselstellung zu. Sein Stil beeinflusst eine ganze Reihe niederländischer Maler der Folgezeit. Er trägt damit in ganz entscheidender Weise dazu bei, die Todsünden als menschliche Verhaltensweisen bzw. Charaktereigenschaften zu studieren und ins Bild zu setzen.

In der Nachfolge der visionären Malerei des Hieronymus Bosch

Die Malereien von Hieronymus Bosch, vor allem die Höllenszenarien, sind bei seinen Zeitgenossen sehr beliebt und finden im 16. Jahrhundert zahlreiche Nachahmer. Ende dieses Jahrhunderts lässt sich eine wahre Bosch-Renaissance feststellen. Der wohl bekannteste Künstler in der Nachfolge Boschs ist Pieter Bruegel der Ältere (*um 1525, †1569). Bezeichnenderweise werden dessen frühe Bildentwürfe um die Mitte des 16. Jahrhunderts von seinem Verleger Hieronymus Cock (*1518, †1570) zunächst unter dem Namen Boschs vertrieben.

Bruegel widmet viele seiner Bildthemen dem lasterhaften Leben seiner Zeit. So entwirft er 1557 auch einen Zyklus der sieben Todsünden, den Pieter van der Heyden (*1530, †1572) im Jahr 1558 in Kupfer sticht. Bruegel verlegt die sieben Todsünden vor eine phantastisch-höllische Kulisse und reichert diese mit ebenso phantastischen Architekturen und Mischwesen an. Bruegel setzt die einzelnen Graphiken aus verschiedenen Szenen mit unterschiedlichen Figurengruppen zusammen, sodass der Betrachter sich das Bild sukzessive erarbeiten muss. Dabei gibt die Größe der Figuren eine Reihenfolge vor. Im Zentrum steht jeweils die Personifikation einer Todsünde mit verschiedenen Attributen. So zeigt die Bildmitte der Graphik zur Trägheit eine liegende Frau, die sich auf ihrem Esel ausruht, wobei ein Dämon ihr ein Kissen zurechtrückt (Abb. 7). Schnecken, Symbole der Trägheit, umgeben die Schlafende. Die Einzelszenen, so phantas-

Abb. 7
Die sieben Todsünden – Desidia
Pieter van der Heyden nach Pieter Bruegel d.Ä., 1558

Abb. 8
Die Steuereintreiber
Quentin Massys, Ende 1. Viertel 16. Jh.
Wien/Österreich, Liechtenstein –
Fürstliche Sammlungen

tisch sie auch sind, orientieren sich dennoch an der Wirklichkeit. So ist hinter der personifizierten Trägheit eine Wirtshausstube zu sehen, in der die Gäste träge um den Tisch versammelt sind. Die tagscheue Eule als altbekanntes Attribut der Trägheit begutachtet die Szene von oben.

Bruegel führt die Handschrift Boschs weiter, unterscheidet sich jedoch in der Wirkung seiner Bildentwürfe grundlegend von den mahnend-düsteren Visionen Boschs: Bruegels Bildinventionen und Figuren sind grotesk und pittoresk zugleich und von einer ganz eigenen und ausgeprägten Ironie gekennzeichnet, die bis heute den Betrachter in ihren Bann zieht: Nach wie vor finden die Bruegelschen „Wimmelbilder", ebenso wie diejenigen von Bosch, ihr fasziniertes Publikum. Sie bestehen aus einer Vielzahl von Einzelszenen, die vom Alltagsleben inspiriert sind und zu einer eigenen Bildform weiterentwickelt werden. In apokalyptischen Szenarien verbindet Bruegel auf diese Weise Symbolhaftes mit alltäglichen und grotesk-phantastischen Motiven voller Komik zu einer gesamtkompositorischen Einheit. So haben Bruegels Bilder für den Betrachter nicht nur eine moralische Botschaft, sondern durch die Vielzahl an grotesken Szenen einen hohen Unterhaltungswert.

Todsünden als menschliche Charakterstudien

Mit der Verbreitung des Humanismus im 16. Jahrhundert, besonders im gehobenen Bürgertum und Adel, verbindet sich eine veränderte Sicht auf Bilder. Deren Wirkungsweise wird neu definiert: „Das humanistische Prinzip des *'Delectare et Instruere'* (lat.: Genuss und Belehrung) gibt bei dieser Entwicklung den entscheidenden Ausschlag."[4] Nach wie vor sind die Bilder Lehrbilder. Sie sollen zur Selbstreflexion anregen und den Betrachter durch Einsicht und Vernunft zum richtigen Werturteil geleiten. Aber den religiösen Kontext der Todsünden ersetzen nun Alltagsszenen. Die lehrhafte Botschaft der Bilder erschließt sich erst auf den zweiten Blick. Einzelne Todsünden lösen sich aus dem Gesamtverbund heraus und erscheinen als selbständige Bildthemen. Gegenüber der Vielfalt der Laster bei Bosch und Bruegel steht hier eine Todsünde im Fokus, die bis ins kleinste Detail studiert und formuliert ist.

In dem Gemälde *Die Steuereintreiber* (erstes Viertel des 16. Jahrhunderts) setzt der Maler Quentin Massys (*1466, †1530) äußerst genau das Wesen der Todsünde Habgier ins Bild (Abb. 8). Die Szene ist reduziert auf die beiden Halbfiguren der Steuereintreiber, die offenbar dabei sind, ihre Tageseinnahmen zu verzeichnen. Die beiden präsentieren sich als verschworene Gemeinschaft. Mit verschlagenem und gierigem Gesichtsausdruck wendet sich der Mann rechts im Bild direkt dem Betrachter zu, als ob er diesen mit leicht zugekniffenem Auge als potentiellen Delinquenten taxiert. Der zweite Mann notiert selbstzufrieden-herablassend und unnachgiebig die Einnahmen. Massys entwirft damit ein entlarvendes Charakterbild übersteigerter, entstellender Habgier. Die Darstellung verzichtet auf eine religiöse Einbindung oder Ausdeutung. Lediglich die offenbar eben verloschene Kerze mit abglühendem Docht auf dem Wandregal kann als Symbol der Vergänglichkeit irdischen Reichtums gedeutet werden.

Abb. 9
Der eingeschlafene Wirt
Adriaen Brouwer, um 1631–1634
München, Alte Pinakothek

Nicht nur in der Realitätstreue der Wiedergabe von Habgier, sondern auch in der Ausdeutung dieser Todsünde mittels der Berufsgruppe der Steuereintreiber spiegelt Massys die ihn umgebende Alltagswirklichkeit. Seine Heimatstadt Antwerpen ist Anfang des 16. Jahrhunderts eines der wichtigsten Handels- und Finanzzentren Europas. Wucher und Spekulation unter Kaufleuten und Geldverleihern treiben hier höchste Blüten und werden zu einem großen gesellschaftlichen Problem. Entsprechend erscheint der Wucherer als Personifikation der Habgier.

Auch in der niederländischen Genremalerei des 17. Jahrhunderts setzen sich Einzeldarstellungen der Todsünden fort, der moralisierende Themenzusammenhang erschließt sich auch hier erst bei genauerem Hinsehen. Hohe Wertschätzung genießt Adriaen Brouwer (*1605, †1638), in dessen Werk die moralsatirische Schilderung menschlicher Laster und Verfehlungen ein zentrales Thema ist. Das Gemälde *Der eingeschlafene Wirt* (Abb. 9) scheint auf den ersten Blick eine einfache Alltagsszene im Wirtshaus abzubilden. Im Vordergrund ist ein schlafender dicker Mann zu sehen, offenbar der Wirt. Im Hintergrund sitzen einige Gäste um einen Tisch, einer von ihnen ist bereits betrunken eingeschlafen, ein anderer muss sich übergeben. Das Bild gibt alle Stadien der Trunkenheit wieder. Tiere beleben die Szene, zwei Schweine und eine Eule. Sie sind aus dem Repertoire der Symboltiere der Todsünden bekannt. Das Schwein verweist als Allesfresser auf Völlerei, die Eule als tagscheuer Vogel erinnert an die Todsünde der Trägheit. So ist diese Szene zwar von einem theologischen Hintergrund gelöst, doch bedient sich der Maler der althergebrachten Tiersymbolik und stellt damit den religiösen Todsündenzusammenhang wieder her.

Auch Brouwer zeigt also die Lasterhaftigkeit der Todsünden in banalen Alltagsszenen. Die abschreckende Natur der Sünde, wie sie noch ein Hieronymus Bosch ebenso wie ein Pieter Bruegel vorführt, kommt bei Brouwer nicht mehr zum Tragen. Vielmehr erscheint die Todsünde als akzeptierter Teil des alltäglichen Lebens.

Eine Renaissance der sieben Todsünden

Während des 18. Jahrhunderts, in der Zeit der Aufklärung, haben die sieben Todsünden als künstlerisches Sujet wenig Konjunktur. Die christlichen Bildthemen haben ihre Allgemeingültigkeit verloren, es gibt keine verbindliche Bildsprache mehr.

Ebenso wie in der Literatur, taucht in der zweiten Hälfte des 19. Jahrhunderts die Todsündenthematik in der Druckgrafik jedoch wieder vermehrt auf und knüpft in der Formensprache erneut an die Genrebilder früherer Jahrhunderte an. Die Zyklen setzen sich dabei kritisch mit der bürgerlichen Gesellschaft des 19. Jahrhunderts auseinander. Die Loslösung vom religiösen Kontext zeigt sich in der Figur des Todes als Gerippe, die die Teufelsfiguren, die zum Repertoire mittelalterlicher Todsündenbilder gehören, nun ersetzt.

1861 stellt der Maler, Illustrator und Schriftsteller Eduard Ille (*1823, †1900) eine kolorierte Holzschnittfolge der sieben Todsünden her, die er mit eigenen Versen verbindet. Er versetzt die Szenen zu den einzelnen Todsünden in zeitgenössische bürgerliche Interieurs. So räkelt sich der Träge in Hausrock und Pantoffeln auf einem Sofa (Kat.-Nr. 5.13). Der Raum ist mit fremdländischen Sammlungsstücken verschiedenster Art über und über gefüllt, was die Szene museal, antiquiert und rückwärtsgewandt erscheinen lässt. Den Eindruck lähmenden Phlegmas verstärken zwei schlafende Hunde und ein dämmernder Affe auf dem Bein des Trägen. Schließlich zupft der Tod in Gestalt eines Dieners die Kissen zurecht. In der Bedeutung der einzelnen Bildszenen knüpft Ille an die traditionellen Todsündenmotive an. So begleitet der schlafende Hund auch in mittelalterlichen Darstellungen die Trägheit. Neben der allgemein moralisierenden Aussage dieses Bildes schwingt zudem deutlich die Kritik am großbürgerlichen Lebensstil mit. Damit orientiert sich auch diese Form der Todsündendarstellung an der Alltagswahrnehmung des Künstlers.

Ausgeprägte Charakterstudien der sieben Todsünden erschafft der belgische Maler James Ensor (*1860, †1949) im Jahr 1903 unter dem Titel *Die Todsünden vom Tod beherrscht* (Kat.-Nr. 5.16). Die Grafik beschließt seine Folge der sieben Todsünden, deren einzelne Blätter ab 1888 entstanden sind. Sie bildet das Frontispiz der Folge, die 1904 als Album erscheint. Ensor konzentriert die Darstellung auf die Physiognomien der Sünder, die er bis ins Fratzenhafte überzeichnet. Der hochmütige Soldat (links) und der träge Schläfer (rechts) fassen die Todsündengruppe zusammen: den Habgierigen mit einem Geldsack in der Hand, gefolgt von Wollust, Zorn und Völlerei, und schließlich den Neider, der ein blutverschmiertes Messer trägt. Alle Todsünden sind vereint unter den Flügeln des Todes. Auch diese Darstellung weist keinen theologischen Bezug mehr auf; sie präsentiert die Todsünden als rein gesellschaftliches Moralkonzept.

Die sieben Todsünden – ein zeitloses Thema

Das Konzept der sieben Todsünden, das sich in seinen Ursprüngen direkt an der menschlichen Natur orientiert, spiegelt im Laufe der Jahrhunderte auch in seiner bildlichen Fassung immer wieder Aspekte menschlichen Verhaltens. In dem Maße, wie die breite Bevölkerung die Lehre verinnerlichen soll, binden die Darstellungen Alltagsszenen ein.

Dem täglichen Leben entlehnte Beispiele helfen, die abstrakte moralische Lehre für weite Kreise der Laien fassbar, verständlich und nachvollziehbar zu machen. Zunächst in theologischem Zusammenhang präsentiert, verliert sich die religiöse Bindung ab dem 16. Jahrhundert zunehmend. Einzelne der Todsünden werden in der Folgezeit zum bildfüllenden Thema.

Der Höhepunkt bildlicher Darstellungen der sieben Todsünden liegt im Spätmittelalter und umfasst alle künstlerischen Gattungen. Wenn auch die Todsünden gegenwärtig in der Werbung präsenter sind als in der Bildenden Kunst, so wird das Thema dennoch bis heute künstlerisch bearbeitet. So interpretieren Skulpturenköpfe von Eva Aeppli, die dem innersten Wesen der sieben „menschlichen Schwächen" nachspüren, ehemalige Todsünden aus heutiger Sicht (Kat.-Nr. 9.1). Die Skulpturenköpfe bieten die Charakterschwächen in schonungsloser Präzision und Klarheit dar und führen so dem Betrachter heute – lehrreich wie ehedem – die Natur des Menschen vor Augen.

Literatur
Blöcker 1993, Bock/Gaethgens 1984, Büttner 2012, Göttler/Schaffer 2010, Hammer-Tugendhat 1981, Hecht 2007, Jacob-Friesen 2007b, Kat. Bern 2010, Kat. Frankfurt a.M. 2005, MGH Epist. 2 1899, Müller 2010, Schuster 1989, Vitali 2010.

Anmerkungen
1 MGH Epist. 2 1899, S. 270.
2 Büttner 2012, S. 82.
3 Göttler/Schaffer 2010, S. 52.
4 Blöcker 1993, S. 55.

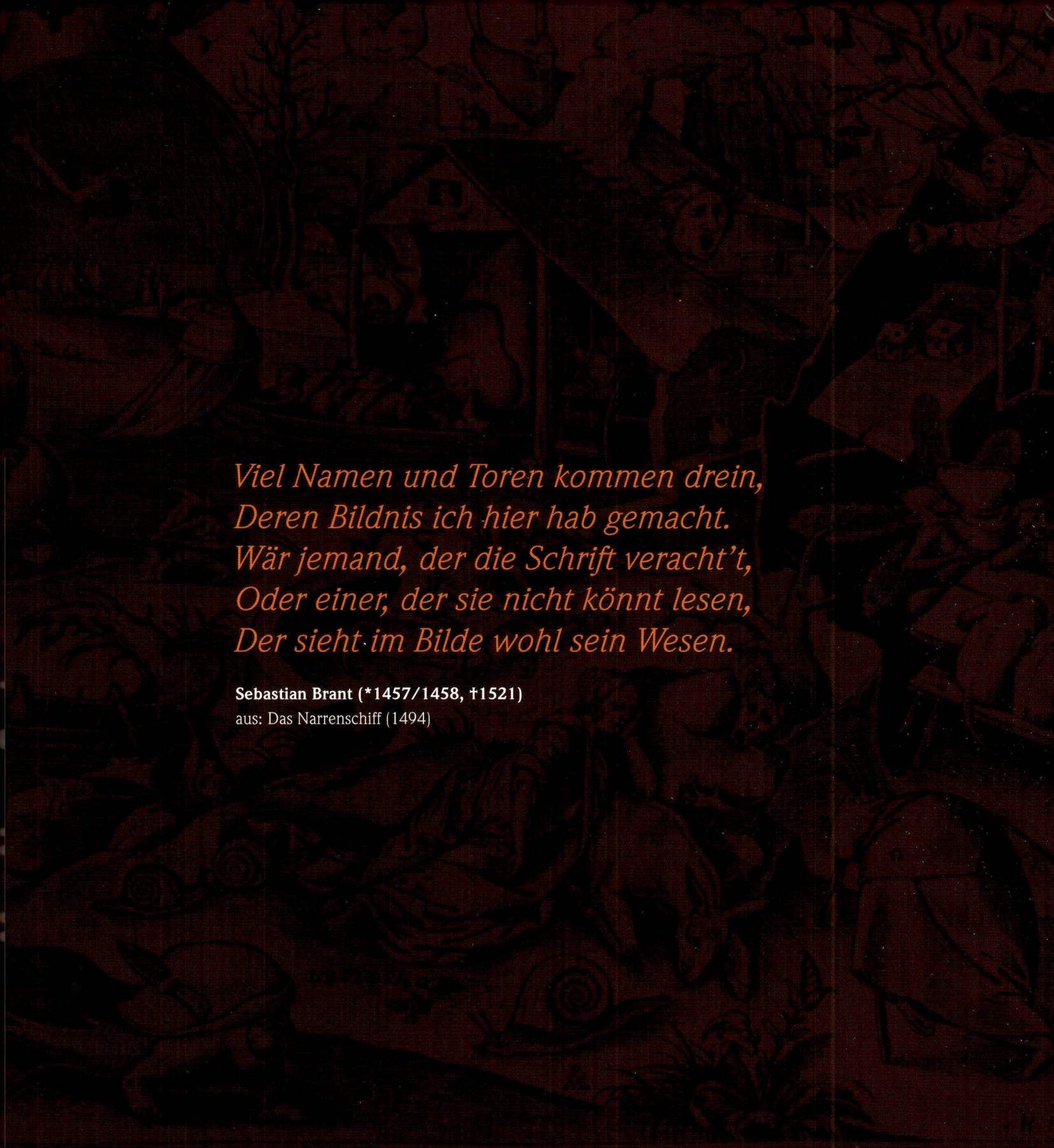

Viel Namen und Toren kommen drein,
Deren Bildnis ich hier hab gemacht.
Wär jemand, der die Schrift veracht't,
Oder einer, der sie nicht könnt lesen,
Der sieht im Bilde wohl sein Wesen.

Sebastian Brant (*1457/1458, †1521)
aus: Das Narrenschiff (1494)

Wider die Versuchung – ein Lasterkanon entsteht
Carolin Mischer

Die Wurzeln der Lehre von den Todsünden liegen in der ägyptischen Wüste. Dort stellen Mönche im vierten nachchristlichen Jahrhundert einen Katalog von acht menschlichen Leidenschaften auf, die es zu überwinden gilt. Denn nur derjenige, der sich von den Lastern – in Mönchskreisen auch als „dämonische Gedanken" bezeichnet – befreien kann, sei in der Lage das Ziel der Gottesschau zu erreichen. Im folgenden Jahrhundert gelangt dieser Lasterkanon in das Abendland und gereicht auch hier den Mönchen als moralisches Lehrwerk. Schließlich tritt die Lehre von den Lastern im sechsten Jahrhundert aus ihrem rein mönchischen Nutzerumfeld heraus und erfährt neben dieser Erweiterung des Empfängerkreises auch inhaltliche Veränderungen.

Überwindung der Leidenschaften

Die Lehre von den Lastern, die den Grundstein für die spätere Todsündenlehre legt, entsteht im mönchischen Lebensumfeld. Die Biographie des „Vaters der Mönche", Antonius der Große (*um 250, †356), erlaubt bis heute einzigartige Einblicke in das Wüstenleben der ersten christlichen Mönche. Antonius führt zunächst alles andere als ein auf Gott ausgerichtetes Leben. Als reicher Erbe frönt er dem Luxus – bis er eines Tages während eines Gottesdienstes durch die Worte des Priesters bekehrt wird: „Wenn du vollkommen sein willst, geh, verkauf deinen Besitz und gib das Geld den Armen; so wirst du einen bleibenden Schatz im Himmel haben; dann komm und folge mir nach" (Mt 19,21). Diese Passage aus dem *Matthäus-Evangelium* bewirkt bei Antonius ein Umdenken, und er ändert sein Leben radikal: Er entledigt sich seiner weltlichen Güter und widmet sein Leben fortan der Askese. Strenges Fasten und Gebete bestimmen nun seinen Tag. Er bekämpft seine Begierden und bemüht sich, ein tugendhaftes Leben zu führen. Weiter berichtet sein Biograph Athanasius der Große (*um 295, †373) in der *Vita Antonii* (lat.: Das Leben des Antonius), dass der Teufel mit allen Mitteln versuche, Antonius von seinem strengen Leben abzuhalten. So „kitzelte er ihn zum Beispiel mit Wollust"[1], indem er ihm als verführerische Frau erscheint und ihm „schmutzige Gedanken"[2] eingibt. Doch Antonius verstärkt seine Askese und wappnet sich gegen die Störungen mit Gebeten. Manchmal wacht er ganze Nächte lang. Nahrung nimmt er nur abends, manchmal sogar nur alle vier Tage zu sich. Seine schmale Kost besteht aus Brot, Salz und Wasser. Schließlich lässt sich Antonius sogar in einem Höhlengrab einschließen, um sich vollkommen von äußeren Einflüssen zu isolieren und sich ganz der Kontemplation hinzugeben. Hier macht er nun die qualvollsten Erfahrungen. Dämonen erscheinen ihm in allen Gestalten, als Löwen, Schlangen und wilde Bestien, und schlagen auf ihn ein. Doch auch da bleibt Antonius standhaft und die Dämonen müssen erkennen, dass sein Glaube stärker ist als all ihre Verführungskraft und Gewalt. Einen Eindruck von diesen Widersachern gibt das Gemälde *Versuchung des Heiligen Antonius* aus dem Konstanzer *Rosgartenmuseum* (Abb. 11 und Kat.-Nr. 1.1). Schließlich steigert Antonius die Selbstdisziplinierung erneut. In der Hoffnung, durch seine Askese die Tugenden zu festigen, zieht er sich in die Wüste zurück, um dort sein Leben als Einsiedler zu verbringen. Viele Mönche folgen seinem Beispiel.

Abb. 10
Kellia
Ruinen der Kellia-Siedlung christlicher Eremiten in Ägypten

Evagrius Ponticus (*345, †399) ist einer dieser Mönche. Und genau wie Antonius bekehrt ihn ein Ereignis zu einem streng asketischen Leben. Als Diakon in Konstantinopel, dem heutigen Istanbul/Türkei, lebend, hat er eine Affäre mit der Frau eines hohen Beamten. Noch ehe diese verbotene Liaison publik werden kann, wendet er sich von ihr ab und geht nach Jerusalem. Hier findet er Unterkunft in einem Kloster auf dem Ölberg. Doch auch dort führt er ein ausschweifendes Leben. Als ihn jedoch eine schwere Krankheit ereilt, gelobt er, im Falle der Genesung das Mönchsgelübde abzulegen. Im Jahre 383 wird er Mönch. Er zieht in die nitrische Wüste (etwa 40 km nordwestlich von Kairo/Ägypten), um dort als *Anachoret,* also als Einsiedler, zu leben. Zwei Jahre später wechselt er in die *Kellia,* eine Siedlungsgemeinschaft von Eremiten (Abb. 10). Ponticus strebt mit diesem radikalen Rückzug aus der Welt nach dem Erreichen eines höheren Ziels, der Gottesschau. Diese spirituelle Erfahrung erreiche aber nur derjenige, der reinen Herzens ist. In einem ersten Schritt müsse sich der Mönch deshalb von negativen Leidenschaften befreien. Diese Stufe nennt Ponticus die *Praktike.* Acht böse „Gedanken"[3] Λογίσμοι (griech.: Gedanke) bzw. Dämonen versuchen laut Ponticus aber, den Mönch von dieser Reinigung abzuhalten. Diese zählt er unter anderem in seinem Werk *De octo spiritibus malitiae* (lat.: Von den acht bösen Geistern) auf (Kat.-Nr. 1.2). Sie lauten γαστριμαργία (griech.: Gefräßigkeit), πορνεία (griech.: Unkeuschheit), φιλαργυρία (griech.: Geldgier), λύπη (griech.: Kummer), ὀργή (griech.: Zorn), ἀκηδία (griech.: Überdruss/Trägheit), κενοδοξί (griech.: eitler Ruhm) und ὑπερηφανία (griech.: Hochmut).

Anschaulich beschreibt Ponticus die Erscheinungsformen der Trägheit, die er als „Mittagsdämon" bezeichnet, da dieses Laster besonders in der Mittagszeit über den Mönch hereinbricht: „Zuerst bewirkt er [der Dämon der Trägheit], dass die Sonne sich nur schwer oder gar nicht zu bewegen und dass der Tag fünfzig Stunden zu haben scheint. Dann treibt er einen an, ständig zum Fenster hinzuschauen und aus der Zelle zu springen, um die Sonne zu beobachten, ob sie noch weit von der 9. Stunde [15 Uhr] ist, und herumzuschauen, ob nicht ein Bruder käme."[4]

Dieser „Dämon" lenkt den Mönch von der Ausübung seiner Askese und seinen Verpflichtungen, wie zum Beispiel dem Gebet, ab. Während sich der Mönch in der *Praktike* von den negativen Leidenschaften befreien soll, ist er gleichzeitig angehalten, sich in den Tugenden zu üben. Ponticus nennt als solche Klugheit, Erkenntnis, Weisheit, Mäßigung, Liebe, Enthaltsamkeit, Tapferkeit und Ausdauer. Diese Eigenschaften dienen den Mönchen als Gegenmittel zu den Anfechtungen durch die Laster. Im direkten Kampf mit den Dämonen helfe zudem das Sprechen bestimmter Bibelverse. In seinem Werk *Antirrhetikos* (aus dem griech.: Widerrede) führt Ponticus zu jedem „bösen Gedanken", respektive Laster, mehrere Verse an: „Gegen den Dämon, der mich beredet und unter Eidschwüren zu mir sagt: Von jetzt ab wirst du keine Speise und keinen Trank versäumen, weil dein Körper so schwach und dürr wegen deines anhaltenden Fastens ist: Spr 26,24: Mit seinen Lippen redet der Feind sanfte Worte, im Herzen aber schmiedet er Unheil."[5]

Den Zustand der *Gnostike* erreicht der Mönch, der frei von negativen Leidenschaften ist und Erkenntnis über die materielle und geistige Schöpfung erlangt. Die letzte Stufe auf dem Weg zur Vollkommenheit, bezeichnet Ponticus als *Theologike* und meint damit die Gottesschau. Der Kanon der acht Laster ist also eingebettet in die mönchische Theologie des etappenweisen Aufstiegs der Seele zu Gott. Die Überwindung der Laster stellt die grundlegende Voraussetzung zum Erreichen dieses Zieles dar. Mit seinem Werk über die Laster und seinen Ratschlägen für deren Überwindung gibt er anderen *Anachoreten* ein Regelwerk an die Hand, wie auch sie den Weg zur Vollkommenheit erfolgreich beschreiten können.

Johannes Cassianus (*um 360, †435) lebt als Mönch viele Jahre in der ägyptischen Wüste, ehe er 410 in Marseille/Frankreich zwei Klöster gründet, eines für Mönche und eines für Nonnen. Um 420 verfasst er die Schrift *De constitutione coenobiorum* (lat.: Von den Einrichtungen der Klöster), die auch die Achtlasterlehre der Wüstenmönche enthält (Kat.-Nr. 1.3). Auf diese Weise übermittelt Cassianus den Lasterkanon dem Abendland. Hier gereicht er fortan auch den in einer Gemeinschaft lebenden Mönchen, den *Zönobiten,* als Leitfaden im Kampf gegen die Laster.

In seinem Werk beschreibt Cassianus unter anderem die Mittel zur erfolgreichen Bekämpfung der Laster: „Um unsere Gier beim Essen und Trinken niederzukämpfen, müssen wir unseren Geist nicht nur durch Fasten, sondern auch durch Nachtwachen, Meditation und nicht aufhörende Zerknirschung des Herzens sensibel und beweglich machen." Weiter führt er an: „Das ist unser erster Kampf, gleichsam unsere Bewährung in der ersten olympischen Disziplin, daß wir die Gier von Gaumen und Bauch durch unsere Sehnsucht nach Vollkommenheit überwinden. Niemals werden wir nämlich imstande sein, das Vergnügen an irdische Speisen hintan zu setzen, wenn nicht der in göttliche Kontemplation versunkene Geist mehr an der Liebe zu den Tugenden und der Schönheit des Himmlischen seine Freude findet."[6]

Auch Cassianus proklamiert, dass nur derjenige, der sich von allen Lastern befreit und sich stattdessen in Tugenden übt, Gott zu schauen vermag. Dennoch meint Cassianus nicht die völlige Befreiung von Leidenschaften. Diese könnten durchaus auch positive Effekte haben. Zorn gegen seine eigene Lebensweise könne zum Beispiel einen Mönch motivieren, sich zu bessern. Die Leidenschaft, die der Tugend dient, wird also positiv bewertet. Mit Lastern meinen die Wüstenväter aber die habituell ausgeübten, übermäßigen Leidenschaften, die den Menschen am Voranschreiten auf dem Weg zur Vollkommenheit hindern.

Von acht zu sieben Hauptlastern

Die Lehre von den sieben Hauptlastern, die Papst Gregor der Große (*um 540, †604) in seinem Werk *Moralia in Iob* (Kat.-Nr. 1.4) vorstellt, basiert auf der mönchischen Lasterlehre. Gregor, der mit 35 Jahren zum Mönch wird, verfasst die moralische Auslegung des *Buches Hiob* aus dem Alten Testament, auf Bitten seiner Mitbrüder. Adressaten der Schrift sind aber nicht alleine Mönche. Er spricht allgemein von *praedicatores* (lat.: Verkündiger) und meint damit hohe geistliche Amtsträger wie zum Beispiel Bischöfe. Ihnen komme aber eine andere Bestimmung zu, als den Wüstenmönchen. Während diese nämlich ihr Leben ganz nach der Askese und der Kontemplation ausrichten, warnt Gregor der Große seine Leser ausdrücklich davor, sich ausschließlich der religiösen Versenkung zu widmen. Vielmehr kämen ihnen auch Verpflichtungen im aktiven Leben zu, die vor allem aus der Unterweisung der Laien bestünden. Sie hätten die Pflicht, Sünder auf den rechten Weg zurückzubringen.

*Wenn die Dämonen also sehen,
wie Christen, besonders aber Mönche,
sich eifrig um Askese bemühen und darin vorankommen,
legen sie zuerst Hand an und führen sie in Versuchung,
indem sie ihnen ‚Fallen am Wegrand' stellen;
ihre Fallen aber sind böse Gedanken.
Wir brauchen jedoch ihre hinterhältigen Eingebungen
nicht zu fürchten; denn durch Gebete, Fasten
und den Glauben an den Herrn
kommen die Dämonen schnell zu Fall.*

Antonius der Große (*um 250, †356)
aus: Vita Antonii (4. Jahrhundert)

Abb. 11
Die Versuchung des Heiligen Antonius
„Meister von 1445", Konstanz oder Basel/Schweiz, 1460
Konstanz, Rosgartenmuseum

In dem 31. Buch des insgesamt 35 Bände umfassenden Werkes stellt er die Lasterlehre vor. Aus der Wurzel aller Laster, der *Superbia* (lat.: Hochmut), folgen bei ihm sieben Hauptlaster: *Ianis Gloria* (lat.: Ruhmsucht), *Invidia* (lat.: Neid), *Ira* (lat.: Zorn), *Tristitia* (lat.: Traurigkeit), *Avaritia* (lat.: Habgier/Geiz), *Ventris Ingluvies* (lat.: Völlerei), *Luxuria* (lat.: Wollust).

Mit geringen Abweichungen führt Gregor der Große also den Lasterkatalog der Wüstenmönche an. Einzig den Neid fügt er als neues Hauptlaster hinzu, und die Trägheit vereint er mit dem Begriff der Traurigkeit. Darüber hinaus entstehen aus jedem der Hauptlaster wiederum zahlreiche Unterlaster. Aus dem Zorn gehen hervor: Streit, Aufbrausen, Beleidigung, Geschrei, Entrüstung und Gotteslästerung. Die Reduzierung auf sieben Hauptlaster, denen das Laster des Hochmuts als Ursprung vorsteht, ermöglicht deren Gegenüberstellung mit positiven Siebenerreihen. So führt Gregor der Große als wirksame Gegenmittel der sieben Hauptlaster die sieben Gaben des Heiligen Geistes an: Weisheit, Einsicht, Rat, Stärke, Erkenntnis, Frömmigkeit, Gottesfurcht.

Die Veränderung des Lasterkanons, die Gregor der Große im sechsten Jahrhundert vornimmt, führt nicht zu der sofortigen Verdrängung des mönchischen Achtlasterkanons. Vielmehr bestehen im Abendland des sechsten bis elften Jahrhunderts die verschiedenen Lasterlehren parallel und vermischen sich sogar. Irische Bußbücher des siebten Jahrhunderts verwenden zum Beispiel vorwiegend das von Cassianus übermittelte Lastersystem. Fränkische Bußbücher auf dem europäischen Festland basieren vielfach auf dem gregorianischen Laster-Septenar.

Das Bußbuch *Corrector et Medicus* (lat.: Kritiker und Arzt) (Kat.-Nr.1.5) des Bischofs Burchard von Worms (amt. 1000–1025) stammt bereits aus der Zeit um 1012 bis 1023, spielt jedoch für die Verbreitung der Lasterlehre Gregors des Großen eine bedeutende Rolle, soll der Priester doch dem Beichtenden genau diese vorhalten. Das Buch enthält einen Katalog von 194 Fragen, die auf die einzelnen Missetaten des Beichtenden eingehen. Viele dieser Fragen orientieren sich an den Hauptlastern. Zum Vergehen der Völlerei kann der Priester den Beichtenden wie folgt befragen: „Hast du die Gewohnheit, mehr als nötig zu trinken und zu essen? [...] Hast du so viel getrunken, daß du dich übergeben mußtest? [...] Hast du aus Prahlerei zu viel getrunken? Ich meine, daß du dich groß getan hast, du könntest andere unter den Tisch trinken, und mit deinem Prahlen andere veranlaßt hast, sich vollaufen [sic] zu lassen."[7] Nach dem Geständnis legt der Priester dem Beichtenden eine entsprechende Buße auf. Diese besteht großenteils aus unterschiedlichen Perioden des Fastens bei Wasser und Brot.

Im Rahmen der Beichte werden erstmals auch die Laien mit dem Lasterkanon konfrontiert. Die Lehre von den Lastern löst sich im Laufe der Jahrhunderte aus ihrem mönchischen Entstehungskontext. Durch die Rezeption in den abendländischen Klöstern und ihre Umformung zum theologischen Konzept durch Gregor den Großen, verliert sie ihre ursprüngliche Funktion: Während die Überwindung der Hauptlaster für die Wüstenmönche die Voraussetzung zum Erreichen der Gottesschau darstellt, entwickelt sich die Lasterlehre durch ihre Neukontextualisierung immer mehr zu einem allgemeinen Moralkodex. Im Hochmittelalter (Mitte 11.–13. Jh.) nimmt die gezielte Schulung der Gläubigen in der Lasterlehre stetig zu und gipfelt in deren Benennung als Todsünden.

Literatur
Athanasius 1986 [ca. 360], Bunge 1992, Evagrius Ponticus 2012a [4. Jh.], Evagrius Ponticus 2012b [4. Jh.], Greschat 2005, Gurjewitsch 1992, Jehl 1982, Körntgen 2006, Nigg 1990, Richards 1983, Riché 1996, Röcke 1983, Sartory 1981, Schulze 1914, Schütz 1973, Schenke 1989.

Anmerkungen
1 Athanasius 1986 [ca. 360], S. 29.
2 Ebd.
3 Evagrius Ponticus 2012b [4. Jh.], S. 71.
4 Evagrius Ponticus 2012a [4. Jh.], S. 20.
5 Ebd., S. 59.
6 Zit. nach: Sartory 1981, S. 51f.
7 Zit. nach: Gurjewitsch 1992, S. 148.

Von Hauptlastern zu Todsünden – Vermittlung und Verweltlichung des Lasterkanons
Carolin Mischer

Im Hochmittelalter etabliert sich der von Papst Gregor dem Großen (amt. 590–604) aufgestellte Kanon der sieben Hauptlaster im Abendland. Eine zunehmende Rezeption der Lasterlehre ist zunächst im klösterlichen Umfeld wahrnehmbar. Im Gefolge der Einführung der Beichtpflicht 1215 avanciert der Kanon zu einem Lehrstück für alle Christen. Ordensleute tragen maßgeblich zur Popularisierung des Kanons bei, indem sie Gläubige in den christlichen Inhalten unterweisen. Die sieben Laster werden nun als Todsünden bezeichnet, und dank einer Vielzahl von Vermittlungsmedien sind sie im Hochmittelalter allgegenwärtig. Schließlich treten sie im ausgehenden Mittelalter immer mehr aus ihrem religiösen Kontext heraus, und werden auch im weltlichen Bereich rezipiert.

Die Lasterlehre im religiösen Umfeld

Der Lasterkanon dient zunächst hauptsächlich als moralisches Lehrwerk im Klosteralltag. Mönche und Nonnen sollen die Laster memorieren, um fehlerhafte Verhaltensweisen rechtzeitig zu erkennen und zu unterbinden. Positive Eigenschaften, wie zum Beispiel die Tugenden, gilt es hingegen einzuüben. Lehrbilder helfen den Ordensleuten dabei, sich das komplexe System einzuprägen. Im sogenannten *Speculum Virginum* (lat.: Jungfrauenspiegel), einem Lehrbuch für Nonnen, stehen sich Laster und Tugenden – veranschaulicht am Motiv des Baumes – gegenüber (Abb. 12 und Kat.-Nr. 2.1). Der Lasterbaum folgt dem gregorianischen Lasterkanon und entwickelt aus der Wurzel des Hochmuts die sieben Hauptlaster und deren jeweilige Unterlaster, die hier als Blätter ausgebildet sind. Im Gefolge der Völlerei entstehen zum Beispiel Gefräßigkeit, Trunkenheit, Schlaffheit, Vergesslichkeit, Genusssucht, Rausch und Stumpfheit. Die Wurzel des Tugendbaumes ist die Demut. Sie bildet die sieben Haupttugenden Gerechtigkeit, Klugheit, Mäßigung, Mut, Glaube, Liebe und Hoffnung aus, aus denen weitere Tugenden folgen. Weitere Motive greifen das dualistische Prinzip von Gut und Böse auf. So stellen zum Beispiel Laster- und Tugendräder (Kat.-Nr. 2.4) den Wertekanon dar, und als Ritter gerüstete Personifikationen der Laster und Tugenden treten zum Kampf gegeneinander an (Kat.-Nr. 2.2).

Einen entscheidenden Beitrag zur Popularisierung der Lasterlehre leistet das Vierte Laterankonzil, das Papst Innozenz III. (amt. 1198–1216) im November 1215 initiiert. Eines der erklärten Hauptziele dieser Zusammenkunft geistlicher und auch weltlicher Herrscher ist die „Ausrottung der Laster und Einpflanzung der Tugenden"[1]. Im Zusammenhang mit dieser Proklamation steht auch der Beschluss über die Notwendigkeit der Beichte. Er legt fest, dass jeder Gläubige einmal im Jahr einem Priester seine Sünden beichten und die von ihm auferlegte Buße leisten muss. Dies setzt jedoch für den Beichtenden die Kenntnis der zu beichtenden Materie voraus. Demzufolge fällt den Geistlichen nun die Aufgabe zu, die Gläubigen stärker in den christlichen Glaubensinhalten zu unterweisen. Als Lehrstück par excellence dient nun der Kanon der Hauptlaster, der die Grundlage vieler Beichtfragen bildet. Eine leichte Umformung in der Zusammensetzung erfahrend, wird er unter dem einprägsamen Akronym SALIGIA, *S*uperbia (lat.: Hochmut), *A*varitia (lat.: Habgier/Geiz), *L*uxuria (lat.: Wollust), *I*ra (lat.: Zorn), *G*ula (lat.: Völlerei), *I*nvidia (lat.: Neid), *A*cedia (lat.: Trägheit) zusammengefasst. Somit

Abb. 12
Laster- und Tugendbaum
aus: *Speculum Virginum*
(Jungfrauenspiegel), fol. 11v/12r
Andernach, 1150
Köln, Historisches Archiv der Stadt

Von Hauptlastern zu Todsünden 39

ist das einstige Wurzellaster *Superbia* in den Kanon der sieben Hauptlaster gewandert, dafür entfällt die Ruhmsucht, und die Trägheit ersetzt die Traurigkeit. Im Zuge dieser Neustrukturierung erfolgt auch die Umbenennung. Die Hauptlaster heißen fortan Todsünden. Mittels dieses drastischeren Begriffs lassen sie sich besonders wirkungsvoll publik machen. Die Vermittlung der Todsündenlehre an die Laien erfolgt über eine Vielzahl von Medien: darunter Predigten, didaktische und katechetische Bücher sowie sakrale Kunst.

Viele Ordensleute verfassen Lehrwerke in Volkssprache und versehen diese mit Bildtafeln. Ein solches Werk stellt zum Beispiel das *Guldîn spil* (mhd.: Das Goldene Spiel) des Dominikaners Meister Ingold (*um 1380, †1440/50) dar (Kat.-Nr. 2.9). Er vergleicht darin die Todsünden mit beliebten Gesellschaftsspielen der Zeit. Illustrationen veranschaulichen das jeweilige Laster. Durch direkte Bezugnahme auf die Alltagswelt der Gläubigen steigert Ingold deren Identifikation mit dem religiösen Thema. Andachtsbücher wie die *Somme le roi* (frz.: Summe des Königs) (Kat.-Nr. 2.10) dienen der privaten Lektüre und richten sich vorwiegend an den lesekundigen Adel. Zur Vorbereitung auf die Beichte, kann der Gläubige Werke wie den *Gewissensspiegel* (Kat.-Nr. 2.5) verwenden. Nach den Hauptlastern gegliedert, dienen die darin enthaltenen Fragen dem Gläubigen der Gewissenserforschung.

Das wichtigste Medium der Vermittlung christlicher Glaubensinhalte an das Volk ist aber das Bild. Bereits Gregor der Große betont in einem Brief an den Bischof von Marseille seine Bedeutung: „Denn was für die des Lesens Kundigen die Schrift, das ist für die Ungebildeten das Bild: In ihm lesen die Analphabeten; daher ersetzt vor allem dem Volk das Bild die Lektüre."[2]

Bildhafte Todsündendarstellungen finden sich unter anderem an Kirchenfassaden, im Skulpturenschmuck der Kirchen und in der Wandmalerei im Inneren der Gotteshäuser. Sie richten sich gezielt an nicht-lesekundige Laien und sollen ihnen als Lehrbilder dienen. Den Turm des Freiburger Münsters zieren zu Beginn des 14. Jahrhunderts sieben Skulpturen – teils menschlicher Erscheinung, teils Mischwesen aus Tier- und Menschengestalt (Abb. 13). Es handelt sich um Scheinwasserspeier, die im Gegensatz zu echten Wasserspeiern nicht Wasser vom Gebäude ableiten sollen, sondern vermutlich als Mahnbilder fungieren. So zeigt zum Beispiel eine Skulptur einen Mann mit einem Geldtopf in der Hand. Sie warnt vor Habgier bzw. Geiz.

Bildnisse der Todsünden finden sich auch auf *Misericordien* – Konsolen an der Unterseite des Chorgestühls, die den beim Gebet stehenden Klerikern als Stütze dienen –, als Reliefs an Chorschranken wie zum Beispiel in der Kirche *St. Nikolai* in Stralsund (Anfang 15. Jh.) und in überdimensionalen Wandmalereien an Kirchenwänden: In der *Chapelle Notre-Dame des Grâces* in Plampinet/Frankreich (ca. 15. Jh.) findet sich unterhalb der Darstellung personifizierter Tugenden ein Reiterzug der sieben Todsünden. Den Zorn verkörpert ein auf einem Leoparden reitender Mann, der sich selbst ersticht. Alle Sünden reiten direkt auf den Höllenschlund zu, der durch das aufgerissene Maul eines Höllenwesens dargestellt wird.

Abb. 13
Skulptur der Habgier
(Scheinwasserspeier)
Turm des Freiburger Münsters
Unserer Lieben Frau, 14. Jh.

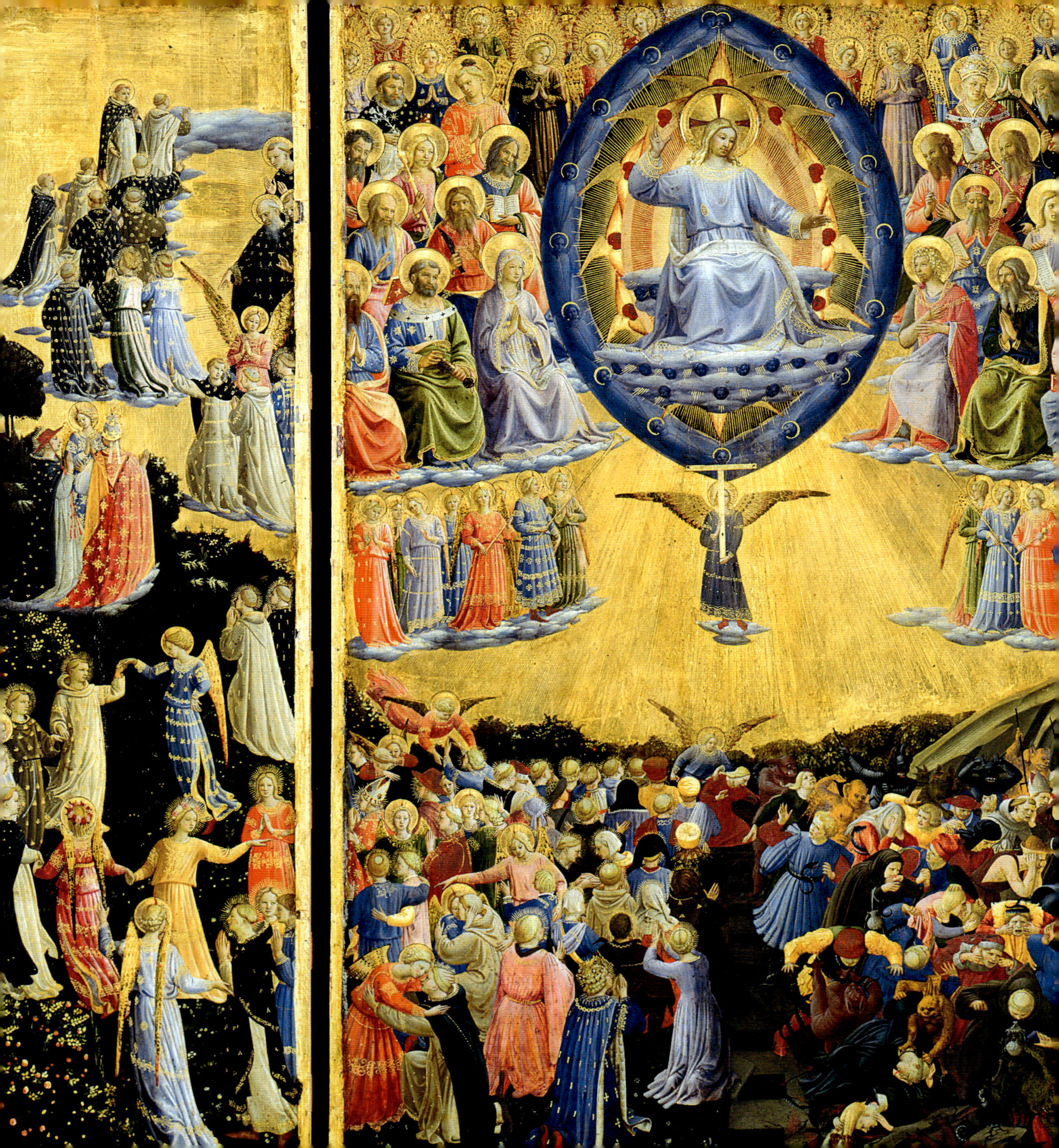

Abb. 14
Das Jüngste Gericht
Fra Giovanni Angelico da Fiesole, um 1395
Berlin, Staatliche Museen zu Berlin,
Gemäldegalerie

Darauf, dass die Todsünden direkt in die Hölle führen, deuten auch Darstellungen des *Jüngsten Gerichts* hin. An diesem Tag wird nach christlicher Vorstellung jeder Mensch für seine Taten gerichtet und das göttliche Urteil über unendliches Leben oder ewige Verdammnis endgültig ausgesprochen. In dem Gemälde *Das Jüngste Gericht,* welches der Dominikaner Fra Angelico (*1386/1400, †1455) um 1395 anfertigt, thront Christus als Weltenrichter (Abb. 14). Zu seinen Füßen sind die Auferstandenen versammelt. Er scheidet die Menschen in Gute und Böse. Zu seiner Rechten stehen die Guten. Die Bösen zu seiner Linken werden von ihm in das ewige Feuer verbannt. Während die Erlösten zu Gott ins Himmelreich aufsteigen, werden die Bösen in der Hölle von Teufeln bis in alle Ewigkeit gemartert. Das Gemälde zeigt drastisch die Qualen der Todsünder in der Hölle. Jeder der sieben Todsünden wird eine eigene Folter zuteil: Den Geizigen wird flüssiges Gold in den Mund geschüttet, die Zornigen werden mit Lanzen gestochen und beißen sich selbst blutig, den Trägen werden die Hände auf dem Rücken gefesselt, während die Münder der Schlemmer mit Schlangen gestopft werden. Diese Schreckensbilder führen den Gläubigen die Konsequenzen ihres Fehlverhaltens eindrücklich vor Augen und sollen sie zur Umkehr von ihrem Verhalten bewegen. Die gegenübergestellte Darstellung des himmlischen Paradieses dient dabei als zusätzliche Motivationshilfe.

Das Gegensatzpaar Himmel und Hölle wird im Laufe des Mittelalters um einen dritten Jenseitsort erweitert – das Fegefeuer. Dem französischen Historiker Jacques Le Goff zufolge, ist es „eine Errungenschaft des 12. Jahrhunderts"[3]. Neuere Untersu-

Von Hauptlastern zu Todsünden 43

chungen vermuten sein Aufkommen dagegen erst im 13. Jahrhundert. Das Fegefeuer als Zwischenort versammelt die Seelen der Verstorbenen, die verzeihliche Sünden begangen haben bzw. die in Todsünde gestorben sind und ihre Buße bereits begonnen, sie aber nicht zu Lebzeiten beenden konnten. Im Gegensatz zu den ewigen Höllenqualen stellt sich die Zeit für die Seelen im Fegefeuer als endlich dar, und der Aufstieg in den Himmel ist nach Ableisten der Buße garantiert. Die Altartafel aus dem *Bayerischen Nationalmuseum* in München zeigt die Peinigung der Seelen im Fegefeuer. Im Bildhintergrund deutet sich aber bereits der Aufstieg der gereinigten Seelen an: Engel befreien sie aus den Klauen der Teufel und geleiten sie in den Himmel (Kat.-Nr. 2.11).

Ein eindrückliches Vermittlungsmedium der Todsündenthematik ist das gesprochene Wort. In mitreißenden Reden warnen Prediger vor den Folgen des Sündigens und wollen so Einfluss auf das Verhalten der Gläubigen nehmen. Die Laienseelsorge in den mittelalterlichen Städten wird im 13. Jahrhundert vermehrt von den Bettelorden, vor allem von Franziskanern und Dominikanern, getragen. Der Franziskaner Berthold von Regensburg (*ca. 1210, †1272) ist einer der bekanntesten Prediger des Mittelalters. Zu den Vorträgen des brillanten Rhetorikers strömen so viele Menschen, dass sie nicht wie sonst üblich in der Kirche, sondern auf freien Plätzen abgehalten werden müssen. Anstelle von der Kirchenkanzel, predigt er nun von einem Holzgerüst.

Seine Reden orientiert Berthold an der Regel des heiligen Franziskus (*1181/1182, †1226). Ihr zufolge dient die Predigt „zum Nutzen und zur Erbauung des Volkes, diesem Laster und Tugenden, Strafe und Belohnung lehrend, in kurzen Worten gehalten."[4] Sein Auftrag ist also auch die Belehrung der Gläubigen über die Todsünden. Um die größtmögliche Identifizierung der Laien mit den moralischen Vergehen zu erreichen, betreibt Berthold minutiöse Sozialstudien. Er beobachtet und analysiert die städtischen Lebensverhältnisse, um die ihm auffallenden Missstände eloquent anzuprangern. Mit Drohungen will er bei den Zuhörern Angst schüren und sie von Verfehlungen abhalten: „Was nun, du Habgieriger, wohin willst du mit deinem Beruf gelangen? Deine Habgier ist doch gar kein Beruf, lediglich zur ewigen Verdammnis hast du ihn erwählt. Wucher, Verkauf, Borgen, Pfändung und Betrug, Raub und Diebstahl, dies alles kann niemals ein Beruf sein. Du musst darauf verzichten, oder aber du bist auf ewig verloren."[5] Exemplarisch für entsprechendes betrügerisches Verhalten führt er Händler an, die ihre Waagen falsch justieren und somit den Kunden um ihre Ware betrügen oder Winzer, die dem Wein Wasser beimischen.

Abb. 15
Teppich mit dem Kampf der Tugenden und Laster
Regensburg, um 1400
Regensburg, Historisches Museum der Stadt

Verweltlichung des Sündenkonzepts

Im Angesicht einer ausgeprägten gegenseitigen Abhängigkeit von Staat und Kirche im Mittelalter, erscheint die wachsende Einflussnahme der Todsündenlehre auf weltliche Belange zwangsläufig. Wie die Predigt des Berthold von Regensburg zeigt, setzt die religiöse Lehre auch Akzente für das Funktionieren des Zusammenlebens innerhalb des städtischen Gefüges. Dennoch vollzieht sich die Emanzipation der Todsündenlehre aus ihrem religiösen Zusammenhang nicht schlagartig, sondern nach und nach. Zunächst lässt sich beobachten, dass sich im späten Mittelalter die Autorenschaft der Lehrwerke über die Todsünden verändert. Neben Ordensleuten verfassen nun auch weltliche Autoren Werke mit der Intention der christlichen und moralischen Belehrung. Michael Beheim (*1420, †nach 1470) zum Beispiel verfasst mit seinem *Büchlein von den sieben Todsünden* ein Andachtsbuch für Adelige (Kat.-Nr. 2.17). Darin schildert er nicht nur das Auftreten der Todsünden im Alltag – das Kapitel *Von der weiber hochvart* (mhd.: Vom Hochmut der Weiber) sei hier erwähnt – sondern nennt auch gegen jede Todsünde eine *erczney* (mhd.: Arznei).[6] Gegen den Hochmut führt er unter anderem die Tugend der Demut an.

In seiner Moralsatire *Das Narrenschiff* schildert Sebastian Brant (*1457/58, †1521) das weltliche Treiben seiner Zeit zu dem auch die jeweiligen Todsünden gehören, die er in der Gesellschaft verankert sieht (Kat.-Nr. 2.18). Mit der direkten Bezugnahme auf den Lebensalltag der Bürger und mit der Skizzierung moralischer Missstände verfolgt Brant ein klares Ziel: Er möchte das bürgerliche Bewusstsein für das eigene Fehlverhalten schärfen.

Gleichermaßen dienen die Todsünden im Spätmittelalter auch als Moralkodex des städtischen Regierens. So hängt im Rathaus der Stadt Regensburg im 15. Jahrhundert ein Wandteppich, der den Kampf der Tugenden gegen die Laster zeigt (Abb. 15). Jeder berittenen Personifikation einer Todsünde tritt eine Tugend entgegen. Zahlreiche Tierattribute schmücken die Ausrüstung der Kämpfer. Jedes Tier steht für eine Charaktereigenschaft, die im Falle der Tugend positiv, im Falle des Lasters negativ besetzt ist. So reitet die Gefräßigkeit auf einem Fuchs, der eine Gans im Maul hat. Auf ihrem Schild ist ein Rabe abgebildet, ihre Fahne zeigt einen Braten am Spieß, und auf dem Helm sitzt ein Adler. Ihr Konterpart ist die Mäßigkeit. Deren Schild ziert ein Lamm, der Fisch auf ihrer Fahne symbolisiert die Fastenzeit, und ihren Helm schmückt ein fasanartiger Vogel.

Und ich, der aufmerksam stand im Betrachten,
Sah schlammbedecktes Volk in dieser Lache,
Nackt insgesamt und mit erzürntem Antlitz,
Die schlugen nicht allein sich mit den Händen,
Auch mit dem Haupt, der Brust und mit den Füßen,
Stückweise mit den Zähnen sich zerfleischend.
Der gute Meister sprach: „Mein Sohn, hier siehst du
Die Seelen derer, die der Zorn besiegte […]".

Dante Alighieri (*1265, †1321)
aus: Die Göttliche Komödie (Anfang 14. Jahrhundert)

Die Kampfszene fasst links und rechts jeweils eine Burg ein: Links im Bild belagern Laster die Burg der vier Kardinaltugenden Gerechtigkeit, Mäßigkeit, Tapferkeit und Weisheit. Die rechte Burg verteidigen die drei theologischen Tugenden Glaube, Liebe und Hoffnung gegen die Widersacher. Damit steht der Teppich ganz im Zeichen der christlichen Tradition der Gegenüberstellung von Gut und Böse. Bedeutender Unterschied ist jedoch, dass er nicht in einer Kirche, sondern in einem profanen Gebäude hängt und dort als Leitbild des gerechten Regierens dient.

Ein weiterer Faktor in Bezug auf die Verweltlichung der Todsündenlehre ist die veränderte Gerichtsbarkeit. Während den Sünder die Konsequenzen seines Fehlverhaltens nach der christlichen Vorstellung im Jenseits erwarten, muss der Mensch nun auch mit sofortigen Folgen für sündhaftes Verhalten rechnen. Fünf Groschen Strafe drohen laut der Kleiderordnung der Stadt Zittau aus dem Jahre 1353 dem Träger von Schnabelschuhen, die als ein Zeichen von Eitelkeit und Hochmut gelten (Kat.-Nr. 2.15). Auch der Rat von Speyer erlässt 1356 ein Gesetz gegen das Tragen und Anfertigen „hoffärtiger Gegenstände"[7]. Dazu gehören nicht nur die beliebten Schnabelschuhe, sondern auch extrem kurze Männerröcke und aufwändige Hauben. Einige Städte verbieten die Schuhe zwar nicht, legen jedoch maximale Längenmaße fest. Während der Adel bis zu zweieinhalb Fuß (ca. 75 cm) lange Schuhe tragen darf, beschränkt sich das Längenmaß für Schuhe einfacher Bürger meist auf einen halben Fuß (ca. 15 cm). Diese Maßvorgaben für Schnabelschuhe, die je nach sozialem Stand variieren, dienen vornehmlich dem Erhalt von Hierarchien und entwickeln sich nicht aus religiösen Sachverhalten.

Den Todsünden widerfährt im ausgehenden Mittelalter eine erneute Wandlung: Nach ihrer Allgegenwart im Spätmittelalter emanzipieren sich die Todsünden von ihrem religiösen Bezugsrahmen und werden auch für politische und gesellschaftliche Zwecke instrumentalisiert. Sie bleiben zwar auch weiterhin als religiöses Konzept bestehen, doch die Blütezeit der didaktischen Belehrung des Volkes ist nun vorbei.

Literatur
Becker 1975, Bernards 1955, Blöcker 1993, Bloomfield 1967, Boockmann 1986, Eisenbart 1962, Flüeler/Rohde 2009, Gille/Spriewald 1970, Hens 2001, Kat. Bern 2010, Kat. Zürich 1994, Katzenellenbogen 1989, Le Goff 1984, Lemmer 2004, Martin von Amberg 1958 [ca. 1370-82], Oberste 2003, Röcke 1983, Spike 1997, Wegmann 2003, Wenzel 1995, Weitzel 2011, Wilckens 1980, Wohlmuth 2000, Wolter 2002, Zinke 2010, Zöckler 1893.

Anmerkungen
1   Wohlmuth 2000, S. 227.
2   Zit. nach: Wenzel 1995, S. 342.
3   Le Goff 1984, S. 161.
4   Zit. nach: Oberste 2003, S. 252.
5   Röcke 1983, S. 17.
6   Gille/Spriewald 1970, S. 103.
7   Eisenbart 1962, S. 92.

Zeiten des Umbruchs – die sieben Todsünden in der Frühen Neuzeit
Stefanie Wittenborg

Die Lehre der sieben Todsünden erfährt im Verlauf der Frühen Neuzeit einen großen Wandel. Sowohl im kirchlichen als auch im weltlichen Bereich beginnen die Menschen vom 16. bis 18. Jahrhundert, die Todsünden selbstkritisch zu reflektieren.

Die Kirche sieht sich mit zunehmender Kritik am Lebenswandel des Klerus und am Wesen der Institution Kirche konfrontiert. Der Theologe Martin Luther (*1483, †1546) verurteilt offen den sittlichen Verfall der Kirche sowie ihre Maßlosigkeit und Gier. Anfängliche Reformversuche enden mit der Spaltung der christlichen Kirche. Sowohl für die Katholiken als auch für die Protestanten behalten Hochmut, Habgier, Wollust, Zorn, Völlerei, Neid und Trägheit als Wertesystem ihre Gültigkeit, doch die sieben Todsünden umgeben die Menschen nun auch vermehrt außerhalb der Kirche in ihrer Lebenswelt. Zunehmend reift der Mensch zu einem eigenverantwortlichen Individuum.

Todsünden neu gefasst

In der Person Martin Luthers bündelt sich die schon seit dem Mittelalter schwelende Kritik an der Kirche. Er prangert die bestehenden Ordnungen an und verurteilt den Lebenswandel der kirchlichen Würdenträger. Die päpstlichen Bischöfe führten ein wollüstiges und habgieriges Leben. Ihr Lebensstil entspreche nicht den moralischen Ansprüchen der Kirche (Kat.-Nr. 3.2). Der Papst selbst setze sich hochmütig an die Stelle Christi und sei beherrscht von seiner Gier nach irdischen Reichtümern, die sich in der Bereicherung an den Ablasszahlungen der Gläubigen äußere (Kat.-Nr. 3.1 und 3.3). Für bestimmte Werke, beispielsweise eine Pilgerreise, verspricht die Kirche dem reuigen Sünder den Erlass seiner Sünden. Den Erwerb dieses so genannten Ablasses ermöglicht sie ab dem elften Jahrhundert auch gegen entsprechende Bezahlung. Diese missbräuchliche Praxis des Ablasswesens ist schon im Mittelalter nicht unumstritten. Und auch Luther kritisiert, dass diejenigen „unchristliches predigen […], die lehren, dass bei denen, die Seelen loskaufen oder Beichtbriefe erwerben wollen, keine Reue erforderlich sei."[1] Den Gläubigen solle nicht der Eindruck entstehen, dass sie sich von ihrer Schuld freikaufen könnten, statt ihr Leben zu bessern. Daher müssen, so Luther, die Prediger die Christen lehren, „dass der Ablasskauf [nicht] in irgendeiner Weise den Werken der Barmherzigkeit gleichgestellt"[2] ist.

Luthers Kritik liegt sein verändertes Sündenverständnis zugrunde. Während die Kirche seit dem Spätmittelalter lehrt, dass die Gläubigen durch gute Werke selbst etwas zu ihrem Heil beitragen können, verurteilt Luther diese Lehre. Trotz der Gebote Gottes sei der Mensch nicht fähig, Gutes zu tun. Durch die Erbsünde, die den Menschen nach dem Sündenfall Adams und Evas anhaftet, seien alle Menschen „verdorben und unnütz"[3]. Die Rechtfertigung vor Gott erhält der Mensch nach Luther allein durch seinen Glauben (lat. *sola fide*) und nur durch Gottes Gnade (lat. *sola gratia*). Dieses Gnadenverständnis stellt Lukas Cranach d.Ä. (*1472, †1553) in seinem Gemälde *Verdammnis und Erlösung* dar: Tod und Teufel jagen den durch die Erbsünde belasteten Menschen ins Höllenfeuer. Auch Moses, der auf die Tafeln mit den zehn Geboten verweist, kann den Sünder nicht retten. Nur das Gebet zu Christus, dem Erlöser der Menschheit, führt den Gläubigen zu seinem Heil (Abb. 16).

*Ich befehle mich,
meinen Leib und Seele und alles in deine Hände.
Dein Heiliger Geist sei mit mir,
dass der böse Feind keine Macht an mir finde.
Amen.*

Martin Luther (*1483, †1546)
aus: Der kleine Katechismus (1529)

Abb. 16
Verdammnis und Erlösung
Lucas Cranach d.Ä., 1529
Gotha, Stiftung Schloss Friedenstein

Neben dem traditionellen Gnadensystem stellt Luther auch die mittelalterlichen Sündenbegriffe in Frage und diskutiert die unterschiedlichen Abstufungen von lässlichen, schweren und Todsünden. In der christlichen Theologie sind Todsünden ein schweres, freiwillig und bewusst ausgeübtes Fehlverhalten, mit dem sich der Sünder von Gott vollkommen abwendet. Mit einer lässlichen Sünde hingegen verstößt er zwar gegen Gottes Gebote, doch bleibt die Liebe zu Gott im Herzen des Sünders erhalten. Sowohl bei Luther als auch bei nachfolgenden Reformatoren bleiben die Todsünden als moralisches Ordnungsprinzip für den Menschen bestehen. Den Begriff der „Todsünden" gebraucht Luther allerdings mit verschiedenen Bedeutungen. So spricht er von den klassischen sieben Todsünden: „Wer inn geytz, unzucht, füllerey, neyd, zorn, hoffart, ungehorsam und andern der gleichen sünden ligt, welches alles todsünde sind, umb welcher willen der Zorn Gottes über die ungehorsamen kinder kombt"[4]. Diese Todsünden befallen nach Luther den Menschen als gefährliche Seelenkrankheit und führen ohne den richtigen Arzt, nämlich Christus, zum ewigen Tod. In seiner Predigt über die sieben Todsünden empfindet er jedoch die Anzahl von sieben Lastern als beliebig: „Ich lass es alles als unnütz fallen. […] Es mag die zal grösser oder minder sein"[5] (Kat.-Nr. 3.4). Müssten nicht aber eigentlich alle Sünden Todsünden sein? Diese grundsätzliche Frage stellt Luther mit Bezug auf die *Offenbarung des Johannes* im Neuen Testament: „Aber nichts Unreines wird hineinkommen [in das Himmelreich]" (Offb 21,27). Da auch lässliche Sünden „die Seele unrein"[6] machten, verhinderten alle Sünden den Zugang zum Himmelreich und müssten demnach als Todsünden gelten. In anderen Werken gibt es für Luther nur noch eine Todsünde, die jedoch variiert: So bezeichnet er die Erbsünde aber auch den Abfall vom Glauben als einzige Todsünde.

Luthers Kritik und der Erfolg der Reformationsbewegung stellen die Kirche im 16. Jahrhundert vor existentielle Fragen und machen es für sie als Institution notwendig, über grundsätzliche Reformen und eine neue Ausrichtung nachzudenken. Das 1545 in Trient/Italien einberufene Reformkonzil tagt in drei Sitzungsperioden über einen Zeitraum von 18 Jahren. Der Versuch, für alle Christen eine gemeinsame einheitliche Ordnung zu schaffen, scheitert, und so begründet die Kirchenversammlung faktisch die römisch-katholische Konfessionskirche.

Mit dem erstmals 1566 erschienenen *Römischen Katechismus* hält die katholische Kirche im Gegensatz zum Protestantismus weiter an der Überzeugung fest, dass die Gläubigen durch gute Werke dazu beitragen können, Gottes Gnade zu erlangen (Kat.-Nr. 3.8). Zwar wasche das Sakrament der Taufe alle Sünden ab, tilge auch die Erbschuld, doch befreie es die Gläubigen nicht von ihrer natürlichen Schwäche, „da vielmehr ein jeder gegen die Regungen der Begierlichkeit, welche uns unablässig zu Sünden anregt, zu kämpfen hat"⁷. Die Beschlüsse des Konzils von Trient beschreiben deutliche Konsequenzen für die Gläubigen, die den Versuchungen der Todsünden erliegen: „Denn wer Gott durch irgend eine Todsünde beleidigt, verliert sogleich alle Verdienste, die er aus dem Tode und Kreuze Christi erlangt hat, und wird vom Zutritte zum Paradies [...] zurückgehalten."⁸ Trotz der Kritik der Protestanten bleibt die katholische Kirche aber bei ihrer Lehre über die Buße und ihrer durch Christus verliehenen Gewalt, die Sünden der Gläubigen im Fall wahrer Reue zu erlassen: „Denn wie niemand ohne Taufe entsündigt werden kann, so muss auch, wer immer die Taufgnade durch Todsünden verloren hat und sie wieder erlangen will, zu der andern Art von Entsündigung, nämlich zum Sakramente der Busse [sic], seine Zuflucht nehmen."⁹

Neben den Bestimmungen im *Römischen Katechismus* äußern sich die Todsünden in der sogenannten katholischen Gegenreformation auch in der praktischen Glaubensvermittlung. Die katholische Kirche versucht ihre Position in ganz Europa zu festigen. Der im 16. Jahrhundert neu gegründete Orden der Jesuiten übernimmt in diesem Zuge bedeutende Funktionen in der Mission und auch in der Lehre. So nutzen Prediger Bildtafeln, um dem einfachen Volk die katholische Lehre, darunter auch die Lehre der Todsünden, zu erläutern. Auch in ihren zahlreichen Theaterstücken nehmen die Jesuiten das Thema der Todsünden auf und vermitteln so die katholischen Glaubensinhalte auf unterhaltsame Art in Schulaufführungen, aber auch in den Theatern der Fürstenhöfe und in den katholischen Städten (Kat.-Nr. 3.9).

Zeit der moralischen Selbstprüfung

Von der Kirche losgelöst, entwerfen in der Renaissance ab dem 14. Jahrhundert von Italien ausgehend zunächst die Humanisten, in späterer Zeit die Aufklärer weltliche Lebenskonzepte, die die Todsünden in ihrer Bedeutung als menschliche Laster thematisieren.

Im Mittelpunkt der Lehre des Humanismus, mit dem in Europa ein geistig-kultureller Aufbruch beginnt, steht die Menschlichkeit (lat. *humanitas*). Er stützt sich auf die Kultur und Sprache der Antike und prägt nachhaltig das philosophische Denken. Die Verbindung von Wissen und vorbildlichem, tugendhaftem Verhalten bietet nach Ansicht der Humanisten eine optimale Kombination, um die Persönlichkeit des Individuums zu entwickeln und zu entfalten. Die philosophische Reflexion des eigenen Handelns soll der eigenen Persönlichkeitsentwicklung, der Familie oder auch dem Gemeinwohl nutzen. Daher legen die Humanisten Wert auf eine umfassende Bildung und nehmen sich die antike Tugendlehre zum Vorbild. Den menschlichen Schwächen und Lastern widmen sie sich zumeist in literarischer Form.

Als führender Geist und Mitbegründer des Humanismus gilt der Italiener Francesco Petrarca (*1304, †1374), der die antike und die christliche Philosophie verbindet. Petrarca stellt die für seine Zeit neue Innerlichkeit des Menschen in seinem Werk *Secretum meum* (lat.: Mein Geheimnis) dar, indem er sich in einer Selbstanalyse seinen eigenen Lastern stellt (Kat.-Nr. 3.14). Im *Canzoniere* (ital.: Liedersammlung) legt er die einzelnen Gemütszustände der Figur Laura dar, seiner Geliebten, und spiegelt darin seine eigene Seelenlage. An der europaweiten Verbreitung des humanistischen Gedankenguts wirkt Erasmus von Rotterdam (*1466/1469, †1536) mit, besonders mit der Satire *Das Lob der Torheit* (lat. *Stulticiae laus*) (Kat.-Nr. 3.15). Die erste Ausgabe der bissigen Geschichte von 1515 schmückt Hans Holbein d.J.

(*1497/98, †1543) mit gewitzten Zeichnungen aus (Abb. 17). Erasmus kritisiert in seinem Werk politische und kirchliche Missstände und widmet sich den menschlichen Eigenheiten. Nach eigener Aussage schildert er „mehr die lächerlichen als die schändlichen Sitten, [so wie] es von jeher ein Recht des Spottes war, sich über die Menschen im Allgemeinen straflos lustig zu machen, vorausgesetzt, dass man nicht bis zur Zügellosigkeit und Raserei ging."[10]

Über Todsünden lachen? Hochmut, Habgier, Wollust, Zorn, Völlerei, Neid und Trägheit spielen in den Komödien jeder Zeit wichtige Rollen, ohne jedoch als Todsünden im religiösen Sinn aufgeführt zu sein. Als menschliche Laster setzen sie stattdessen auf komische Weise ein Abweichen von der gültigen Ordnung in Szene und beleuchten typische Verhaltensweisen in der Gesellschaft (Kat.-Nr. 3.17 und 3.18). So stellt der Philosoph und Politiker Niccolò Machiavelli (*1469, †1527) in der Komödie *La Mandragola* (ital.: Die Alraune) dem tugendsamen Leben der schönen Lucrezia die Laster Wollust, Habgier und Geiz gegenüber (Kat.-Nr. 3.16). Der reiche Callimaco, der sich in Lucrezia verliebt, möchte unbedingt eine Nacht mit ihr verbringen. Mit einem absurden Plan versucht er, an sein Ziel zu gelangen. Unterstützung erhält er dabei sogar von einem Geistlichen. Gemeinsam mit Bruder Timoteo und Lucrezias Mutter gelingt es Callimaco, seine Angebetete und auch ihren naiven und geizigen Ehemann Nicia zum Ehebruch zu bewegen.

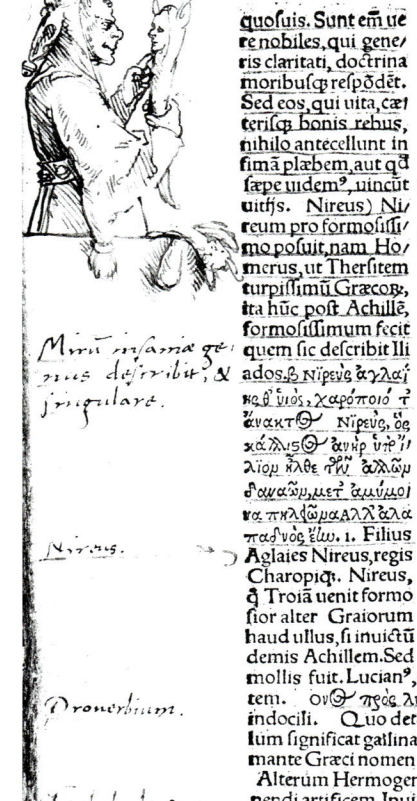

Abb. 17
Ein Narr betrachtet seine Marotte (Randzeichnung)
aus: Erasmus Desiderius: *Lob der Torheit*, fol. K 4v
Zeichnungen von Hans Holbein d.J., Basel, 1515
Basel/Schweiz, Kunstmuseum

Zeiten des Umbruchs

Das verwerfliche Verhalten der Figuren hat am Ende keine negativen Konsequenzen, sondern dient allein der Unterhaltung und dem Vergnügen. In seinen Werken unterscheidet Machiavelli zwei Sittenlehren und trennt den privaten vom politischen Bereich. Während das alltägliche und private Leben der Charaktere im Vordergrund seiner Komödie steht, untersucht Machiavelli in seiner Schrift *Il Principe* (ital.: Der Fürst) als Staatsphilosoph das allgemein menschliche Grundbedürfnis nach Machterwerb und Machterhaltung: „man sieht, dass die Menschen auf verschiedene Weise vorgehen, um den Zweck zu erreichen, den jeder vor Augen hat, nämlich Ruhm und Reichtum."[11] Machiavelli schlägt vor, sich nicht mehr an Tugendkatalogen und Idealvorstellungen zu orientieren. Stattdessen soll das Beobachten der tatsächlichen Lebenspraxis, inklusive aller menschlichen Schwächen und Laster, realistische Regeln für das menschliche Zusammenleben aufzeigen.

Wie der Humanismus, so fordert auch die geistige Bewegung der Aufklärung im 18. Jahrhundert Humanität im Sinne des antiken Tugendverständnisses. In den Vordergrund rückt nun jedoch die Idee der Vernunft. Die Aufklärer fordern die Menschen auf, ihren eigenen Verstand selbständig zu benutzen. „*Sapere aude!*"[12] (lat.: Habe Mut dich deines eigenen Verstandes zu bedienen) macht Immanuel Kant (*1724, †1804) zum Leitspruch der Aufklärung: Der Mensch ist ein selbständiges Wesen, das das eigene Handeln hinterfragen und selbst auf moralische Richtigkeit überprüfen soll. Dennoch bedarf der Mensch als Individuum auch sozialer Beziehungen, und den Rahmen für dieses Zusammenleben bestimmt die Gesellschaft. Mit dem Wesen des Menschen, zu dem sowohl Tugend als auch Laster gehören, und der gesellschaftlichen Einbindung seiner moralischen Grundsätze beschäftigen sich im 18. Jahrhundert neben Kant in seiner Schrift *Metaphysik der Sitten* (Kat.-Nr. 3.19) auch Philosophen wie Jean-Jacques Rousseau (*1712, †1778) und David Hume (*1711, †1776).

Der neuzeitliche Mensch verlässt die vertrauten, traditionellen Wege, er löst Sünde und Tugend aus dem theologischen Zusammenhang heraus und setzt sie in Bezug zu den verschiedenen Bereichen der menschlichen Lebenspraxis und des eigenen Handelns. Wenn auch nicht mehr als Todsünden bezeichnet, bleiben sie trotzdem als negative menschliche Eigenschaften und als weltliches Ordnungsprinzip bedeutend und anerkannt.

Von Lust und Völlerei

Die Frühe Neuzeit ist ein Zeitalter des Aufbruchs. Das Lebensgefühl im 17. Jahrhundert ist durch Gegensätze geprägt, der Mensch ist hin- und hergerissen zwischen Diesseits und Jenseits, zwischen *Carpe diem* (lat.: Nutze den Tag) und *Memento mori* (lat.: Bedenke deine Sterblichkeit). Nach den Schrecken und Entbehrungen des 30jährigen Krieges (1618–1648) folgt ein Zeitalter des Genusses. Üppigkeit und Übermaß kennzeichnen in vielen Bereichen das Leben im Barock. Der öffentliche Umgang mit den Todsünden Völlerei und Wollust verändert sich.

Üppige Festessen dienten auch im Mittelalter der Repräsentation des Adels. Völlerei entwickelt sich nun jedoch zu einem allgemeinen gesellschaftlichen Statussymbol. Zum Höhepunkt eines Festmahls gehören nicht nur ausgefallene Speisen, sondern zugleich ihre meisterhafte Inszenierung. Bei spektakulären Schauessen werden die zubereiteten Schwäne und Pfauen wieder in ihr Federkleid gehüllt, Lämmer, Kälber und Hirsche mit Gold und Silber überzogen, um den Gästen zusätzlich zum kulinarischen Genuss auch ein optisches Vergnügen zu bieten. Ein Wildschweinkopf, als eine dem Adel vorbehaltene Jagdbeute, oder der aus Amerika importierte Truthahn gelten als Krönung für jede Festtafel (Kat.-Nr. 3.20). Kunstvolle Zuckerspeisen sind im Barock ein absolutes Luxusgut, mit dem der Gastgeber seinen Reichtum zur Schau stellt. Allein für das Auge angefertigte Schaugerichte und aufwendige Tischdekorationen gehören zu einem standesgemäßen Auftreten (Kat.-Nr. 3.21).

54 Zeiten des Umbruchs

Abb. 18 a und b
Before and After
William Hogarth, England, 1730/31
Cambridge/Großbritannien, The Fitzwilliam Museum

Zeiten des Umbruchs 55

Auch die Bewertung der Wollust erfährt in der Frühen Neuzeit einen Wandel. Neben den kirchlichen Versuchen in ehelichen und sexuellen Angelegenheiten für Zucht und Ordnung zu sorgen, regulieren zunehmend die weltlichen Obrigkeiten in der Gesetzgebung das menschliche Sexualleben. Klare Regeln für erlaubte und verbotene Verhaltensweisen enthalten die Androhung schwerer Strafen bei Sittlichkeitsvergehen. Als widernatürlich gelten Sodomie, der Verkehr mit Tieren, und Homosexualität, wobei die Quellen zumeist nur den gleichgeschlechtlichen Verkehr von Männern erwähnen. Innerhalb der gesellschaftlich anerkannten und als sittlich geltenden Normen hingegen ist Sexualität in zunehmendem Maß nicht mehr moralisch verwerflich und gehört im 18. Jahrhundert schließlich offen zur menschlichen Zweisamkeit. In Kunst, Musik und Literatur der Frühen Neuzeit ist die Wollust ein äußerst beliebtes Thema. Auf Kunstwerken erhalten viele Motive einen sexuellen Nebensinn durch ein reiches Repertoire an zweideutigen Elementen. So ist der Vogel ein häufig verwendetes Symbol für das männliche Glied, da sich die Begriffe *vögeln* für sexuelle Aktivität oder *Vogler* für die Person, die Geschlechtsverkehr hat, schon seit dem späten Mittelalter eingebürgert haben. Ebenso verwenden Künstler zum Beispiel die Blockflöte, ein einfaches Blasinstrument, in ihren Werken in zweideutiger Absicht, um sexuelle Assoziationen hervorzurufen. Die Offenheit, mit welcher der englische Maler William Hogarth (*1697, †1764) das Thema in seiner Bildfolge *Before and After* (engl.: Vorher und Nachher) darstellt, ist dennoch überraschend. In zwei verschiedenen Versionen zeigt Hogarth ein Paar vor und nach dem Liebesakt. Während sich die Dame in der Gartenszene (Abb. 18 a und b) zwar zunächst ziert, geht der Betrachter dennoch von einem einvernehmlichen Schäferstündchen aus. In der zweiten, graphischen Variante, in der sich die Szene im Schlafzimmer abspielt, bedrängt der Mann hingegen die Frau und geht aggressiver vor, um an sein Ziel zu gelangen (Kat.-Nr. 3.23 a und b). In beiden Fällen jedoch scheinen beide, Mann und Frau, nach dem Geschlechtsakt äußerst befriedigt und beglückt. Auch die erotische Literatur erfährt im Barock eine Blüte. Ob Pietro Aretinos (*1492, †1556) *Kurtisanengespräche*, das *Heptaméron* der Margarete von Navarra (*1492, †1549), die verschiedensten Ausführungen des Don-Juan-Mythos, die Memoiren des Giacomo Casanova (*1725, †1798) oder die Werke des Marquis de Sade (*1741, †1814): Sie alle zeugen von einem öffentlichen, wenn auch teilweise als skandalös empfundenen Umgang mit dem Thema Wollust (Kat.-Nr. 3.22, 3.24 bis 3.26).

Die sieben Todsünden haben in der Frühen Neuzeit, in einer Zeit des Wandels und des Umbruchs, sowohl im kirchlichen, als auch im weltlichen Bereich Bestand. Vermehrt treten sie allerdings als einzelne Laster und nicht mehr nur als Siebener-Gruppe auf. Mit der Völlerei und der Wollust verlieren zumindest zwei Todsünden im Barock ihren Schrecken und gelangen zu gesellschaftlicher Akzeptanz. Dennoch bleiben die Todsünden in Renaissance, Humanismus, Reformation, Gegenreformation, Barock und Aufklärung ein ordnendes Prinzip.

Literatur
Aretino 1986 [1534/36], Bartsch 2012, Bidermann 1963 [1666], Brockmeier 1972, Byern 2010, Danz 2013, D'Aprile/Stockhorst 2013, Ebbersmeyer/Keßler/Schmeisser 2007, Eder 2009, Erasmus von Rotterdam 1950 [1511], Erasmus von Rotterdam 2006 [1511], Ernst 2011, Ganzer/Steimer 2002, Geyer 2013, Geyer/Thorwarth 2009, Gier 2005, Heil 2012, Hofmann 1982, Jordan 1993, Kant 1990 [1797], Kant 1999 [1784], Kat. Assen u.a. 2004, Kat. Bern 2010, Kat. Dresden 1995, Kat. München 1993, Kat. Murnau 2007, Kat. Nürnberg 1983, Kat. Nürnberg 2010, Kat. Soest/Lippstadt/Unna 2002, Katechismus 1970 [1566], Kaufmann 2010, Kirchmeier 2013, Kuester 1995, Leppin 2013, Luther 1520, Luther 1883 [1518], Luther 1915 [1544], Luther 2006 [1517], Lutz 1982, Margarete von Navarra 1979 [1559], Marquis de Sade 1990 [1797], Marthaler 2014, May 2000, Molière 1978 [1668], Mozart 1981 [1787], Müller 2010, Petrarca 2004 [14. Jh.], Pfürtner u.a. 1988, Prodi/Reinhard 2001, Rieth 1996, Rousseau 2010 [1755], Scheffczyk 1992, Schilling 2013, Schönberger 1993, Seresse 2011, Stierle 2003, Thiele-Dohrmann 1998, Völker-Rasor 2000, Voigt/Köhlerschmidt 2011, Wallmann 1988, Wertheimer 1999, Winter 2010, Zirfas 2011.

Anmerkungen
1 Luther 2006 [1517], These 35.
2 Ebd., These 42.
3 Luther 1883 [1518], S. 380.
4 Luther 1915 [1544], S. 708f.
5 Luther 1520, S. 215.
6 Luther 1883 [1518], S. 383.
7 Katechismus 1970 [1566], S. 86f.
8 Ebd., S. 89f.
9 Ebd., S. 90.
10 Erasmus von Rotterdam 2006 [1511], S. 6ff.
11 Zit. nach Geyer 2013, S. 163.
12 Kant 1999, S. 20.

Neue Blickwinkel – Todsünden im 19. Jahrhundert
Stefanie Wittenborg und Helga Fabritius

Nach der Französischen Revolution 1789 bricht die noch weitgehend von Religion und Kirche geprägte alteuropäische Welt auseinander. Mit einem erstarkten Bürgertum wandelt sich die gesamte Gesellschaft grundlegend. Das hat auch Auswirkungen auf den Umgang mit den sieben Todsünden Hochmut, Habgier, Wollust, Zorn, Völlerei, Neid und Trägheit. Im 19. Jahrhundert urteilt ein strenger bürgerlicher Sittenkodex über das öffentliche und private Leben. Vorausgegangene technische Errungenschaften ermöglichen die Industrialisierung Europas, die drastische Auswirkungen auf das Leben der Menschen hat. Der Fortschritt fordert von den Fabrikarbeitern Disziplin, Fleiß und harte Arbeit und verurteilt die Faulheit, respektive Trägheit, als größte Sünde. Wissenschaftler und Künstler wenden sich in dieser Zeit intensiv dem Innenleben des Menschen zu. Sowohl die Psychologie als auch Literatur und Naturwissenschaften befassen sich detailliert mit menschlichen Ausdrucksformen und Verhaltensweisen und betrachten die einstigen Todsünden aus neuen Blickwinkeln.

Im Takt der Maschinen

Im Verlauf des 19. Jahrhunderts schließt Deutschland zu den weltweit bedeutenden Industrieländern auf, insbesondere in den Bereichen Steinkohlebergbau, Eisen- und Stahlindustrie, Maschinenbau und im Eisenbahnwesen. Mit der Industrialisierung entstehen Fabriken als neue Produktionsstätten und ermöglichen eine Massenproduktion der Güter. Sie verbinden menschliche Arbeitskraft mit den neuen Maschinen, die ab jetzt den Arbeitsrhythmus vorgeben. Uhren und Signale bestimmen den Tagesablauf der Arbeiter. In Verbindung mit strengen Fabrikordnungen sorgen sie für Pünktlichkeit, Konstanz, Gleichmäßigkeit der Arbeit und festgelegte Pausenzeiten (Kat.-Nr. 4.1). Künstlerisch nimmt sich Adolph Menzel (*1815, †1905) als erster des Themas an und zeigt in seinem atmosphärischen Gemälde *Eisenwalzwerk* das Zusammenspiel von Maschinen, Werkzeugen und Arbeitern in einer dunklen Fabrikhalle (Abb. 19).

Die Lebenswelt der Fabrikarbeiter offenbart die Kehrseite des wirtschaftlichen Fortschritts. Die Arbeiter schuften täglich zwölf bis 16 Stunden in den Fabriken, während der Lohn für ihre Arbeit sinkt. Außer einer kleinen Schicht der vergleichsweise gut bezahlten Facharbeiter leben die meisten Arbeiterfamilien in Armut und Elend. Und selbst ein Leben an der Grenze des Existenzminimums ist nur möglich, wenn die gesamte Familie ohne Krankheitsausfall kontinuierlich einer Arbeit nachgeht. Eine Grenze der Unzumutbarkeit gibt es nicht, weder für die Arbeitsbedingungen noch für die Entlohnung. Dementsprechend erlangt die Todsünde der Trägheit gesellschaftlich besondere Relevanz, sie gilt als überaus verwerflich.

Die bedauerliche Situation der Arbeiter beherrscht als „Soziale Frage" die Sozialpolitik. Paul Lafargue (*1842, †1911), Mitbegründer der Französischen Arbeiterpartei und Schwiegersohn von Karl Marx (*1818, †1883), kritisiert in seiner Schrift *Recht auf Faulheit* die vorherrschenden Arbeitsbedingungen: Die „abgerackerten Maschinensklaven" seien beherrscht von ihrer Leidenschaft für die Arbeit: „Diese Sucht ist die Liebe zur Arbeit, die rasende Arbeitssucht, getrieben bis zur Erschöpfung der Lebensenergie des Einzelnen und seiner Nachkommen."[1] Nur die

Abb. 19
Eisenwalzwerk
Adolph Menzel, Deutschland, 1872–1875
Berlin, Nationalgalerie, Staatliche
Museen zu Berlin

*Eine seltsame Sucht beherrscht die Arbeiterklasse [...]
Diese Sucht ist die Liebe zur Arbeit,
die rasende Arbeitssucht,
getrieben bis zur Erschöpfung der Lebensenergie
des Einzelnen und seiner Nachkommen.*

Paul Lafargue (*1842, †1911)
aus: Das Recht auf Faulheit (1883)

Abschaffung der kapitalistischen, allein nach Gewinn strebenden Produktionsweisen könne die Arbeiter entlasten. Ein Herabsetzen der Arbeitszeit schafft Lafargue zufolge genügend Arbeitsplätze für alle, fördert die Gesundheit der Arbeiter und ermöglicht es ihnen, ebenso am Konsum teilzuhaben wie das Bürgertum (Kat.-Nr. 4.2). Mit der Faulheit erfährt die ehemalige Todsünde der Trägheit bei Lafargue eine positive Umwertung im Kampf gegen die ungerechten sozialen Verhältnisse: „O Faulheit, Mutter der Künste und der edlen Tugenden, sei Du der Balsam für die Schmerzen der Menschheit!"[2]

Der Soziologe Max Weber (*1864, †1920) sieht den Startpunkt für die Entstehung des Kapitalismus, der den Arbeitern keine Zeit zur Muße und zur Trägheit lässt, in der protestantischen Arbeitsethik. Diese ruft zu einem maßvollen Streben nach Gewinn auf (Kat.-Nr. 3.6 und 3.7). Gleichwohl hebt Weber die protestantische Aufforderung zur Arbeit als christliche Pflicht sowie zu Sparsamkeit, Fleiß und harter Arbeit hervor. Schon im 18. Jahrhundert begründen Gelehrte mit diesen Tugenden den Wohlstand der protestantischen Länder (Kat.-Nr. 3.5). Dabei ist es dem Philosophen und Nationalökonomen Adam Smith (*1723, †1790) zufolge weniger eine religiöse Motivation als der jedem Menschen innewohnende Egoismus, der der einstigen Todsünde Faulheit entgegenwirkt. Dieser führe wie selbstverständlich zu einem wirtschaftlich effizienten Handeln und daraus folgend zu einem höheren Wohlstand.

Viktorianisches Zeitalter

Neben der Industrialisierung prägt das Bürgertum mit einer teilweise scheinheiligen Prüderie das 19. Jahrhundert. Namensgeberin für eine ganze Epoche wird die britische Königin Viktoria (amt. 1837–1901). Während ihrer 63 Jahre dauernden Regentschaft steigt Großbritannien zur Weltmacht auf. Viktoria selbst verkörpert das charakteristische Festhalten an bürgerlichen Traditionen. Im Gegensatz zur britischen Monarchin sind Frauen, trotz erster Bemühungen um Frauenrechte, in dieser Zeit rechtlich fast vollständig ihren Ehemännern untergeordnet. Seit der zunehmenden Trennung von Wohn- und Arbeitsbereich im 18. Jahrhundert tritt der Mann vermehrt außerhalb des Hauses auf, er lebt und arbeitet in der Welt. Die Frau hingegen, die während der Zeit der Aufklärung schon am intellektuellen Leben in den Salons teilgenommen hatte, wird nun aus der öffentlichen Gesellschaft in den Privatbereich verbannt. Der unmündige Zustand der Frau gilt als Idealbild, und Moral- und Anstandsbüchlein vermitteln schon jungen Mädchen ihre gesellschaftliche Rolle und fordern strenge Sittsamkeit (Kat.-Nr. 4.5). Die bürgerliche Ehefrau muss vorzeigbar und keusch sein und sich hingebungsvoll um ihre Familie sorgen. Sexuelles Verlangen gilt als primitiv und soll durch unbedingte Selbstkontrolle gezügelt werden. Auch modisch schlägt sich die Prüderie nieder. Die weibliche Alltagskleidung ist dementsprechend hochgeschlossen und zugeknöpft. Zu den sexuellen Bedürfnissen der Frau herrschen geteilte Meinungen, über die Theologen, Philosophen und Mediziner diskutieren. Während dem weiblichen Geschlecht einerseits nur ein geringes, bis gar kein sinnliches Verlangen zugesprochen wird, erscheint es andererseits jedoch unbedingt notwendig, seine Wollust und seine großen sexuellen Energien einzudämmen. Dem Wiener Professor für Psychiatrie Richard Freiherr von Krafft-Ebing (*1840, †1902) gilt eine bürgerliche Frau, die sich nach Sexualität sehnt, als unnatürlich: „Ist es [das Weib] geistig normal entwickelt und wohlerzogen, so ist sein sinnliches Verlangen ein geringes. […] Jedenfalls sind der Mann, welcher das Weib flieht, und das Weib, welches dem Geschlechtsgenuss nachgeht, abnorme Erscheinungen."[3] Erziehung sowie die zeitgemäße Unterordnung in der Ehe vermitteln den Frauen, dass das Ziel der weiblichen Sexualität allein darin bestehe, dem Ehemann Vergnügen zu bereiten. In jedem Fall verlangt der bürgerliche Moralkodex von Frauen absolute Treue.

Abb. 20
Erotische Taschenuhr
Schweiz, um 1820
Utrecht/Niederlande, Museum Speelklok

Anstandsdamen überwachen daher das moralische Verhalten junger Mädchen und beschützen sie vor unsittlichen Annäherungsversuchen (Kat.-Nr. 4.4).

Im Gegensatz dazu ist den Männern gesellschaftlich ein frivoles, auch unsittliches und lasterhaftes Leben erlaubt. Pikante Darstellungen erheitern Herrenrunden, nachdem die Damen den Raum verlassen haben. Typisch männliche Accessoires, wie Tabakdosen oder Taschenuhren, wirken von außen völlig unverfänglich. Ihr Inneres zieren jedoch mitunter nur symbolisch angedeutete Unsittlichkeiten, teilweise verstecken sich hinter Deckeln oder doppelten Böden aber auch eindeutig erotische oder pornographische Szenen (Kat.-Nr. 4.7). So verbirgt die Schweizer Taschenuhr aus dem Speelklok Museum in Utrecht/Niederlande eine erotische Darstellung in ihrem Inneren (Abb. 20). Die Besonderheit der Uhr liegt in der ausgeklügelten Mechanik, welche die Figuren in Bewegung setzt, die den Liebesakt damit vollziehen. Dabei wiederholt das Paar seine Bewegungen nicht nur gleichmäßig im Takt der Sekunden, sondern beschleunigt sie zunehmend bis zu einem Höhepunkt.

Sexuelle Bedürfnisse gesteht die Gesellschaft Männern aber nicht nur zu, sondern erwartet sogar, dass sie vor der Eheschließung ausreichend Erfahrungen sammeln. Auch nach der Heirat toleriert sie das „Austoben" im Bordell – jedoch unter dem Gebot der Diskretion. Prostituierte hingegen sind gesellschaftlich geächtet, auch wenn sie seit dem 18. Jahrhundert nicht mehr ausschließlich als wollüstige Sünderinnen, sondern zunehmend als bedauernswerte Opfer männlicher Triebe gelten. Als Édouard Manet (*1832, †1883) mit seinem Gemälde *Olympia* den öffentlichen Blick auf diesen in Schweigen gehüllten Bereich lenkt, löst er einen Skandal aus (Abb. 21). Denn seine nackte Olympia ist keine klassische Venus, sondern eine Prostituierte, die einen Freier erwartet. Ohne Scham schaut sie den Betrachter des Bildes an und versetzt ihn dadurch in die Rolle des Kunden. Dem Schutz vor Geschlechtskrankheiten beim außerehelichen Verkehr und weniger der Verhütung dienen Kondome, die seit dem 17. Jahrhundert nachweisbar sind. So rät auch die – wohl für gebildete Nutzer – in lateinischer Sprache verfasste Gebrauchsanweisung eines Kondoms des Universitätsmuseums in Lund/Schweden eindeutig zum Schutz vor Geschlechtskrankheiten

Neue Blickwinkel

*Die weibliche Bestimmung nämlich ist [...]
in Beglückung Anderer
das eigene Glück zu finden,
reine himmlische Liebe zum Zweck und Element
des Daseins zu machen, nicht in der Außenwelt,
sondern im stillen häuslichen Kreise [...].*

Erasmus Darwin (*1731, †1802) und Christoph Hufeland (*1762, †1836)
aus: Anleitung zur physischen und moralischen Erziehung des weiblichen Geschlechts (1822)

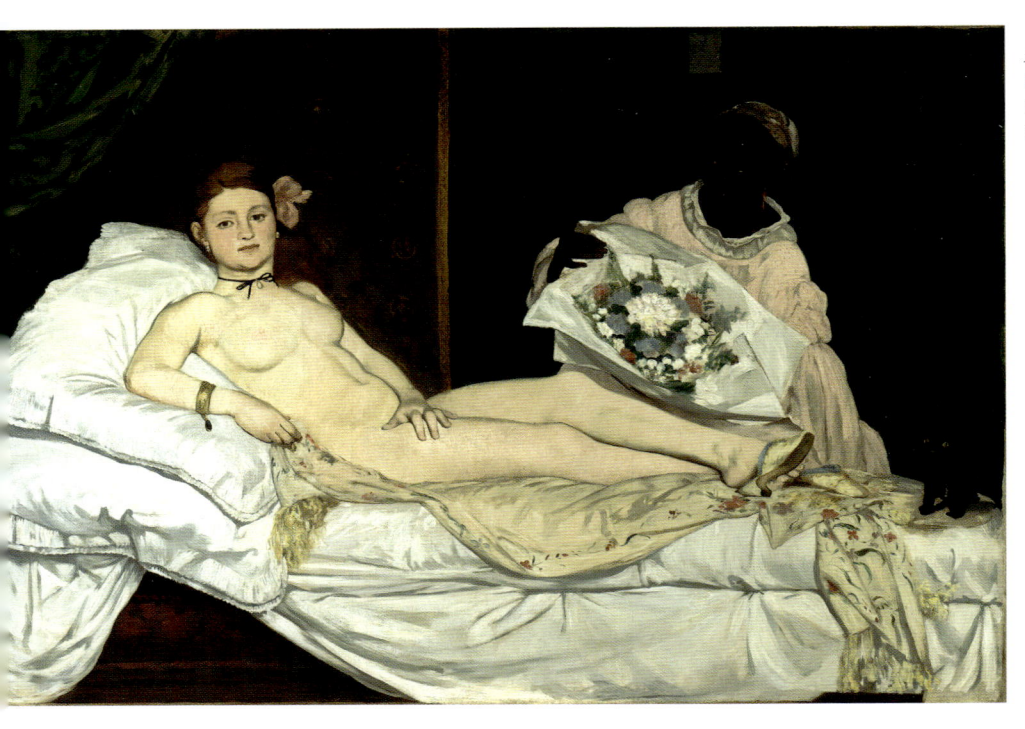

Abb. 21
Olympia
Edouard Manet, Frankreich, 1863
Paris/Frankreich, Musée d'Orsay

beim unzüchtigen Verkehr mit Prostituierten (Kat.-Nr. 4.6). Um die männliche Lust ausreichend zu befriedigen, sind der Besuch im Bordell oder das Stelldichein mit Dienstmädchen im 19. Jahrhundert gesellschaftlich stillschweigend akzeptiert. Denn Masturbation gilt seit der Aufklärung als noch viel verwerflicher. In regelrechter Hysterie warnen pädagogische, philosophische und auch medizinische Schriften ausdrücklich vor den angeblich schweren gesundheitlichen und seelischen Schäden durch „Selbst-Befleckung": „Diese Gewohnheit ist [...] so gemein, und doch eine solch himmel-schreiende Sünde, daß ich mit gutem Grund dafür halte, es würden sich sehr viele, ja die meisten nicht schuldig machen, wann ihnen die Erschrecklichkeit des Lasters, nebst den traurigen Folgen, die solches an Leib und Seele nach sich ziehet, bekant [sic] gemacht worden wäre."[4]

So gibt es im 19. Jahrhundert nicht nur deutliche Unterschiede zwischen dem Leben von Männern und Frauen, sondern auch zwischen dem jeweiligen Auftreten in der Öffentlichkeit und dem Leben hinter verschlossenen Türen. Besonders hinsichtlich der ehemaligen Todsünde Wollust kennzeichnet das viktorianische Zeitalter eine Doppelmoral.

Revolutionäre Erkenntnisse

Die naturwissenschaftliche Revolution nimmt schon in der Frühen Neuzeit ihren Lauf. Forscher wie Nikolaus Kopernikus (*1473, †1543), Johannes Kepler (*1571, †1630), Francis Bacon (*1561, †1626) oder Galileo Galilei (*1564, †1642) lösen sich von antiken Traditionen, widmen sich kritischen Naturbeobachtungen und beginnen zu experimentieren. Ihre Verfahren und Ergebnisse ermöglichen, ebenso wie die großen Entdeckungsfahrten und der damit verbundene wirtschaftliche Aufschwung, neue Dimensionen der Naturforschung im 19. Jahrhundert.

So sticht 1831 auch das englische Forschungsschiff *HMS Beagle* zu einer Expedition um die Welt in See. Mit an Bord sind der Expeditionsmaler Conrad Martens (*1801, †1878) und Charles

Darwin (*1809, †1882) als naturwissenschaftlicher Forscher. Getrieben von seinem schier unerschöpflichen Erkenntnisdrang verpackt Darwin während der fünf Jahre währenden Reise 5000 Tiere und Pflanzen in Kisten und schickt sie an die Universität von Cambridge/England, um sie dort nach seiner Rückkehr intensiv auszuwerten. In einem Brief an Professor John Stevens Henslow (*1796, †1861) schreibt er: „Sie können sich nicht vorstellen, welch großes, habgierähnliches Vergnügen ich empfinde, wenn ich ein Tier untersuche, das sich weitgehend von jeder bekannten Art unterscheidet."[5]

Mit seinen Ergebnissen widerlegt Darwin die christliche Schöpfungsgeschichte, die die Entstehung der Welt in sechs Tagen schildert und nach welcher Gott die Tier- und Pflanzenarten sowie den Menschen schuf, die alle seitdem unverändert sind. Stattdessen entdeckt Darwin eine Entwicklung der Arten und die gemeinsame Abstammung von Mensch und Tier. Neben der berühmten Evolutionstheorie verfasst er 1872 die Schrift *Der Ausdruck der Gemüthsbewegungen bei dem Menschen und den Thieren*. Im Zuge der Untersuchung von Gefühlsregungen und Ausdrucksformen begegnet er dabei mit dem Stolz und dem Zorn auch den ehemals als Todsünden bezeichneten Emotionen mit naturwissenschaftlichem Interesse (Kat.-Nr. 4.10). Für seine Recherchen sendet Darwin Fragebogen an Missionare, Kolonialbeamte, Kollegen und Ärzte, die ihm Notizen und Fotos aus aller Welt schicken. Anhand von Gesichtsausdruck und Körpersprache deuten die Befragten die auf den Fotos gezeigten Gefühle, ohne dass die Bilder einer gesonderten Erklärung bedürfen. Damit zeigt Darwin, „daß die hauptsächlichsten ausdruckgebenden Handlungen, welche der Mensch und die niederen Tiere zeigen, nun angeboren oder vererbt sind – das heißt, daß sie nicht von dem Individuum gelernt worden sind"[6], somit ordnet er auch die ehemals als Todsünden bezeichneten Laster den Grundeigenschaften des Menschen zu. Die Theorie eines gemeinsamen Stammbaums von Mensch und Tier, mit der Darwin das bestehende Weltbild auf den Kopf stellt, schockiert die Menschen des 19. Jahrhunderts. Hochmütig hatte sich der Mensch als „Krone der Schöpfung" den Tieren überlegen geglaubt.

Der triebgesteuerte Mensch

Eine bahnbrechende Erkenntnis des ausgehenden 19. Jahrhunderts ist die Entdeckung des Unbewussten durch Sigmund Freud (*1856, †1939). Seine Theorie von der Bedeutung der Triebe für die Persönlichkeitsentwicklung des Menschen bietet einen neuen Erklärungsansatz auch für alltägliche und oft zerstörerische Verhaltensweisen, die den klassischen Todsünden entsprechen. Nach Freud besteht die Psyche des Menschen aus drei Instanzen: Das „Es" entspricht dabei der unbewussten Triebhaftigkeit und umfasst Triebe, z.B. den Nahrungstrieb, Bedürfnisse wie das Geltungsbedürfnis, und Affekte wie z.B. Neid, Hass und Liebe. Dem „Es" steht das „Ich" gegenüber, das dem bewussten Denken, dem Selbstbewusstsein und der Selbstwahrnehmung entspricht und die Triebhaftigkeit des „Es" im Laufe der Persönlichkeitsentwicklung zurückdrängt. Das „Über-Ich", das Moral und Gewissen ausmacht, vermittelt zwischen „Es" und „Ich".

Durch Erziehung werden die Werte der Gesellschaft verinnerlicht und die Triebregungen kontrolliert und kanalisiert: Das triebgesteuerte Kleinkind prägt ein hemmungsloser Wille zu besitzen, zu genießen und gegebenenfalls zu zerstören. Die Erziehung setzt der Triebhaftigkeit Grenzen. Die Triebregungen an sich sind zunächst nicht negativ. Das Maß ihrer Ausprägung spielt die entscheidende Rolle hinsichtlich eines gemeinschaftsorientierten oder gemeinschaftszerstörenden bzw. selbstzerstörenden Charakters.

Die Sexualität ist nach Freud die Triebfeder aller menschlichen Äußerungen. Erste Abhandlungen zu seiner Sexualtheorie erscheinen 1905 (Kat.-Nr. 4.12). Freud erweitert darin den Begriff der Sexualität über die Fortpflanzung hinaus auf generell nach Lust strebende Körperfunktionen. In diesem Sinne konstatiert er sexuelle Regungen bereits im frühen Kindesalter, z.B. das Saugen des Babys. Freud definiert zwei prägenitale Phasen in der sexuellen Entwicklung: die „orale Phase" des Säuglings und die „anale Phase" des Kleinkindes von zwei bis vier Jahren. Der Schlüssel zur Erwachsenenpersönlichkeit liegt nach Freud in der kindlichen Sexualität. So resultierten beispielsweise übermäßiger Geiz und Habgier aus einer Beeinträchtigung der psychosexuellen Entwicklung in der „analen Phase".

Zur Problematik der Unterdrückung sexueller Triebwünsche äußert sich Freud in seinem Essay *Der Wahn und die Träume in W. Jensens „Gradiva"* aus dem Jahr 1907, der sich mit der Theorie der Verdrängung befasst. Freud deutet darin eine sehr umstrittene Graphik von Félicien Rops (*1833, †1898) aus dem Jahr 1878, die die *Versuchung des heiligen Antonius* zeigt: Der Eremit Antonius bemüht sich meditierend, der Versuchung der Welt zu entfliehen. Während er vor dem Bild des Gekreuzigten über dem biblischen Text der Versuchung Josephs durch Potiphars Frau nachsinnt, schiebt sich ein nacktes Weib an die Stelle des Gekreuzigten (Abb. 22). Freud deutet dieses Bild im Sinne seiner Theorie, nämlich, „dass das Verdrängte bei seiner Wiederkehr aus dem Verdrängenden selbst hervortritt"[7]. Freud erklärt damit aus psychologischer Sicht eine bereits vom Kirchenvater Augustinus von Hippo (*354, †430) formulierte Gefährdung der Seele durch Phantasien, die wollüstige Gedanken hervorbrächten und damit für „Aufruhr des Fleisches" (lat. *tumultus carnis*)[8] sorgten. Sigmund Freud untersucht Herkunft und Rolle des Unbewussten in der menschlichen Psyche jenseits von bewusstem Denken und verstandesmäßigem Handeln. Diese Auseinandersetzung mit der inneren Konflikthaftigkeit des Menschen bildet den Kern seiner Psychoanalyse. Mit ihr liefert Freud fundamentale Denkanstöße zur Entstehung und Bedeutung auch jener menschlichen Begierden und Leidenschaften, die als „die sieben Todsünden" gelten.

Literarische Charakterstudien

Die großen gesellschaftlichen Umbrüche des 19. Jahrhunderts schlagen sich auch in den verschiedenen Strömungen der Literatur nieder. Der Wunsch nach Familienidylle und Harmonie im eigenen Heim charakterisiert die Epoche des Biedermeier. Die Rückbesinnung auf die vergangene, verlorene Welt und die Flucht in fantastische und unwirkliche Räume stehen schon seit dem Ende des 18. Jahrhunderts im Mittelpunkt der Literatur der Romantik. Dazu gehören auch die wundersamen Elemente der Märchen: verzauberte Menschen, sprechende Tiere, gute Feen und böse Hexen. Die Figuren der fantastischen Geschichten verkörpern nicht selten auch eine oder mehrere der sieben Todsünden. Die Brüder Jacob (*1785, †1863) und Wilhelm (*1786, †1859) Grimm sammeln Volkslieder und Märchen, die sie ab

Abb. 22
Die Versuchung des heiligen Antonius
Félicien Rops, 1878
Hamburg, Hamburger Kunsthalle

1812 als *Kinder- und Haus-Märchen* herausgeben. Einem öffentlichen Aufruf folgend, fertigt der Germanist Friedrich Heinrich von der Hagen (*1780, †1856) eine Abschrift des Märchens *Vom Fischer und seiner Frau* an und schickt es für die Sammlung mit einem Brief vom 10. Mai 1808 ein (Kat.-Nr. 4.13). Die habgierige Ilsebill, die Hauptfigur des Märchens, wird nur von dem Gedanken beherrscht, was sie sich als nächstes wünschen kann. Gleichzeitig reagiert sie zornig vor Ungeduld, wenn ihr Mann nicht sofort ihren Wünschen nachkommt. Neben Habgier und Zorn steigert sich auch der Hochmut Ilsebills im Verlauf der Erzählung ins Unermessliche, als sie sich wünscht, „*as de lewe Gott*"[9] (hd. wie der liebe Gott) zu sein. Auch andere Märchen der Gebrüder Grimm beschreiben die ehemaligen Todsünden als schlechte Eigenschaften. So wird die böse Königin im Märchen *Schneewittchen* beim Blick in den Spiegel grün und gelb vor Neid, weil sie nicht die Schönste im Land ist. Die stolze Prinzessin verspottet hochmütig das schiefe Kinn König Drosselbarts im gleichnamigen Märchen, als er um ihre Hand anhält und stürzt bis zum glücklichen Ausgang der Erzählung in bittere Armut. Und Rumpelstilzchen wird so zornig, als die Königin seinen Namen weiß, dass er sich am Ende selbst entzweireißt.

Im Realismus und Naturalismus der zweiten Hälfte des 19. Jahrhunderts prägt die Ausarbeitung komplexer Persönlichkeiten die englische, französische, deutsche, russische und amerikanische Literatur. Die Autoren arbeiten mit scharfer Beobachtungsgabe und psychologischem Feingefühl Stimmungen, Erlebnisse und Gefühle ihrer Helden heraus. Viele Figuren sind auch heute noch als Inbegriff spezifischer Charaktereigenschaften allgemein bekannt, wie die Verkörperung des Geizes aus Charles Dickens (*1812, †1870) *Weihnachtsgeschichte*. Der Name „Scrooge" findet sogar Eingang in die englische Sprache: Er bedeutet seither Geizkragen (Kat.-Nr. 4.15). Und die nicht nur in Russland sprichwörtliche „Oblomowerei" geht auf die lethargische Hauptfigur in Iwan Gontscharows (*1812, †1891) Roman *Oblomow* zurück (Kat.-Nr. 4.14). Bei den detaillierten Beschreibungen des Innenlebens der Figuren spielen auch die ehemaligen Todsünden als menschliche Grundeigenschaften eine bedeutende Rolle. Die Autoren rücken diese, ebenso wie die angeprangerten gesellschaftlichen Missstände in den Blickpunkt der Öffentlichkeit und zeichnen damit ein sozialkritisches Bild ihrer Zeit.

Literatur
Adams 1999, Anonym 1736, Berkel 2008, Blackburn 2008, Braun 1972, Dabhoiwala 2014, Darwin 2000 [1872], Delgado/Krüger/Vergauwen 2010, Ernst 2011, Freud 1905, Freud 1974 [1905], Göttler/Schaffer 2010, Grimm 1996 [1819], Häntzschel 1986, Hersche 2006, Jordan 1993, Kat. Augsburg 2011, Kat. Assen u.a. 2004, Kessler 2010, Knigge 1991 [1788], Krafft-Ebing 1907, Lafargue 1966 [1883], Lakotta 2006, Laqueur 2003, Mumford 1974, Nielsen 2009, Panke-Kochinke 1991, Schäfer 1998, Sørensen 1997, Stein 2006, Voss 2008, Weber 2010 [1904/05], Weber-Kellermann 1998, Ziegler 2009.

Anmerkungen
1 Lafargue 1966 [1883], S. 19f.
2 Ebd. S. 48.
3 Krafft-Ebing 1907, S. 13.
4 Anonym 1736, Vorrede.
5 Zit. nach: Nielsen 2009, S. 30.
6 Darwin 2000 [1872], S. 390.
7 Zit. nach: Göttler/Schaffer 2010, S. 43.
8 Augustinus, Confessiones, IX. 10, 25. – Zit. nach: Göttler/Schaffer 2010, S. 43.
9 Grimm 1986 [1819], S. 78.

Tradition und Neuanfang – Todsünden in Kaiserreich und Weimarer Republik
Linda Eggers

Die Zeit um die Jahrhundertwende vom 19. zum 20. Jahrhundert ist geprägt von politischen Umwälzungen. Bedeuten die Reichsgründung von 1871 und die Errichtung des deutschen Kolonialreiches ein letztes Aufleuchten der alten Stände- und Geschlechterordnung mit klar konstruierten Hierarchien und einem herrschaftlichen Selbstverständnis, so beginnt mit dem Ende des Ersten Weltkriegs 1918 ein neues Zeitalter, das durch das gewaltsame Ableben der Monarchie und die Einführung der Demokratie gekennzeichnet ist. Die Weimarer Republik etabliert nicht nur ein neues politisches System, sondern zugleich die Emanzipation der Frauen und einen im Vergleich zum Kaiserreich geradezu enthemmten Umgang mit Sexualität. Dieser Wandel in politischer und gesellschaftlicher Hinsicht schlägt sich auch in der Kunst nieder, die zudem auf wirtschaftliche und soziale Umstände reagiert und neue Ausdrucksformen findet. Die sieben Todsünden Hochmut, Habgier, Wollust, Zorn, Völlerei, Neid und Trägheit werden dabei in der bildenden Kunst und insbesondere in der Grafik zu einem beliebten Mittel, um Kritik an der Gesellschaft zu üben.

Im Zeichen des Hochmuts

Das späte 19. Jahrhundert bildet einen Höhepunkt in der Geschichte des europäischen Imperialismus. Im Umgang mit dem Fremden tritt ein kaum zu übertreffender Hochmut zutage, der in den kolonialisierten Völkern eine niedere Menschengattung erblickt. Dieser Hochmut dient den europäischen Großmächten bereits seit Beginn der Kolonialgeschichte im 15. Jahrhundert als Rechtfertigung für die Inbesitznahme fremder Länder und die Unterjochung der einheimischen Bevölkerung.

Im Vergleich zu anderen Staaten wie England, Spanien oder Portugal etabliert sich eine konsequente deutsche Kolonialpolitik erst spät. 1884 gründet das Deutsche Reich das Schutzgebiet Deutsch-Südwestafrika (heute Namibia) im Zuge des sogenannten *Wettlauf um Afrika,* in dem die europäischen Kolonialmächte den Kontinent unter sich aufteilen. Bei der Festlegung kolonialer Grenzen nehmen sie keinerlei Rücksicht auf Stammesgebiete oder andere natürliche oder gewachsene Grenzen. Das Land gilt als *terra nullius* (lat.: Niemandsland), also als staatsrechtlich herrenlos. Es folgen weitere deutsche Schutzgebiete und Kolonien in Afrika (Kamerun, Togo, Deutsch-Ostafrika), China (Kiautschou) und im Südpazifik (Neuguinea, Samoa). Das deutsche Kolonialreich währt jedoch gerade einmal 30 Jahre: Nach dem Ersten Weltkrieg muss Deutschland seine Kolonien an die Siegermächte abtreten.

Grundlage für den europäischen Kolonialismus ist der Glaube an die Überlegenheit der eigenen „weißen Rasse" über die „Wilden": Insbesondere die Bewohner des afrikanischen Kontinents könnten erst durch „strenge und unnachsichtige Behandlung seitens der Weißen […] – unter Umständen – auf die Stufe des eigentlichen Menschseins gehoben werden"[1]. Hieraus leiten die Kolonialmächte gleichsam den Auftrag zur Zivilisierung der „niederen Rassen" in kultureller, moralischer und religiöser (nämlich christlicher) Hinsicht ab. Der „Neger", wie überhaupt der „Wilde", erhalte erst in der Dienstbarmachung durch die Europäer seine Daseinsberechtigung. In den Kolonien treten die vergleichsweise wenigen Europäer als Herren auf, die Einheimischen sind ihnen als Dienstboten untergeordnet. Ein Beispiel für koloniales Herrenleben zeigt das Foto eines deutschen Reisenden in der deutschen Kolonie Togo im Jahre 1885 (Abb. 23). Obwohl die deutsche Kolonialherrschaft in Afrika und Asien in der Erinnerungskultur der Deutschen kaum eine Rolle spielt und lange Zeit als positiv im Vergleich zu derjenigen anderer Kolonialmächte gilt, müssen auch hier die Kolonialisierten einen hohen Blutzoll zahlen: Der Maji-Maji-Aufstand von 1905 in Deutsch-Ostafrika fordert 75.000 Tote, der Krieg gegen die Herero und Nama von 1904 bis 1907 in Deutsch-Südwestafrika löscht einen Großteil der einheimischen Bevölkerung aus.

Abb. 23
Reisen im Kolonialstil – in einer Hängematte und mit Sonnenschutz
Togo, 1885

In Deutschland und Europa selbst verbindet sich die Todsünde des Hochmuts mit der Faszination des Exotischen – es entstehen die Völkerschauen, in denen kolonialisierte Völker Zootieren gleich ausgestellt und bestaunt werden. Obwohl fremde Völker bereits seit Jahrhunderten nach Europa gebracht und an den europäischen Fürstenhöfen und auf Jahrmärkten zur Schau gestellt werden, kommen die Völkerschauen als Massenveranstaltungen erst im 19. Jahrhundert auf. In der Hochphase der Völkerausstellungen zwischen 1875 und 1930 gibt es etwa 400 Veranstaltungen; sie alle können hohe Besucherzahlen vorweisen. So besuchen etwa 30.000 Besucher an einem einzigen Tag die „Nubier-Ausstellung" 1876 in Breslau und 1878 in Berlin sogar 62.000. Die „Wilden" werden in Zoologischen Gärten, Panoptiken (Vergnügungshallen mit Wachsfiguren, Automaten und Filmen), Zirkussen, Theatern oder Jahrmärkten ausgestellt. Dort erwartet die Besucher der Nachbau eines Eingeborenendorfes, durch das sie sich frei bewegen können und das ein vermeintlich authentisches, in Wirklichkeit aber an stereotypen Vorurteilen

Abb. 24
Die Zulus
Adolph Menzel, Deutschland, nach 1855
Hamburg, Hamburger Kunsthalle

orientiertes Alltagsleben inszeniert (Kat.-Nr. 5.1 und 5.3). Ergänzend gibt es mehrmals täglich Vorstellungen, in denen die „Wilden" religiöse Riten, Tänze oder Akrobatik aufführen. Eine solche Aufführung zeigt Adolph Menzels (*1815, †1905) Aquarell *Die Zulus,* das nach 1855 entstanden ist: Vor einem Vorhang mit Dschungelmotiv führen Völkerschauteilnehmer einen rituellen Tanz auf einer Bühne auf. Ihre wilden, ins Absurde übersteigerten Bewegungen korrespondieren mit denen der Affen auf dem Vorhang (Abb. 24). Deutlich tritt hier die europäische Sicht dieser Zeit auf die afrikanische Bevölkerung vor Augen: Sie sei den Tieren näher als den Menschen, sei grausam, unzivilisiert und von geringem Verstand.

Über die Völkerausstellungen hinaus kündet noch heute einiges von der kolonialen Vergangenheit Deutschlands. Dazu gehören z.B. Straßenbenennungen wie die *Mohrenstraße* in Berlin, in der vermutlich im 18. Jahrhundert Afrikaner untergebracht waren, und an der die Firma *Sarotti* bis 1913 ihren Hauptsitz hat. Seit Ende der 1960er Jahre steht der Schokoladenfabrikant wegen seines Firmenlogos, dem berühmten „*Sarotti*-Mohren" – orientalisch anmutend mit Turban, Pluderhose und Schnabelschuhen – in der Kritik, da dieser an die traditionellen dunkelhäutigen Bediensteten des Adels, wie sie häufig auf Gemälden des 17. und 18. Jahrhunderts zu sehen sind, erinnert. Als rassistisch kritisiert, wird die Werbefigur 2004 zum „*Sarotti*-Magier der Sinne" umgestaltet. Die Geschichte des „*Sarotti*-Mohren" illustriert sehr anschaulich die Ambivalenz im Blick auf die koloniale Vergangenheit: Die stereotype Darstellung von kolonialisierten Völkern und die Vorstellung von ihnen als kindlich-naiv oder hilfsbedürftig, die im 19. Jahrhundert völlig selbstverständlich auch als Werbemittel genutzt wird, empfindet die heutige Gesellschaft in der Regel als rassistisch. Auch eine Reklame von 1909, die für die Lilienmilchseife der Firma *Steckenpferd* wirbt, präsentiert sich in solch unbewusster Herablassung. Sie zeigt heraneilende „Negerlein" in Baströcken, die die Seife bestaunen. Daneben ist der Werbeslogan zu lesen: „Für zarte weiße Haut".

70 Tradition und Neuanfang

*Die Völker, mit denen die Kolonisationsarbeit
uns in Berührung bringt, stehen auf niedriger Kultur,
auf viel niedrigerem Standpunkte als wir zivilisierten Weißen,
teilweise tief unter uns.*

Wilhelm Heinrich Solf (*1862, †1936), Staatssekretär des Reichskolonialamtes
aus: Rede im Reichstag, 127. Sitzung, am 6.3.1913

Der herabwürdigende Umgang mit anderen Menschen und Völkern ist nur durch die Überhöhung der eigenen Person oder Kultur möglich. Der Hochmut der europäischen Großmächte macht die Inbesitznahme fremder Länder möglich, der Hochmut der europäischen Bevölkerung wiederum, ihr Glaube an die eigene Überlegenheit, kann dazu führen, dass Menschen aus anderen Kulturen oder mit anderer Hautfarbe nicht als gleichwertige Mitmenschen angesehen werden, sondern als „niedere Menschengattung", die kolonialisiert und ausgestellt sowie zivilisiert werden muss.

Im Licht der neuen Freizügigkeit

Im Deutschen Reich bringt das beginnende 20. Jahrhundert nicht nur eine neue politische Ordnung mit sich, die alte Strukturen durch eine demokratische Verfassung ablöst, sondern auch einen neuen Blick auf die einstige Todsünde Wollust, die recht plötzlich ihren Schrecken verliert und sich – positiv konnotiert – zum Sinnbild eines Jahrzehnts entwickelt.

Der Erste Weltkrieg endet für Deutschland in der militärischen Niederlage und mit einem politischen Neubeginn: Mit der Novemberrevolution von 1918 wird das Deutsche Kaiserreich von der parlamentarischen Demokratie der Weimarer Republik abgelöst. Doch die neue Regierung tritt ein schweres Erbe an: Mehr als zwei Millionen Kriegstote, Hunger und Armut in der Bevölkerung und hohe Reparationszahlungen an die ehemaligen Kriegsgegner sind das Vermächtnis dieses Krieges. Die erzwungene Abtretung von Gebieten und die Übertragung der alleinigen Kriegsschuld auf Deutschland führen dazu, dass viele Deutsche auf den als Demütigung empfundenen Versailler Frieden mit Zorn und Unverständnis reagieren. Nach anfänglichen politischen Unruhen und der verheerenden Hyperinflation von 1923, bei der weite Teile der Bevölkerung verarmen und Ersparnisse über Nacht ihren Wert verlieren, stabilisiert sich die Lage 1924. Es folgt eine Zeit des wirtschaftlichen und kulturellen Aufschwungs.

Die Befreiung aus der Monarchie und damit aus den alten Ordnungssystemen bringt auch für die Frauen zahlreiche Neuerungen. Diese tragen letztlich dazu bei, dass Sexualität und Wollust nun ein Thema der breiten Öffentlichkeit werden und nicht mehr eine reine Männerdomäne sind. Seit 1918 besitzen Frauen das Wahl- und Habilitationsrecht, seit 1922 sind sie zum Richteramt zugelassen. Viele Frauen, die durch die kriegsbedingte Abwesenheit der Männer zur Erwerbstätigkeit gezwungen sind, verbleiben auch nach Kriegsende in ihren Berufen. Obwohl sich die Anzahl der arbeitenden Frauen nicht wesentlich erhöht, ist ein struktureller Wandel spürbar: Aus ursprünglich Männern vorbehaltenen Berufen werden die bis heute als typisch geltenden Frauenberufe wie Verkäuferin, Sekretärin oder Büroangestellte. Mit der Berufstätigkeit und den neuen Rechten geht auch ein neuer Frauentypus einher, die *Neue Frau*. Sie ist berufstätig und unverheiratet, schneidet sich die Haare zum Bubikopf, raucht in der Öffentlichkeit und trägt eine neue Mode. Diese ist gerade geschnitten und kaschiert die Körperformen, statt sie zu betonen. Gleichzeitig ist mehr nackte Haut zu sehen als jemals zuvor: Die Röcke sind nur noch knielang, die Arme entblößt. Die Charlestonkleider lassen nicht nur häufig Schultern, Rücken und Dekolleté unbedeckt, ihre leichten Stoffe und der Besatz aus Perlen, Pailletten oder Stickereien ermöglichen zudem ein Durchscheinen der Körperformen bei jeder Bewegung (Kat.-Nr. 5.8 und 5.9). Die *Neue Frau* ist nicht nur beruflich, sondern auch sexuell unabhängig. Wollust ist für sie keine Sünde mehr, sondern ein Vorrecht.

Obwohl in der Eroberung des Arbeitsmarktes durch die Frauen ein großer Schritt in Richtung Emanzipation getan ist, bleibt ihnen die vollständige Gleichberechtigung versagt: Sie werden deutlich schlechter bezahlt als ihre männlichen Kollegen und oft nicht aufgrund ihrer Qualifikation, sondern wegen ihres Aussehens eingestellt. Eine moderne, gepflegte Erscheinung ist ein

Abb. 25
Tanzgruppe „Die Haller-Girls"
Szene aus dem Stummfilm
Das Girl von der Revue
Deutschland, 1928

Muss. Zudem ist die Erwerbstätigkeit in der Regel nur eine Übergangslösung bis zur Heirat – den meisten Frauen wird bei Eheschließung gekündigt. Schließlich ist die *Neue Frau* ein Phänomen der Großstädte: Auf dem Land bleiben alte Strukturen weitgehend unangetastet.

Die Todsünde Wollust verliert in den *Goldenen Zwanzigern* nicht nur ihre Bedeutung als Laster, vielmehr gelten die 1920er Jahre aus heutiger Sicht als eine im positiven Sinne verstandene Zeit der Vergnügungssucht und der sexuellen Liberalität. Das Nachtleben in den Großstädten ist lebendig wie nie, die nach den langen Notjahren vergnügungsliebenden Menschen besuchen Varietés, Theater, Nachtlokale, Kinos und die opulenten Ausstattungsrevuen. Letztere gehören zu den beliebtesten Tanzaufführungen der 1920er Jahre. Auf einer Bühne mit aufwendiger Kulisse tanzt eine große Zahl junger Frauen in knappen Kostümen und mit ausladendem Kopfputz. Im Vordergrund stehen vor allem lange, nackte Beine, die im Tanz völlig synchron bewegt werden. Eine solche Formation, die sogenannten *Tanz-Girls*, zeigt die Szene aus dem Stummfilm *Das Girl von der Revue* von 1928 (Abb. 25). Reißerische Titel mit einer nicht selten sexuellen Konnotation – z.B. *Berlin ohne Hemd* (1926), *Alles nackt* (1927), *Zieh dich aus* (1928) oder *Von Bettchen zu Bettchen* (1929) – sind das Markenzeichen der Ausstattungsrevuen und sollen das Publikum anziehen. Neben nackter Haut und beschwingter Musik befördert die Revue den Besucher durch eine Ansiedlung des Stücks an exotischen Schauplätzen ins Reich der Phantasie und Sehnsüchte.

Bereits die mehr als freizügigen Abendunterhaltungen der 1920er Jahre zeigen einen Umgang mit Sexualität, wie er im Kaiserreich undenkbar gewesen wäre. In Filmen und Liedern werden Liebe und sexuelle Beziehungen thematisiert – häufig in frecher und humoristischer Weise. Im Film *Der blaue Engel* von 1930 spielt Marlene Dietrich (*1901, †1992) die junge Varieté-Sängerin Lola Lola: Mit ihrer freizügigen Erotik verzaubert sie einen gestrengen Gymnasialprofessor, der letztlich an dieser Liebe zerbricht. Über Sexualität wird nun gesprochen und öffentlich diskutiert. Wollust ist kein Thema mehr, das entweder tabuisiert oder als Sünde verdammt wird, sondern ein Gegenstand des wissenschaftlichen und gesellschaftlichen Diskurses. Dies ist nicht zuletzt das Verdienst des *Instituts für Sexualwissenschaft,* das der Arzt und Sexualforscher Magnus Hirschfeld (*1868, †1935) als erstes Institut dieser Art 1919 in Berlin gründet. Es enthält Labore und Untersuchungszimmer zur wissenschaftlichen Erforschung der menschlichen Sexualität, aber auch ein Museum für Sexualkunde, in dem unter anderem Sexspielzeuge und Fetischobjekte ausgestellt sind, eine ärztliche Sprechstunde zur Behandlung von Geschlechtskrankheiten sowie die erste Sexualberatungsstelle Deutschlands. Hier werden Hilfesuchende kostenlos über Sexualität, Verhütungsmittel und Schwangerschaftsabbruch beraten. Hirschfelds Anliegen ist es, mittels der durch seine Forschungen gewonnenen Erkenntnisse für eine Verbesserung der Gesetzgebung einzutreten. Dies beinhaltet sowohl die Legalisierung von Verhütungsmitteln und Abtreibungen als auch die Abschaffung von § 175, dem sogenannten „Schwulen-Paragraphen", der homosexuelle Handlungen unter Strafe stellt. So versucht er in seinem Werk *Die Homosexualität des Mannes und des Weibes* von 1914 nachzuweisen,

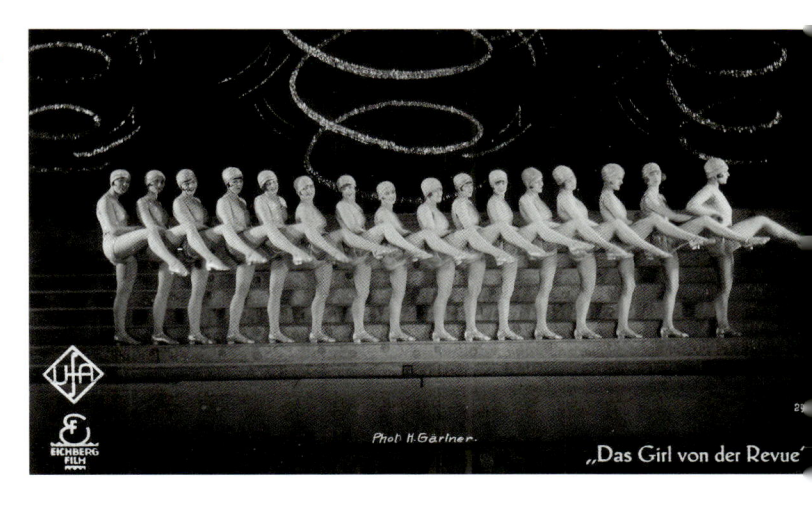

Tradition und Neuanfang

dass die sexuelle Veranlagung eines Menschen angeboren ist (Kat.-Nr. 5.10). Obwohl die Homosexualität noch bis 1969 gesetzlich verboten bleibt – erst 1994 kommt es zu einer endgültigen Streichung des § 175 – wird die Strafverfolgung in den 1920er Jahren jedoch recht locker gehandhabt. In den Großstädten gibt es schwule und lesbische Szenen, es entstehen homosexuelle Zeitschriften, Filme z.B. *Anders als die Anderen* (1919) und Organisationen wie z.B. der *Bund für Menschenrecht,* der 1929 48.000 Mitglieder zählt und sich für die Gleichstellung Homosexueller einsetzt. Zudem gilt Abtreibung seit 1926 nicht mehr als Verbrechen, sondern als Vergehen, das weniger streng geahndet wird. Damit besitzt Deutschland das liberalste Abtreibungsrecht Westeuropas. Insgesamt werden in den 1920er Jahren bedeutende Schritte auf dem Weg zur sexuellen Aufklärung getan, doch sind die konservativen Kräfte nach wie vor stark. Wirklichen Umschwung bringt erst die *Sexuelle Revolution* der späten 1960er und den 1970er Jahre.

Todsünden und Gesellschaftskritik

Die politischen und gesellschaftlichen Umwälzungen dieser Zeit finden ihren Niederschlag auch in der Kunst. Spätestens seit der zweiten Hälfte des 19. Jahrhunderts kommt es zu einem Umbruch in den bildenden Künsten. Viele Künstler lehnen die traditionsverhaftete, rückwärtsgewandte Historienmalerei ab, die bis dahin das Kunstgeschehen weitgehend bestimmte. Sie suchen nach neuen Ausdrucksformen, mit deren Hilfe sie den gesellschaftlichen, politischen und wirtschaftlichen Wandel ihrer Zeit und die damit verbundenen subjektiven Empfindungen künstlerisch fassen können. Um 1900 gibt es ein Nebeneinander zahlreicher Stile und Formen, die z.T. in starkem Gegensatz zueinander stehen. Weitgehende Einigkeit besteht bei der Avantgarde jedoch hinsichtlich der Abkehr von klassischen Bildthemen oder überlieferter Formensprache, in der Regel jedoch, ohne vollständig mit der kunstgeschichtlichen Tradition zu brechen.

Um die Jahrhundertwende werden die sieben Todsünden in Kunst und Literatur neu entdeckt. Seit der Frühen Neuzeit lösen sie sich allmählich aus einem rein religiösen Zusammenhang heraus, behalten jedoch als ordnendes Prinzip menschlichen Zusammenlebens weiterhin große Bedeutung. Daher bleiben sie als Motiv noch immer eindringlich und allgemein verständlich. Sie eignen sich auch losgelöst aus ihrem religiösen Kontext als effizientes Mittel der Gesellschafts- und Obrigkeitskritik. Seit der Mitte des 19. Jahrhunderts entstehen daher besonders in den graphischen Medien zahlreiche Todsündenzyklen durch Künstler wie Eduard Ille (*1823, †1900), James Ensor (*1860, †1949), George Barbier (*1882, †1932) oder Alfred Kubin (*1877, †1959). Sie zeigen die Laster nicht, wie dies in den Jahrhunderten zuvor mehrheitlich der Fall war, in der Darstellungsform der Allegorie, sondern bilden sie wieder vermehrt anhand von Szenen des alltäglichen Lebens ab. Die Trägheit kann nun als ein sich müde räkelnder Mann der Oberschicht in seinem Boudoir dargestellt sein, wie in Illes Holzschnitt von 1861 (Kat.-Nr. 5.13) oder als feiste, mitten am Tage schlafende Gestalten, wie in den Darstellungen der Trägheit bei James Ensor (1904) und Alfred Kubin (1915). Wird in ersterem Fall der Müßiggang der Oberschicht kritisiert, so geht es bei Ensor und Kubin um die Trägheit als individuelle menschliche Schwäche.

Auffallend häufig verbindet sich mit den Darstellungen der Todsünden das Motiv des Skeletts. Während bei Ille ein Skelett als Diener (Kat.-Nr. 5.13) oder Koch (Kat.-Nr. 5.14) dem Sünder zuarbeitet, führt es bei dem englischen Karikaturisten Thomas Rowlandson (*1756, †1827), der bereits früh einzelne Todsünden darstellt, ohne sie jedoch konkret als solche zu benennen, die Verwandten ins Zimmer des sterbenden Geizhalses (Kat.-Nr. 5.12). Im Todsündenzyklus von James Ensor begleiten kleine Skelette die selbstzerstörerischen Handlungen der Dargestellten; im Frontispiz sind alle Todsünden unter einem geflügelten

Totenkopf versammelt (Kat.-Nr. 5.16). Mit Hilfe des Skeletts entwickeln die Bilder in ihrer Kritik an der zeitgenössischen Gesellschaft oder Obrigkeit eine kaum zu übertreffende Brisanz. Das Fehlverhalten der Menschen führt unweigerlich in ihr Verderben. Einen anderen Weg beschreitet George Barbier in seiner Folge der sieben Todsünden von 1924: Die Laster dienen ihm zur Darstellung der aktuellen Mode und des mondänen Lebens des Pariser Großbürgertums (Kat.-Nr. 5.15).

Den Höhepunkt unter den modernen Todsündendarstellungen bildet das von Otto Dix (*1891, †1969) geschaffene Gemälde *Die sieben Todsünden* (Abb. 3), das 1933, im Jahr der Machtübernahme Adolf Hitlers (*1889, †1945), in äußerst drastischer Weise die zerstörerische Kraft des nationalsozialistischen Regimes voraussagt: Die Laster ziehen als makabrer Karnevalszug durch eine apokalyptische, wüste Landschaft. Durch schwärende Wunden, Ausschläge und verfärbte Hautstellen künden die Gestalten von Krankheit und Tod. Somit fungieren die sieben Todsünden als Sinnbilder eines sündhaften Regimes. Sie sind eindringlich, auch ohne religiöse Vorkenntnis intuitiv verständlich und machen die durch sie geübte Kritik für jeden Betrachter einsichtig.

Literatur
Blanchard/Bancel/Boëtsch 2012, Bückendorf 1997, Conrad 2012, Dreesbach 2005, Eckert 2013, Eder 2009, Follmann 2010, Geulen 2004, Gründer 2002, Gudermann 2004, Hecht 2007, Herrn 2004, Jacob-Friesen 2007a, Jansen 1987, Kat. Hamburg 1995, Kat. München 2014, Kat. Tübingen 1984, Kat. Wuppertal 2008, Kothes 1977, Lindemann 2003, Maines 1999, Markmiller 1995, Märtens 2007, Nederveen Pieterse 1992, Payne/Payne 2010, Schuster 1989, Stender 2011, Thode-Arora 1989, Traub 2010, Uhrig 2007, Usborne 1994, Vitali 2010.

Anmerkungen
1   Markmiller 1995, S. 215.

Das Unmoralische als Moral – Todsünden im Nationalsozialismus
Linda Eggers

„Es gibt nur eine Sünde – Feigheit", dieser Ausspruch des Philosophen Friedrich Nietzsche (*1844, †1900) ziert 1944 ein Schmuckblatt aus der Reihe *Wochenspruch der NSDAP* (Abb. 26), in der zwischen 1937 und 1944 wöchentlich Zitate deutscher Dichter und Denker sowie nationalsozialistischer Persönlichkeiten als Kleinplakat veröffentlicht werden. Der Ausspruch Nietzsches ist Sinnbild für eine Umwertung der Todsünden Hochmut, Habgier, Neid, Wollust, Trägheit und Zorn im „Dritten Reich": Als Grundpfeiler nationalsozialistischer Ideologie verlieren sie ihre negative Bedeutung. Stattdessen fördern die Machthaber die über Jahrhunderte hinweg tradierten Laster bewusst. Indem sie die zugrundeliegenden negativen Emotionen und niederen Instinkte gegen Randgruppen wie Juden, Sinti und Roma, Kommunisten oder Slawen einsetzen, können die Nationalsozialisten zahlreiche Anhänger und Kollaborateure gewinnen. Widerstandsbewegungen wie z.B. *Die weiße Rose* der Geschwister Scholl zeigen jedoch, dass nicht jeder Deutsche diesen Manipulationsversuchen erliegt.

Hochmut

Mit der Machtübernahme Adolf Hitlers (*1889, †1945) bricht 1933 nicht nur für Deutschland, sondern auch für die Juden eine neue Zeit an. Nachdem sie in den vergangenen Jahrhunderten bereits mehrfach Opfer von Ausgrenzungen und Anfeindungen geworden sind, hat sich die Lage der deutschen Juden seit Beginn des 19. Jahrhunderts maßgeblich gebessert. Sie werden immer mehr Teil der Gesellschaft. Doch gerade die Integration führt bei vielen zu antijüdischen Ressentiments: „Die Angst vor dem Juden nahm in dem Maße zu, in dem seine ‚Assimilation' fortschritt."[1] Die desaströse wirtschaftliche Lage Deutschlands nach dem Ersten Weltkrieg und der Weltwirtschaftskrise von 1929 heizt die judenfeindliche Stimmung zusätzlich an.

Für die Nationalsozialisten spielt der Antisemitismus von Beginn an eine zentrale Rolle. Die jüdische Bevölkerung wird zum Sündenbock für wirtschaftliche, gesellschaftliche und politische Missstände. Mit Hilfe dieses Feindbildes gelingt es dem Regime, von Problemen im Inneren abzulenken und die Verantwortung auf die Juden umzuleiten. Grundlage für eine solche Argumentation ist die „Rassenlehre", die bis ins späte Mittelalter zurückreicht, als pseudo-wissenschaftliche Disziplin jedoch erst seit der Mitte des 19. Jahrhunderts aufkommt und rasch an Breitenwirkung gewinnt. Ihr zufolge lassen sich die Menschen in unterschiedliche Rassen einteilen, die einander genetisch bedingt kulturell über- oder unterlegen sind. Parameter der vermeintlichen rassischen Unterschiede sind Hautfarbe, Kopfform, Gesichtsstruktur und Blut. Als die höchststehende Rasse gilt den Vertretern dieser Lehre seit Arthur de Gobineaus (*1816, †1882) *Essai sur l'inégalité des races humaines* (frz.: Versuch über die Ungleichheit der Menschenrassen, 1853–1855) die „arische". Sie sei, so Hitler, „Begründer des höheren Menschentums überhaupt [...], Urtyp dessen [...], was wir unter dem Worte ‚Mensch' verstehen."[2] Dem „Arier" weit unterlegen sind der „Rassenlehre" zufolge beispielsweise die Slawen, die Sinti und Roma und vor allem die Juden. Das Judentum wird dieser Theorie zufolge nicht mehr als Religionsgemeinschaft, sondern als „Rasse" verstanden. Auf die naturwissenschaftlich abgeleitete Konstruktion einer „niederen Rasse" folgt im Nationalsozialismus ihre Entrechtung.

ES GIBT NUR EINE SÜNDE:
FEIGHEIT

Abb. 26
Schmuckblatt „Wochenspruch der NSDAP"
München, 1944
Berlin, Stiftung Deutsches Historisches Museum Berlin

Der Glaube an eine „arische Herrenrasse", wie sie im 19. Jahrhundert entwickelt und dann im Nationalsozialismus propagiert wird, ist Zeichen des Hochmuts dieser vermeintlich überlegenen „Rasse". Wie die Todsünde des Hochmuts seit Papst Gregor dem Großen (*um 540, †604) als die Wurzel der übrigen Todsünden gilt, so resultieren aus dem Hochmut der Nationalsozialisten ihre größten Verbrechen. Der gegen Juden gerichtete Neid oder Zorn erfährt seine Rechtfertigung erst aus dem Überlegenheitsgefühl der selbsternannten „Herrenrasse". In außenpolitischer Hinsicht äußert sich ihr „rassischer Hochmut" in der von Hitler geplanten Neuordnung Europas, namentlich der Schaffung eines großgermanischen Staates zu Lasten der slawischen Länder, innenpolitisch in der Verabschiedung des *Reichsbürgergesetzes* von 1935, das den sogenannten „Volljuden" die Reichsbürgerschaft aberkennt; sie sind nur noch Staatsbürger. Konsequenzen dieses Gesetzes sind unter anderem der Verlust des politischen Wahlrechts und der Ausschluss aus allen öffentlichen Ämtern. Als „Volljude" gelten Menschen mit mindestens drei jüdischen Großeltern oder „Mischlinge ersten Grades" – „Halbjuden" –, die der jüdischen Religion angehören bzw. mit einem Juden verheiratet sind. Der lückenlose Nachweis über die unvermischte „arische" Herkunft in Form eines Abstammungsnachweises wird nun unabdingbar (Kat-Nr. 6.3). Grundlage sind die offiziell beglaubigten Geburts-, Heirats- und Sterbeurkunden wenigstens bis in die Generation der Großeltern. Demgegenüber steht die Kennzeichnungspflicht für Juden in Form von Kennkarte und Judenstern (Kat.-Nr. 6.4 und 6.5). Sie ist der Versuch, die Juden als deutlich erkennbare Minderheit innerhalb des Deutschen Reiches auszusondern. Auf ihre Ausgrenzung folgt mit der Berliner *Wannseekonferenz* am 20. Januar 1942, einem Treffen hochrangiger Vertreter des nationalsozialistischen Regimes unter Führung des Leiters des *Reichssicherheitshauptamtes,* Reinhard Heydrich (* 1904, † 1942), der offizielle Beschluss zur „Endlösung der Judenfrage" und die logistische Organisation des Massenmordes. Diese beispiellose Ausbeutung, Verfolgung und Ermordung von Millionen von Juden wird erst möglich durch den Hochmut der Nationalsozialisten – durch die Überhöhung der „arischen Rasse" und die Ausbildung eines „natürlichen", vermeintlich genetisch unterlegenen Feindbildes in Form der jüdischen Bevölkerung.

Neid und Habgier

Mag der „rassische Hochmut" als ideologische Rechtfertigung für die Ausgrenzung und Verfolgung der Juden gelten – Hauptantriebsfeder sowohl für den Antisemitismus als auch für die Kollaboration mit dem nationalsozialistischen Regime sind die Todsünden Neid und Habgier der vermeintlich höher stehenden „Arier". Dies zeigt sich bereits in der Verabschiedung zahlreicher Gesetze, die die Juden zunächst aus dem wirtschaftlichen Leben ausschließen und später ihres Eigentumes berauben. Dabei ist einer der Hauptvorwürfe gegen Juden, sie seien habgierige Wucherer, die die Deutschen ihrer Wirtschaftskraft beraubten und an der katastrophalen wirtschaftlichen Lage Deutschlands schuld seien. Auch ein anderer Umstand schürt den Neid der Nationalsozialisten: Gemessen an ihrem Anteil an der Gesamtbevölkerung stellen Juden zu Beginn des 20. Jahrhunderts überproportional viele Universitätsabsolventen, Rechtsanwälte, Ärzte und Universitätsprofessoren, Bankiers und Händler. Kurzum:

Die Geld- und Bildungselite des Deutschen Reiches besteht zu einem nicht unbeträchtlichen Teil aus der jüdischen Bevölkerung. Dies bleibt der nichtjüdischen Mehrheitsbevölkerung nicht verborgen, führt zu Neid und Unmut und erlangt durch die Weltwirtschaftskrise zusätzliche Sprengkraft.

Die erste Maßnahme, Juden aus dem Wirtschaftsleben zu drängen, ist der allgemeine Boykott jüdischer Geschäfte, Kanzleien und Arztpraxen. Er erfolgt nur zwei Monate nach der Machtübernahme am 1. April 1933. Mitglieder von *Schutzstaffel* (SS) und *Sturmabteilung* (SA) der NSDAP positionieren sich vor den jüdischen Geschäften, bekleben die Schaufenster mit Hetzparolen und fotografieren Kunden, die sich dem Boykott widersetzen (Abb. 27). Bis 1938 folgen Gesetze, die sukzessive zum Ausschluss der Juden aus den Berufsfeldern der Medizin, der Jurisprudenz und des Beamtentums führen. In die auf diese Weise frei werdenden Stellen drängen sogleich Vertreter der nichtjüdischen Mehrheitsgesellschaft, deren Neid und Habgier so Befriedigung finden. Im Bereich des Handwerks und Einzelhandels führen Boykotte und politische Einschränkungen zur Insolvenz vieler jüdischer Inhaber und damit zur Ausschaltung geschäftlicher Konkurrenz. Jüdische Vorstands- und Aufsichtsratsmitglieder großer Unternehmen und Banken werden aus ihren Ämtern verdrängt. Das Ziel ist die „Arisierung" bzw. „Entjudung" der Wirtschaft. Diese kommt, wie bereits angeklungen, vor allem den nichtjüdischen Konkurrenten zupass, die nun eine Chance zur persönlichen Bereicherung wittern. Ihren Abschluss findet die „Arisierung" 1938 in der *Verordnung zur Ausschaltung der Juden aus dem deutschen Wirtschaftsleben,* durch die den Ju-

Abb. 27
Boykott jüdischer Geschäfte – Kaufhaus Wertheim
Berlin, 1933
Berlin, Bundesarchiv

Das Unmoralische als Moral

Der Nazistolz ist grenzenlos.

Chaim A. Kaplan (*1880, †1942), Leiter einer hebräischen Schule in Warschau
Tagebucheintrag

den die Ausübung von selbständigen Berufen in Handwerk und Einzelhandel untersagt wird. Die Besitzer sind gezwungen, ihre Betriebe zu festgelegten Preisen weit unter Wert zu verkaufen (Kat.-Nr. 6.7 und 6.8). Die Habgier der nichtjüdischen Konkurrenten kann so befriedigt werden.

An der Ausgrenzung und Verfolgung der Juden bereichert sich auch der Staat selbst: Die „Judenvermögensabgabe" von 1938 zwingt die jüdischen Gemeinden zu einer „Sühneleistung" von insgesamt einer Milliarde Reichsmark für das Attentat des Juden Herschel Grynszpan (*1921, †1942/45) auf den Diplomaten Ernst vom Rath (*1909, †1938) in Paris. Zudem lässt die Verschärfung der bereits 1931 erlassenen „Reichsfluchtsteuer", die auswandernde Juden zwingt, ein Viertel ihres Vermögens an das Reich abzutreten, die deutschen Kassen klingeln. Die perfideste Art der Beraubung stellt wohl § 3 der *Elften Verordnung zum Reichsbürgergesetz* vom 25. November 1941 dar. Ihr zufolge fällt das Vermögen eines Juden, der gemäß dem *Reichsbürgergesetz* von 1938 die Staatsbürgerschaft durch Verlassen des Staatsgebietes verliert, an das Deutsche Reich. Dies betrifft nicht nur ins Ausland geflüchtete Juden, sondern auch jene, die gegen ihren Willen in die Konzentrationslager Polens, der Ukraine o.a. deportiert werden. Die zurückgelassenen Vermögenswerte fallen an das Reich bzw. die Städte. Enteignete Kunstgegenstände gelangen entweder in deutsche Museen oder werden versteigert. Ersteres widerfährt beispielsweise der bedeutenden Kunstsammlung des Dresdner Bankiers Victor von Klemperer (*1876, †1943) (Kat.-Nr. 6.14). Einfache Haushaltsgegenstände wie Möbel, Geschirr oder Kleidung werden sorgfältig protokolliert (Kat.-Nr. 6.10) und im Anschluss vielfach öffentlich versteigert. Käufer und damit Nutznießer der Deportationen sind nicht selten ehemalige Nachbarn der jüdischen Vorbesitzer.

Auf diese Weise instrumentalisiert das NS-Regime die ehemaligen Todsünden Neid und Habgier und ermöglicht es Staat und Einzelbürger, sich an der Ausgrenzung, Verfolgung und Ermordung der jüdischen Bevölkerung unmittelbar zu bereichern, sei es durch das Freiwerden von Arbeitsplätzen, das Wegfallen von Konkurrenten oder die Inbesitznahme jüdischen Eigentums. Indem sie die Eigenschaften Neid und Habgier fördern und die mit diesen zusammenhängenden Wünsche befriedigen, gelingt es den Nationalsozialisten, die Unterstützung von großen Teilen der Bevölkerung für sich zu gewinnen

Wollust

Im Gegensatz zum offeneren Umgang mit Sexualität in der Weimarer Republik fördern die Nationalsozialisten eine Sexualpolitik, die sich an den konservativen Geschlechterrollen der Kaiserzeit orientiert. Sie steht ganz im Zeichen der „Vermehrung und Erhaltung der Art und Rasse"[3] sowie der Züchtung einer, so formuliert Reichsführer SS Heinrich Himmler (*1900, † 1945) in seinem sogenannten „Heiratsbefehl" an die SS vom 31. Dezember 1931, „erbgesundheitlich wertvolle[n] Sippe deutscher nordisch-bestimmter Art"[4]. Hintergrund sind einerseits die nationalsozialistische Rassenideologie, andererseits die Angst vor dem Aussterben des deutschen Volkes durch einen drastischen Rückgang der Geburtenrate seit 1919. So sagt der deutsche Demograph Friedrich Burgdörfer (*1890, †1967) im Jahr 1932 „eine bis zur Selbstvernichtung gehende Ausmerzung des qualitativ hochwertigen, kulturtragenden Volksteils durch das Zweikindersystem"[5] voraus und empfiehlt Maßnahmen zu einer Bevölkerungspolitik, die die Optimierung der menschlichen Erbanlagen durch eine gesteuerte Fortpflanzung zum Ziel hat. Dieses Konzept, die so genannte Eugenik (altgriech.: *eu* „gut", *genos* „Geschlecht") oder „Rassenhygiene", ist eng verwandt mit der im

19. Jahrhundert entwickelten „Rassenlehre" und nimmt in der nationalsozialistischen Ideologie eine wichtige Stellung ein. Wie die Vertreter der Eugenik, unterscheiden auch die Nationalsozialisten eine sogenannte „positive" und „negative" Eugenik, also einerseits die Vermehrung von als wünschenswert („positiv") angesehenen Erbanlagen und andererseits die Eindämmung unerwünschter („negativer") Erbanlagen.

Im Sinne der als „positiv" bezeichneten Eugenik steht für das Regime eine Erhöhung der Geburten „arischer" Kinder an erster Stelle. Hier wird mit Restriktionen gearbeitet – so sind Abtreibung und Verhütung verboten –, zugleich wird das Ideal der deutschen Großfamilie propagiert und die Frau wieder in ihre traditionelle Rolle zurückgedrängt. Dies geschieht z. B. durch finanzielle Anreize wie das *Ehestandsdarlehen.* Dabei handelt es sich um einen zinslosen Kredit für Frischvermählte, der bis 1937 nur gewährt wird, wenn die Frau mit der Heirat ihre Berufstätigkeit aufgibt. Da bei der Geburt jedes Kindes 25% der Schulden erlassen werden, soll dies zugleich die Geburtenrate erhöhen. Insgesamt werden Ehestand und Kinderreichtum steuerlich begünstigt, während der Ledigenstatus zu einer zusätzlichen Besteuerung führt. Auf propagandistischer Seite heroisieren die Nationalsozialisten die Rolle der Mutter und setzen sie dem „Kriegertum" gleich: Ihr Einsatz für das Vaterland wird in Analogie zur Verleihung des Eisernen Kreuzes für Soldaten mit dem Mutterkreuz ausgezeichnet (Kat.-Nr. 6.15).

Neben der Förderung von Ehestand und kinderreichen Großfamilien ist den Nationalsozialisten auch die uneheliche Geburt ein probates Mittel der Geburtensteigerung. Obwohl gesellschaftlich nach wie vor stigmatisiert, zählt für das Regime nicht der Geburtsstatus, sondern allein die „arische" Abstammung. „Rassisch wertvolle" Männer sollen so viel Nachwuchs wie möglich zeugen und sich dabei nicht von Ehefesseln einschränken lassen, denn, so Heinrich Himmler, „die heutige Form der Ehe ist ein satanisches Werk der katholischen Kirche […]. Da ein Mann im Normalfall unmöglich ein ganzes Leben lang mit einer Frau auskommen kann, zwingt man ihn zur Untreue und, um diese zu verdecken, zur Heuchelei. Die Folgen sind Zerwürfnisse innerhalb der Ehe, Abneigung der Ehegatten gegeneinander und im Endergebnis Kinderarmut."[6] Andererseits wage der Mann mit seiner Geliebten keine Kinder zu zeugen, weil ihn die „doppelte Moral der sogenannten bürgerlichen Gesellschaft"[7] davon abhalte. Himmler gründet 1935 den Verein *Lebensborn,* der Heime zur Unterbringung unehelicher Mütter „arischen" Blutes unterhält. Hier können außereheliche Kinder anonym zur Welt gebracht und an Angehörige der SS zur Adoption vermittelt werden (Kat.-Nr. 6.17). Zudem ist der *Lebensborn* an der Verschleppung „germanisierungsfähiger", meist blonder Kinder aus den besetzten Ostgebieten maßgeblich beteiligt.

Im Hinblick auf die als „negativ" bezeichnete Eugenik steht die Vermeidung einer „Rassenmischung", die zu einer Degeneration des deutschen Volkes, zu einem „körperliche[n] und geistige[n] Rückgang"[8] führe. Im Rahmen der „Nürnberger Gesetze" von 1935 wird das sogenannte „Blutschutzgesetz" erlassen. Es verbietet Eheschließungen zwischen Juden und Nichtjuden. Geschlechtsverkehr zwischen beiden Gruppen wird als „Rassenschande" streng bestraft. So werden der jüdische Möbelhändler Juda Rosenberg (*1895, †1940) und die „deutsche Reichsangehörige" Elisabeth Makowiak (*1912) im Jahr 1935 wegen ihrer Liebesbeziehung verhaftet, durch die Innenstadt von Gelsenkirchen getrieben, gedemütigt und misshandelt (Abb. 28). 1939 wird auch der Geschlechtsverkehr mit „Andersrassigen", insbesondere slawischen Zwangsarbeitern, verboten. Eine große Gefahr sieht das Regime zudem in der Vermehrung von Menschen, die als behindert oder „asozial" eingestuft werden. Dazu zählen u.a. geistige und körperliche Behinderungen, Epilepsie, psychi-

Abb. 28
Juda Rosenberg und Elisabeth Makowiak als „Rassenschänder"
Gelsenkirchen, 1935
Nürnberg, Stadtarchiv

sche Erkrankungen oder Alkoholismus. Seit 1933 werden hunderttausende Menschen zwangssterilisiert, seit 1939 im Zuge der Euthanasiemorde und der sogenannten *Aktion T4* getötet. Schließlich gehört auch die Verfolgung homosexueller Männer in diesen Bereich. Im Männlichkeitskult der Nationalsozialisten ist kein Platz für Homosexualität, zumal sie die Zeugung von Kindern verhindere und sich als „ansteckende soziale Krankheit"[9] in NS-Männerbünden und der Wehrmacht ausbreite. Homosexualität unter Frauen gilt hingegen als unbedeutende Randerscheinung. Bekannte Schwule werden in den sogenannten *Rosa Listen* verzeichnet. Etwa 50.000 der gelisteten Männer müssen Zuchthausstrafen absitzen, 15.000 – in der Regel „Wiederholungstäter" – kommen in Konzentrationslager. Die Sterberate unter den internierten Homosexuellen ist ähnlich hoch wie unter den Juden: Sie sind häufig Misshandlungen ausgesetzt und werden Opfer von wissenschaftlichen Experimenten und Umerziehungsversuchen. Die Zahl der zur Kastration gezwungenen Schwulen ist nicht bekannt.

Die Wollust ist in den Augen der Nationalsozialisten also Tugend und Sünde zugleich. Ihre Bewertung hängt von den Akteuren und den Umständen des Geschlechtsverkehrs ab: Führt dieser zur Zeugung „arischer" Kinder, wird er vom Regime aktiv gefördert und gilt als Tugend; findet der Verkehr zwischen Menschen statt, die aufgrund ihrer vermeintlichen „Rasse" oder aufgrund einer Behinderung als „minderwertig" gelten, so wird er als schwere Sünde bestraft.

Zorn

Zorn ist ein wesentliches Element der nationalsozialistischen Propaganda. Das Regime schürt den Zorn auf die ausgesonderten Randgruppen, um von wirtschaftlichen oder gesellschaftlichen Problemen abzulenken. Zu diesen Randgruppen gehören Juden und „Andersrassige", Homosexuelle, andere politische Parteien

Das Unmoralische als Moral

oder Gruppierungen und nicht zuletzt die alliierten Kriegsgegner. Höhepunkt des gelenkten Zornes gegen die Juden ist die „Reichskristallnacht" vom 9. auf den 10. November 1938. In dieser Nacht zerstören und plündern Angehörige von SS und SA in ganz Deutschland jüdische Geschäfte und Wohnungen (Kat.-Nr. 6.24), verhaften zehntausende Juden und brennen die Synagogen nieder (Kat.-Nr. 6.23). Obwohl als sich spontan entladender „Volkszorn" in Reaktion auf die Ermordung des Diplomaten Ernst vom Raths durch den Juden Herschel Grynszpan inszeniert, beteiligen sich nur wenige Menschen außerhalb der SA und SS an den Aktionen. Auch bei der berühmten Berliner Sportpalastrede von Joseph Goebbels (*1897, †1945), Reichsminister für Volksaufklärung und Propaganda, handelt es sich um eine Inszenierung von „Volkszorn". Die Rede vom 8. Februar 1943 ist vor allem für die Frage „Wollt ihr den totalen Krieg?" berühmt geworden, auf die die begeisterte Zustimmung des 15.000 Menschen zählenden Publikums folgt. Der frenetische Jubel des Publikums suggeriert eine breite Zustimmung zum „Totalen Krieg", aber tatsächlich handelt es sich bei der scheinbaren Volksmasse um geladene Gäste aus den Rängen der NSDAP.

Obwohl also gerade diese berühmten Beispiele für „Volkszorn" nicht authentisch sind, zeigen sie doch den Versuch des Regimes, die Wut auf die jüdische Bevölkerung und die alliierten Kriegsgegner in der Bevölkerung zu schüren. Die ehemalige Todsünde Zorn ist für die Nationalsozialisten unverzichtbares Mittel, um die Unterstützung der Bevölkerung für den Krieg gegen die vermeintlichen inneren und äußeren Feinde zu erlangen. Zorn ist für sie keine Sünde, sondern gut und gerecht.

Trägheit des Herzens

Die ursprüngliche Todsünde Trägheit meint nicht nur die Trägheit im Handeln, sondern auch im Denken und Fühlen. Sie kann, als Trägheit des Herzens, einen Mangel an Mitgefühl oder das Nichthandeln im Angesicht von Elend und Not bedeuten. Als solche ist die Trägheit von zentraler Bedeutung für das nationalsozialistische Regime, das nur durch die Apathie und Gleichgültigkeit der Bevölkerung seine mörderischen Ziele verfolgen kann. Zentrales Mittel der Machtausübung ist dementsprechend die Propaganda. Sie dient einerseits dem Einschwören der „Volksgemeinschaft" auf die gemeinsamen Ziele und Feindbilder, andererseits soll in den Köpfen der Deutschen das Bild eines harmonischen Deutschlands entstehen, in dem es keine inneren Konflikte und keinen Widerstand gibt. Die vom Staat gesteuerte Meinungsbildung setzt dabei besonders auf emotionale Stimuli und die Triebkraft der Masse. „Jede Propaganda", so Hitler, „hat volkstümlich zu sein und ihr geistiges Niveau einzustellen nach der Aufnahmefähigkeit des Beschränktesten unter denen, an die sie sich zu richten gedenkt."[10] Ziele sind die Erzeugung von Massenhysterie und Fanatismus sowie insbesondere die Ausschaltung von Mitgefühl, kritischem Denken und die Verdrängung unbequemer Wahrheiten. Der Bürger des „Dritten Reichs" soll wegschauen, während um ihn herum grausame Verbrechen begangen werden. Trägheit des Herzens ist nun ausdrücklich erwünscht.

Die Bevölkerung derart zu manipulieren ist die Aufgabe von großangelegten Propagandaoffensiven. Dazu zählen vor allem medial ausgeschlachtete Massenveranstaltungen mit ihren Fahnenmeeren und Fackelzügen sowie Hetzblätter wie *Der Stürmer*. Schlagworte wie „Rasse", „Erbe", „Gehorsam", „Treue", „Mut", „Kameradschaft", „Heimat" etc. und die visuellen Reize der Massenveranstaltungen bewirken die emotionale Bindung an das nationalsozialistische Regime. Seine Symbole, Parolen und andere Mittel der Propaganda sind allgegenwärtig und umgeben die Menschen in allen Lebensbereichen und zu jeder Zeit. Durch die Einbindung aller Altersgruppen in parteinahe Organisationen erreicht die nationalsozialistische Einflussnahme die

Menschen „von der Wiege bis zur Bahre". Zugleich verhindern die Gleichschaltung der Presse und die Aufhebung der Pressefreiheit eine unabhängige Berichterstattung. Dem Regime unbequeme Nachrichten erreichen die Deutschen nur über den ausländischen Rundfunk, während von offizieller Seite ausschließlich Erfolgsnachrichten herausgegeben oder schlichtweg erlogen werden. Die permanente Beeinflussung, Bedrohung und suggestive Macht der nationalsozialistischen Inszenierungen führen in der Bevölkerung zu der vom Regime gewünschten Trägheit des Herzens und machen es möglich, dass beinahe ein gesamtes Volk zu den schrecklichsten Missetaten in unmittelbarer Nachbarschaft schweigt.

Die Todsünden Hochmut, Habgier, Neid, Wollust, Trägheit des Herzens und Zorn sind also unverzichtbares Mittel des nationalsozialistischen Regimes zur Manipulation der deutschen Bevölkerung. Sie verlieren ihren sündhaften Charakter und werden gleichsam zu Tugenden stilisiert. Der „rassische Hochmut", der die Juden und andere Minderheiten zu einer „niederen Menschengattung" stilisiert, über die sich die „deutsche Rasse" erhebt, ist dabei die Wurzel für alle weiteren Todsünden. Das bewusste Erzeugen von Habgier, Neid und Zorn macht die Verfolgung, Beraubung und Tötung der jüdischen Bevölkerung sowie den Krieg gegen die alliierten Großmächte England, Frankreich und Russland möglich. Wollust ist für die Nationalsozialisten entweder Sünde oder Tugend, abhängig davon, ob sie im Dienste des Regimes steht, aus der Verbindung also „arische" Kinder entstehen. Die aufwendige nationalsozialistische Propaganda soll schließlich zur Trägheit des Herzens in der Bevölkerung führen: zu fehlendem Mitgefühl und dem bewussten Verschließen der Augen vor den Taten des Regimes.

Literatur

Aly 2011, Aly 2013, Aly/Heim 2013, Bajohr 2000, Bialas 2009, Bialas 2014, Braun 1990, Bryant 2011, Burgdörfer 1932, Czarnowski 1991, Donner 1995, Dorrmann 2008, Eder 2009, Essner/Conte 1996, Friedrich 1989, Heid 1990a, Heid 1990b, Herzog 2005, Hesse/Springer 2002, Hitler 1943, Jellonnek 1990, Kat. Gedenkstätten Buchenwald und Mittelbau-Dora 2010, Koop 2007, Meyer 2003, Naarmann 1998, Naarmann 2002, Pohl 2012, Przyrembel 2003, Rudolph 2007, Sachsse 2003, Schneider 2010, Sigmund 2009, Weyrather 1993, Winter 2013.

Anmerkungen
1 Braun 1990, S. 207.
2 Hitler 1943, S. 317.
3 Ebd., S. 275f.
4 Zit. nach: Koop 2007, S. 251.
5 Burgdörfer 1932, S. 69.
6 Zit. nach: Bryant 2007, S. 155.
7 Ebd.
8 Hitler 1943, S. 314.
9 Eder 2009, S. 195.
10 Hitler 1943, S. 197.

Neue Gesellschaft, alte Sünden?
Todsünden in der Nachkriegszeit
Alexandra Buterus

Das Ende des Zweiten Weltkriegs und des Nationalsozialismus ist eine Zäsur in der deutschen Geschichte. Während die Neuorientierung in der *Sowjetischen Besatzungszone* (SBZ) und späteren Deutschen Demokratischen Republik (DDR) einer sozialistischen Doktrin unterliegt, kennzeichnen zunächst ein Wiedererstarken der Kirche und moralische Umbrüche die gesellschaftliche Entwicklung in der Bundesrepublik. Besonders die Zeit zwischen 1950 und dem Anfang der 1970er Jahre bildet ein kulturgeschichtliches Spannungsfeld. Vor diesem Hintergrund wandelt sich auch die Bewertung einzelner Laster aus dem Kanon der sieben Todsünden: Hochmut, Habgier bzw. Geiz, Wollust, Zorn, Völlerei, Neid und Trägheit.

Völlerei und Wirtschaftswunder

Mangel und Hunger prägen die ersten Nachkriegsjahre in Deutschland. Die Wirtschaft liegt brach, besonders in den Großstädten ist die Versorgungslage katastrophal. Nahrungsmittel sind nur über Lebensmittelkarten erhältlich. Die vorgesehenen Rationen decken den täglichen Kalorienbedarf nicht ab. Um die Essensmenge zu vergrößern, werden Lebensmittel gestreckt, vollwertige und nicht erhältliche Zutaten ersetzt. Einen Einblick in die Sparküche der Nachkriegszeit gibt das Kochbuch *Schmalhans kocht trotzdem gut* (Kat.-Nr. 7.1): Für die Zubereitung von falschen Bratwürsten wird z.B. Kartoffelmasse anstatt Fleisch verwendet. In Aussicht auf bessere Zeiten steht den Sparrezepten unter der Rubrik „Und wenn's mal wieder besser wird" ihre ursprüngliche Fassung gegenüber.

Die nachfolgende wirtschaftliche Besserung beruht in den westlichen Besatzungsgebieten auf dem Zusammenspiel mehrerer wirtschaftspolitischer Umstände: 1948 läuft das vom amerikanischen Außenminister George C. Marshall (amt. 1947–1949) initiierte *European Recovery Program* (ERP), besser bekannt als *Marshallplan,* an. Das Wiederaufbauprogramm der Vereinigten Staaten von Amerika (USA) enthält Hilfeleistungen und eine Lockerung der Handelsbedingungen für die westeuropäischen Staaten untereinander. Zudem sehen die Siegermächte 1953 im „Londoner Schuldenabkommen" von einem Großteil der Schulden Deutschlands ab. Ferner beeinflusst die Abwanderung von Industrie und qualifizierten Kräften aus der Sowjetzone in die westlichen Gebiete den raschen wirtschaftlichen Aufschwung, der als sogenanntes „Wirtschaftswunder" in die Geschichte eingeht.

Der entscheidende Impuls erfolgt jedoch durch die Währungsreform am 20. Juni 1948. Bereits am folgenden Tag ist die Deutsche Mark alleiniges Zahlungsmittel in den westlichen Besatzungszonen. Die Auslagen der Geschäfte füllen sich wieder mit Lebensmitteln. Eine allgemeine finanzielle Entspannung tritt zwar erst in der zweiten Hälfte der 1950er Jahre ein, dennoch nutzen die Bundesbürger ihre neue Kaufkraft vorrangig, um lange unbefriedigte Grundbedürfnisse zu erfüllen. Es beginnt eine regelrechte „Kalorien-Aufholjagd"[1]. Die sogenannte „Fresswelle" steht im Zeichen des „Wirtschaftswunders" und erfasst das Land. Die traumatisierende Erfahrung des Hungers legitimiert die kollektive Gefräßigkeit. Völlerei wird nicht als Todsünde verstanden, sondern als wiederentdeckte Lebensfreude.

Abb. 29
Rezept:
Schweineschinken ziseliert
Constanze – Das Rezeptheft, 1958
Rheinberg, Jörg Bohn,
Wirtschaftswundermuseum

Üppige Mahlzeiten mit kalorienreichen und langentbehrten Zutaten, insbesondere Fleisch (Abb. 29), stehen nun auf dem Speisezettel der Deutschen. Allein zwischen 1950 und 1960 steigt der Pro-Kopf-Verbrauch an Schweinefleisch von 19 kg auf 30 kg. Gekocht wird zunächst traditionell. Mit der zunehmenden Internationalisierung des Lebensmittelmarktes in den Folgejahren erweitern ausländische und als hochwertig geltende Nahrungsmittel die deutsche Küche. Neben Kaffee, Südfrüchten und Spirituosen sind neue, meist aus den USA stammende Produkte, wie Ketchup, Mixed Pickles und *Coca Cola* begehrt. Geschmacksverstärker, konservierte Zutaten sowie der Siegeszug des Kühlschranks verändern Zubereitung und Lagerung der Nahrungsmittel nachhaltig. Spätestens ab den 1960er Jahren bestimmen die neue Vielfalt und der Fortschritt der Lebensmittelindustrie eine neue Esskultur. Nicht mehr die Menge des Essens ist entscheidend, sondern Exklusivität, Exotik und Arrangement der Lebensmittel. Die „kalte Küche" kommt in Mode.

Zunächst ignoriert und gar verklärt werden die Konsequenzen der „Fresswelle". Der runde, wohlgenährte Bauch gilt in den 1950er Jahren als Statussymbol und nicht als Anzeichen eines maßlosen Essverhaltens. Erste Berichte über ein weitverbreitetes Übergewicht erscheinen bereits zu Beginn des Jahrzehnts, es folgen Anzeigen für Schlankheitsmittel. Schon früh gründen sich Institutionen, die sich mit Ernährung befassen. 1953 entsteht die *Deutsche Gesellschaft für Ernährung* (DGE) mit dem Ziel, ernährungswissenschaftliche Forschung zu fördern und Ernährungsaufklärung zu betreiben. Ihre ab 1954 erscheinende

Schrift *Ernähren wir uns richtig* (Kat.-Nr. 7.3) richtet sich zunächst an Haushalte mit geringem Einkommen. Als die Folgen der „Fresswelle" in den 1960er Jahren jedoch immer deutlicher werden, gilt ihre Arbeit der Eindämmung des Übergewichts. Es bleibt offen, ob der öffentliche Appell, der Wandel der Esskultur oder die Sättigung des „Nachkriegshungers" schließlich wieder zu einer Mäßigung führen.

Wollust im Wandel

Die Jahre des Wiederaufbaus bringen der jungen Bundesrepublik wirtschaftlichen Fortschritt einerseits und eine Repression der Sexualmoral andererseits. Die Sehnsucht nach Stabilität zieht eine Besinnung auf traditionelle Werte nach sich. Obgleich die ersten Nachkriegsjahre von einer gewissen sexuellen Freiheit gekennzeichnet sind, setzt die Kanzlerschaft Konrad Adenauers (amt. 1949–1963) dieser ein Ende. Flankiert vom politischen Kurs von Christlich Demokratischer Union (CDU) und Christlich-Sozialer Union (CSU) gewinnt die Kirche wieder an Einfluss. Die Wollust wird erneut als lasterhaft empfunden. Sexualität gilt allein als Mittel der Fortpflanzung, außerehelicher Geschlechtsverkehr als unzüchtig. Die rigiden Moralvorstellungen fließen in die Gesetzgebung ein (Kat.-Nr. 7.5). In der Öffentlichkeit ist Sexualität weithin ein Tabu. Unkenntnis und ein schamhafter Umgang mit dem Thema machen das Jahrzehnt zu den „prüden 50ern".

Besonders Jugendliche sollen vor zügellosem Verhalten geschützt werden (Kat.-Nr. 7.4). In Anlehnung an das umstrittene „Schmutz- und Schund-Gesetz" der Weimarer Republik wird 1953 das *Gesetz über die Verbreitung jugendgefährdender Schriften* (GjS) verabschiedet. Ein Jahr später entsteht die *Bundesprüfstelle für jugendgefährdende Schriften* (BPjS). Bereits zuvor hat fast jedes Bundesland eine eigene Justizbehörde, sogenannte Zentralstellen, mit demselben Ziel eingerichtet. Wie ernst mancherorts die Bekämpfung des sogenannten Schmutz und Schund praktiziert wird, zeigen Drohbriefe und Brandanschläge auf Theater-, und Ladenbesitzer im westfälischen Paderborn im Frühjahr 1950. In einem Brief an einen Fotografen, der in seinem Schaufenster das Bild einer Frau mit freiem Dekolleté zeigte, heißt es: „Stellst du nochmals ein halbnacktes Mädchen und Fotomagazine aus, dann brennt`s bei dir. Unsere Geistlichen warnen vor Dich [sic]. Darum hüte Dich. Sonst krachen die Scheiben und brennt Dein Haus!"[2] Freizügige Bilder, erotische Literatur und Magazine wie die *Gondel* verschwinden aus der Öffentlichkeit und kursieren fortan nur noch unter dem Ladentisch (Kat.-Nr. 7.10 und 7.11).

Eine entscheidende Rolle im Kampf gegen die Unsittlichkeit kommt dem katholischen *Volkswartbund* (VWB) zu. Die Sittenwächter sind erbitterte Gegner von Vereinen für Freikörperkultur (FKK) sowie Versandhäusern von Sexartikeln. Ihr Augenmerk liegt auch auf Comic-Heften und als anstößig empfundener Literatur, Filmen und Zeitschriften, die der Verein mit äußerster Sorgfalt auf „Lasterhaftigkeit" überprüft. Die Konsequenzen dieser literarischen Auswertung sind allein in den 1950er und 1960er Jahren hunderte Indizierungsanträge und etliche Strafanzeigen. Vorträge und die Vereinszeitschrift *Der Volkswart* klären den unbescholtenen Bürger über die Gefahren der Zeit auf. Ranghohe Persönlichkeiten aus Politik, Justizwesen und Kirche wie z.B. der Staatsanwalt und Leiter der BPjS Robert Schilling (amt. 1954–1966) sind bekennende Anhänger und gerngesehene Gastautoren des Vereins (Kat.-Nr. 7.6). Schilling ist zugleich ein langjähriger Gegner der Erotik-Unternehmerin Beate Uhse (*1919, † 2001). Mit ihrem 1951 gegründeten *Spezial-Versandhaus für Ehe- und Sexualliteratur und für hygienische Artikel* vertreibt sie sexuelle Aufklärungsliteratur und Ratgeber, erotische Romane, Verhütungsmittel sowie Potenzpräparate (Kat.-Nr. 7.15 und 7.16). Obwohl Uhses Sortiment sich in dieser Zeit explizit an Eheleute richtet, – so verkündet es zumindest die Werbung des Versandhandels – werden gegen sie zahlreiche Gerichtsverfahren wegen Anstiftung zu Unzucht, Betrug, Gefährdung der Jugend oder Beleidigung der Empfänger der Werbepost eingeleitet. Der Vertrieb gewinnt dadurch nur an Popularität und Umsatz. An dieser zwiespältigen Reaktion auf das Unternehmen lässt sich die praktizierte Doppelmoral der damaligen Gesellschaft ablesen.

Anfang der 1960er Jahre deutet sich jedoch im öffentlichen Umgang mit dem Thema Sexualität ein Wandel an. Ein wichtiger Ausgangspunkt sind die 1954 und 1955 publizierten Forschungsergebnisse des Sexualforschers Alfred Charles Kinsey (*1894, †1956). Sexualität wird zu einem populären Teil der Wissenschaft. 1961 kommt mit *Anovlar,* das erste hormonelle Verhütungsmittel, auf den Markt (Kat.-Nr. 7.17). Die „Pille" entkoppelt den Geschlechtsverkehr von der Fortpflanzung, nimmt die Angst vor einer ungewollten Schwangerschaft und ermöglicht den Frauen ein selbstbestimmtes Geschlechtsleben. Gleichzeitig setzt eine Visualisierung von Sexualität in den Medien ein. Sex wird als verkaufsfördernder Faktor entdeckt. Die sogenannte *Sexwelle* erfasst spätestens ab Mitte der 1960er Jahren das Land und nimmt die Furcht vor dem christlichen Laster. Sie prangert die tradierten Moralvorstellungen als überholt und die geltende Gesetzgebung als nicht mehr zeitgemäß an. Nackte Frauen und Fragen zu neuen Beziehungsmodellen zieren die Titelblätter der Zeitschriften (Kat.-Nr. 7.18). Der Journalist und Autor Oswalt Kolle (*1928, †2010) betreibt mit seinen Büchern und Filmen sexuelle Aufklärungsarbeit für ein breites Publikum (Kat.-Nr. 7.21 und 7.22).

Die Kirche verweigert sich den liberalen Strömungen und verliert als moralische Instanz zunehmend an Bedeutung. Als Papst Paul VI. (amt. 1963–1978), trotz vieler Gegenstimmen, 1968 die „Pille" für Eheleute ablehnt, empfinden viele die kirchlichen Vorgaben als unvereinbar mit dem neuen Zeitgeist. Die „Sittenwächter" trifft nun der öffentliche Spott (Kat.-Nr. 7.19 und 7.20).

Der Ruf nach einer neuen und liberaleren Moral wird gleichzeitig durch die *Studentenbewegung* politisiert und gipfelt in den späten 1960er Jahren in der *Sexuellen Revolution.* Studenten-, Frauen-, Schwulen- und Lesbenbewegung verlangen sexuelle Selbstbestimmung. Forderungen, denen die Gesetzgebung in den folgenden Jahren entgegenkommt. Die Schriften des Psychoanalytikers Wilhelm Reich (*1897, †1957) (Kat.-Nr. 7.25) und des Soziologen Herbert Marcuse (*1898, †1979) legen die ideologischen Grundlagen für den Umbruch. Ihrer Auffassung nach fördert die soziale Unterdrückung des sexuellen Triebs Autorität, Willkür und „Faschismus". Ein Teil der jungen Generation proklamiert eine antiautoritäre Lebensweise, die zu experimentellen Beziehungsmodellen führt. Wollust wird nicht länger verurteilt, sondern als Mittel der Selbstfindung verstanden und eingefordert. Die *Kommune I* wird zum Symbol der *Freien Liebe* (Abb. 30). Im Kampf gegen das kapitalistische Leistungsprinzip, Privateigentum, die bürgerliche Kleinfamilie und Monogamie macht sich die politisch motivierte Wohngemeinschaft die Sensationsgier der Medien zu Nutze (Kat.-Nr. 7.23). Tatsächlich haben die sexuellen Ausschweifungen weniger in der Praxis als vielmehr in theoretischen Gesprächen darüber stattgefunden. Trotz seiner Popularität (Kat.-Nr. 7.24) kann sich das Kommunen-Konzept einer hemmungslos gelebten Wollust nicht halten. Auch nach der *Sexuellen Revolution* strebt ein Großteil der Gesellschaft nach sexuell monogamen Beziehungen.

Abb. 30
Kommune I
Thomas Hesterberg, 1967
Fotografie

Herr Kolle,
Sie wollen wohl die ganze Welt auf den Kopf stellen,
jetzt soll die Frau sogar oben liegen!

**Ein Zensor der Freiwilligen Selbstkontrolle der Filmwirtschaft
bei der Freigabe von *Das Wunder der Liebe* (1968)**

Politischer Zorn

Neben der *Sexuellen Revolution* kennzeichnet der politische Protest die 1960er Jahre. Nachdem die Kriegsgeneration die Schrecken des Zweiten Weltkriegs durch einen Rückzug ins Häusliche und den gelebten Wohlstand zu verarbeiten suchte, wächst mit ihren Kindern eine gutgebildete Jugend heran, die die gegebenen politischen und gesellschaftlichen Strukturen zunehmend kritisch hinterfragt. Gleichzeitig sehen viele Bürger im Ineinandergreifen mehrerer politischer Entwicklungen die bestehende Demokratie in Gefahr: So wird schon zu Beginn des Jahrzehnts der Vorwurf einer mangelhaften Aufarbeitung der nationalsozialistischen Vergangenheit laut. Fragen nach der Verstrickung einiger Bonner Politiker, wie z.B. des Bundeskanzlers Kurt Georg Kiesinger (amt. 1966–1969), werden öffentlich diskutiert. 1962 werden in einer Nacht-und-Nebel-Aktion mehrere Redakteure des Magazins *Der Spiegel* wegen angeblichen Verrats militärischer Geheimnisse verhaftet. Diese *Spiegel-Affäre* sorgt für erste spontane Proteste von Bürgern. Ab 1966 regiert in Bonn eine Große Koalition aus CDU/CSU und der Sozialdemokratischen Partei Deutschlands (SPD). Im Fehlen einer starken Opposition sehen viele eine Gefährdung der Demokratie (Kat.-Nr. 7.32). Es kommt zur Bildung einer *Außerparlamentarischen Opposition* (APO), dem organisatorischen Kern der Protestbewegung. Die geplanten *Notstandsgesetze* (Kat.-Nr. 7.28) der neuen Regierung, die in einer Krisensituation die Einschränkung einzelner Grundrechte erlauben sollen, nähren die Angst vor einem willkürlich agierenden Staat. Tausende Menschen bringen ihren politischen Zorn auf die Straße. (Kat.-Nr. 7.33).

In diesem Umfeld des aufkeimenden politischen Protests entwickelt sich vor allem an den Universitäten in West-Berlin, Frankfurt und Hamburg ab Mitte der 1960er Jahre die *Studentenbewegung*. Die Studenten kritisieren angeblich autoritäre Lehrmethoden, verlangen mehr Mitbestimmung und eine neue Bildungspolitik. Der *Sozialistische Deutsche Studentenbund* (SDS) bildet den „intellektuellen, politischen und organisatorischen Kern"[3] der Proteste. Genährt von der *Kritischen Theorie* der *Frankfurter Schule* und marxistischen Schriften, entwickelt sich die linkssozialistische Gruppierung zu einer antiautoritären Organisation mit teils anarchistischen Zügen. Die zunächst auf universitäre Missstände bezogenen Proteste weiten sich auf gesellschaftliche Konflikte im In- und Ausland aus. Vor allem der Vietnamkrieg führt zu internationalen Protesten der Studentenschaft. Die Ausdehnung der *Studentenbewegung* macht den SDS zum wichtigsten Organ der APO und gibt dem Widerstand zusätzlichen Antrieb.

Der politische Zorn wird anfangs gewaltfrei kanalisiert. Neben Demonstrationen und den seit 1960 abgehaltenen *Ostermärschen* (Kat.-Nr. 7.31) gegen das *Wettrüsten* werden neue Protestformen aus den USA übernommen. Mit sogenannten *Go-ins, Sit-ins* und *Teach-ins,* spontanen Massendiskussionsveranstaltungen, sprengen die Studenten reguläre Abläufe. In den 1970er Jahren kommen Hausbesetzungen als ein weiteres Mittel hinzu. Der zivile Ungehorsam soll eine Überreaktion des Staates herausfordern und „die vermeintlich repressiven Herrschaftsstrukturen […] entlarven."[4] Tatsächlich kennzeichnen anfangs Überforderung und Unverhältnismäßigkeit die Einsätze der Polizei bei den Protesten. Nach dem Tod des Studenten Benno Ohnesorg (*1940, †1967), der bei einer Demonstration von einem Polizisten erschossen wird, radikalisiert sich die Bewegung zunehmend. Die Frage, wie weit der politische Kampf gehen kann, wird kontrovers diskutiert. Die Vielschichtigkeit der Debatte zeigt sich auch in der wechselnden Einstellung der Symbolfigur der *Studentenbewegung* Rudi Dutschke (*1940, †1979) (Abb. 31). Der Wortführer des SDS ist Befürworter der gezielten Provokation (Kat.-Nr. 7.35). Seine Äußerungen zum „bewaffneten

Abb. 31
Studentenführer Rudi Dutschke
während einer Protestversammlung
vor dem US-Generalkonsulat
in Frankfurt a.M. (5.2.1968)

Neue Gesellschaft, alte Sünden?

Kampf" schwanken zwischen Radikalität und Militanz. Einerseits ist Dutschke Ideengeber des „Stadtguerilla"-Konzepts, bei dem nach dem Vorbild der Widerstandsbewegung Lateinamerikas politische Ziele durch militante Aktionen durchgesetzt werden sollen. Andererseits lehnt er den Terrorismus der *Roten Armee Fraktion* (RAF) ab, welche dieses Konzept in den 1970er Jahren auf die Spitze treibt.

Das Jahr 1968 wird Höhe- und Wendepunkt der Proteste und Synonym für die gesamte Bewegung. Am 11.4.1968 wird Rudi Dutschke vom Rechtsextremisten Josef Bachmann (*1944, †1970) mit drei Schüssen niedergestreckt. Der Widerstand eskaliert. Es kommt zu Übergriffen auf das Gebäude des *Springer*-Verlags, dem die Studenten vorwerfen, durch seine Berichterstattung das Attentat provoziert zu haben. Die bundesweiten Proteste an den folgenden Osterfeiertagen enden in blutigen Straßenschlachten mit der Polizei.

Mit Dutschke verliert der SDS seine „Integrationsfigur"[5]. Gleichzeitig erleidet die APO mit der Verabschiedung der *Notstandsgesetze* am 30.6.1968, deren Verhinderung ein Hauptanliegen ihrer Proteste gewesen ist, eine Niederlage. Ab 1969 regiert eine neue Koalition aus SPD und Freier Demokratischer Partei (FDP), sodass die Existenz der APO hinfällig wird. Der Protest der Massen zerfällt zu Beginn der 1970er Jahre in einzelne Gruppierungen mit unterschiedlichen Schwerpunkten, die die Grenzen des politischen Zorns individuell bewerten. Feminismus, Öko-, Friedens- oder Anti-Atomkraft-Bewegung (Kat.-Nr. 7.27 und 7.29) praktizieren den gewaltfreien Protest. Dennoch wenden sich vereinzelte radikale Zellen dem Terrorismus zu.

Der linke Terror der RAF kennzeichnet die 1970er Jahre. Die Gruppe um Andreas Baader (*1943, †1977) und Ulrike Meinhof (*1934, †1976) formiert sich 1970. Im Sinne einer gezielten Provokation will die selbsternannte „Stadtguerilla" mit Überfällen, Brand- und Bombenanschlägen den Staat als repressiv und gewaltbereit entlarven. Nach den ersten Aktionen werden die Mitglieder bundesweit zur Fahndung ausgeschrieben (Kat.-Nr. 7.36). 1972 wird der Kern der Gruppe verhaftet. Eine zweite RAF-Generation formiert sich mit dem Ziel, die Freilassung der Inhaftierten zu erzwingen. Geiselnahmen, Entführungen und Morde kennzeichnen die neue Stufe des linken Terrors. Sie gipfelt in der Entführung des Arbeitgeberpräsidenten Hanns Martin Schleyer (*1915, †1977) und einer Lufthansamaschine nach Mogadischu/Somalia im Herbst 1977 (Kat.-Nr. 7.37). Die Bundesregierung geht nicht auf die Forderungen der Terroristen ein, woraufhin die inhaftierte Führungsspitze der RAF Selbstmord begeht. Die anschließenden Aktionen der nachfolgenden RAF-Generation belaufen sich auf vereinzelte Anschläge und den Ausbau der Kooperation mit anderen Terrorgruppen. Der Terror kann sich als gewalttätiger Auswuchs des politischen Zorns nicht halten. 1998 löst sich die RAF offiziell auf.

Die Protestbewegung zwischen den 1960er und 1970er Jahren bringt „eine große Zahl von Aktions- und Demonstrationsformen"[6] hervor. Gleichzeitig verdeutlicht sie den schmalen Grat zwischen aktivem Protest, Provokation und angewandter Gewalt, auf dem sich Unwille und Zorn einer Gesellschaft äußern können. In diesen gegensätzlichen Ausprägungen des politischen Protests offenbart sich auch die Doppelnatur der Todsünde Zorn, die sich auf der einen Seite als Ursprung konstruktiver Veränderungen, auf der anderen Seite als blinde Gewalt zu Lasten anderer äußern kann.

Die Liberalisierung der Gesellschaft in den 1960er Jahren schafft Abstand zur kirchlichen Moral und den einstigen Lastern. Die Betrachtung von Völlerei, Wollust und Zorn im Kontext der „Fresswelle" und der *68er-Bewegung* verdeutlicht, dass die Reaktion der Gesellschaft auf Mangel und Repression zunächst von einem allgemein praktizierten Übermaß bzw. extremen Gegenpositionen wie der *Kommune I* gekennzeichnet ist. Erst später stellt sich ein ausgewogener Umgang mit dem einst „Lasterhaften" ein. Das Individuum hat durch die sozialen Umbrüche der Nachkriegszeit an Selbstbestimmung gewonnen. In diesem Zusammenhang bleibt die Suche nach dem rechten Maß zunehmend dem Einzelnen überlassen.

Literatur
Borowsky 2007, Briesen 2010, Bührer 1990, Busche 2005, Daase 2007a, Daase 2007b, Daase 2007c, Der Spiegel 1950, Der Spiegel 1969, Dribbusch 2013, Eder 2009, Friedmann/Müller/Windmann 2009, Gillen 2007, Herzog 2005, Hirschfelder 2001, Holmig 2008, Horbelt/Spindler 2000, Jung 2006, Kailitz 2007, Koenen 2007, Kolle 2005, Kraushaar 2007, Mohr 2007, Pfürtner 1996, Protzner 1987, Schappach 2008, Schild 2008, Schild/Siegfried 2009, Schwab 2008; Sichtermann 2008, Staupe/Vieth 1996, Steinbacher 2011, Thomsen 1958, Uhse 2000, Walther 2008, Winkel 1987, Zwerg 1948.

Anmerkungen
1 Protzner 1987, S. 28.
2 Der Spiegel 1950, S. 9.
3 Schild/Siegfried 2009, S. 281.
4 Kailitz 2007, S. 50.
5 Ebd., S. 68.
6 Walther 2008, S. 180.

Selfies, Sex und schrille Slogans – die sieben Todsünden heute
Alexandra Buterus

Der geschichtliche Wandel hat die sieben Todsünden – Hochmut, Habgier bzw. Geiz, Wollust, Zorn, Völlerei, Neid und Trägheit – aus ihrem theologischen Zusammenhang nach und nach herausgelöst. Die christliche Auslegung als eine Entfremdung des Menschen von Gott und den Mitmenschen ist heute häufig nicht mehr präsent. Lediglich der Begriff „Todsünde" lockt noch mit dem Reiz des Verbotenen und wird als solcher erfolgreich vermarktet. Die Gesellschaft der Gegenwart betrachtet die einstigen Laster differenziert: Sie werden zunehmend als körperliche und geistige Bedürfnisse, Emotionen oder Charakterzüge verstanden, denen sowohl positive als auch negative Effekte abgewonnen werden können.

Hochmut – ich, ich, ich!

Der theologische Begriff des Hochmuts als ein Mangel an Demut vor Gott ist nur noch selten in Gebrauch. Stattdessen kennzeichnet eine sprachliche Vielfalt die heutige Rezeption der Todsünde: Stolz, Anmaßung, Übermut, Arroganz und Eitelkeit sind Spielarten des Lasters, dessen Bewertung in der Gesellschaft unterschiedlich ausfällt. Besonders die Interpretation von Stolz bewegt sich zwischen der eines essentiellen Selbstwertgefühls und zu verurteilender Anmaßung. Ein authentischer Stolz auf eigene Leistungen (Abb. 32) und der Stolz anderer auf uns stärken das Selbstwertgefühl und fördern den Lebensgenuss (Kat.-Nr. 8.1). Stolz verbindet und ist somit nicht nur für den einzelnen, sondern auch für eine Gemeinschaft identitätsstiftend. Medienwirksame Ereignisse wie z.B. die Fußballweltmeisterschaft sind in der Lage, eine ganze Nation mit einem kollektiven „Wir-Gefühl" zu berauschen (Kat.-Nr. 8.3). Erfolgt aus einem „Wir" jedoch die Ausgrenzung oder gar Erniedrigung des „Ihr", schlägt authentischer Stolz in Anmaßung und Patriotismus in Nationalismus um. Gleichzeitig prägt der Drang nach Individualisierung die heutige Gesellschaft. Karriere, Status und Aussehen sind immer wichtiger. Medien und sogenannte soziale Netzwerke fördern die inszenierte Selbstdarstellung, hinter der der Wunsch steht, aus der Masse herauszustechen (Kat.-Nr. 8.6 und 8.7). Mediale Erscheinungen wie *Facebook* und Casting-Shows sind eine moderne Variante der Eitelkeit und Beispiel für eine Wechselwirkung des Hochmuts: Nicht selten provoziert hier die eitle Selbstüberschätzung einiger den hochmütigen Spott vieler.

Als ungerechtfertigte Anmaßung ist Hochmut weiterhin verpönt. Jüngeres Beispiel ist die Plagiatsaffäre um den ehemaligen Verteidigungsminister Karl-Theodor zu Guttenberg (amt. 2009–2011): Zu Beginn seiner Amtszeit gilt Guttenberg als vielversprechend und erfreut sich als junger, charismatischer Minister – nicht zuletzt als solcher von den Medien dargestellt – großer Beliebtheit (Kat.-Nr. 8.4). Die Veröffentlichung der ersten Plagiatsvorwürfe zu seiner Dissertation im Februar 2011 veranlasst die *Universität Bayreuth*, Guttenberg den Doktorgrad abzuerkennen (Kat.-Nr. 8.5). Obwohl Guttenberg zuvor den Doktortitel selbst einstweilig ablegt und sich den Täuschungsvorwürfen im Bundestag stellt, nimmt der öffentliche Druck nicht ab. Am 1. März 2011 tritt er von seinem Amt zurück.

Nach dem heutigen Moralverständnis stellt Hochmut demnach als authentischer Stolz eine Notwendigkeit, als anmaßender Stolz weiterhin eine „Sünde" dar.

*Ich war sicher so hochmütig zu glauben,
dass mir die Quadratur des Kreises gelingen würde.*

Karl-Theodor zu Guttenberg
aus: Plenarsitzung des Deutschen Bundestags am 23.2.2011

Abb. 32
Stolz!
Hobbygärtner präsentieren ihren 53 Kilo-Kürbis.

>
Abb. 33
Gier?
Börsenhändler greifen nach dem großen Geld.

Habgier und Geiz – immer noch geil?

In der kapitalistischen Gesellschaft ist die Habgier weitgehend akzeptiert. Sie ist nicht nur Motor des Wirtschaftsystems, sondern ausschlaggebender Impuls für das menschliche Streben und den modernen Fortschritt. Das Begehren bestimmter Objekte und Werte durchzieht alle Bereiche des Lebens. Die Freude an Besitztümern gilt als eine Form der Selbstwertschätzung. Gleichzeitig wird der persönliche Erfolg zunehmend an materiellen Gütern gemessen und der vermeintliche Bedarf an solchen durch Werbung angeregt. Statussymbole sollen nach außen das gewünschte Bild der eigenen Person vermitteln. Dabei ist Habgier „nicht so sehr die Leidenschaft zu etwas, noch nicht einmal die Liebe zu bestimmten Besitztümern, sondern die Liebe zum Akt des Raffens und Sammelns. Es geht ums Haben, um die pure Lust am Anhäufen von Geld und Reichtum."[1] Der Genuss der Dinge tritt in den Hintergrund. Ein übermäßiges Verlangen nach Mehr wird zur Sucht.

Zum moralischen Vorwurf wird die Habgier jedoch erst, wenn die Gier einzelner zum offensichtlichen Nachteil vieler gerät. Die persönliche Betroffenheit scheint dabei ausschlaggebend für die Intensität der Entrüstung zu sein. Während nämlich die Ausbeutung der Natur und sogenannter „Entwicklungsländer" zugunsten des westlichen Konsums vorerst nur regelmäßig wiederkehrende Debatten anstößt, erschüttert die Finanzkrise 2008 die gesamte westliche Gesellschaft.

Die Finanzkrise nimmt ihren Anfang 2007 in den Vereinigten Staaten von Amerika (USA), als der Versuch scheitert, mit spekulativem Immobilienhandel und verbrieften Krediten die Wirtschaft anzukurbeln. Die sogenannte Immobilienblase sowie eine Fehleinschätzung der Wertpapiere gefährden nachhaltige wirtschaftliche Interessen. Die Folge ist ein wirtschaftlicher Kollaps, dessen Ursache Politik und Medien vorwiegend in der Gier der internationalen Investmentbanker sehen (Abb. 33). Dabei wird die Gier meist als negativer Charakterzug verurteilt und nur selten als Strukturprinzip des wirtschaftlichen Systems hinterfragt (Kat.-Nr. 8.11).

Mit der Gier einher geht der Geiz. Die Unfähigkeit zu teilen ist eng verbunden mit dem Verlangen nach mehr. Nicht selten erfährt Geiz aber auch eine Auslegung als nachhaltiges Verhalten oder als Sparsamkeit. Als solche gilt er sogar als eine bürgerliche Tugend. Die Grenze zwischen nützlicher Sparsamkeit und krankhaftem Geiz verläuft fließend. Angebote und Rabatt-

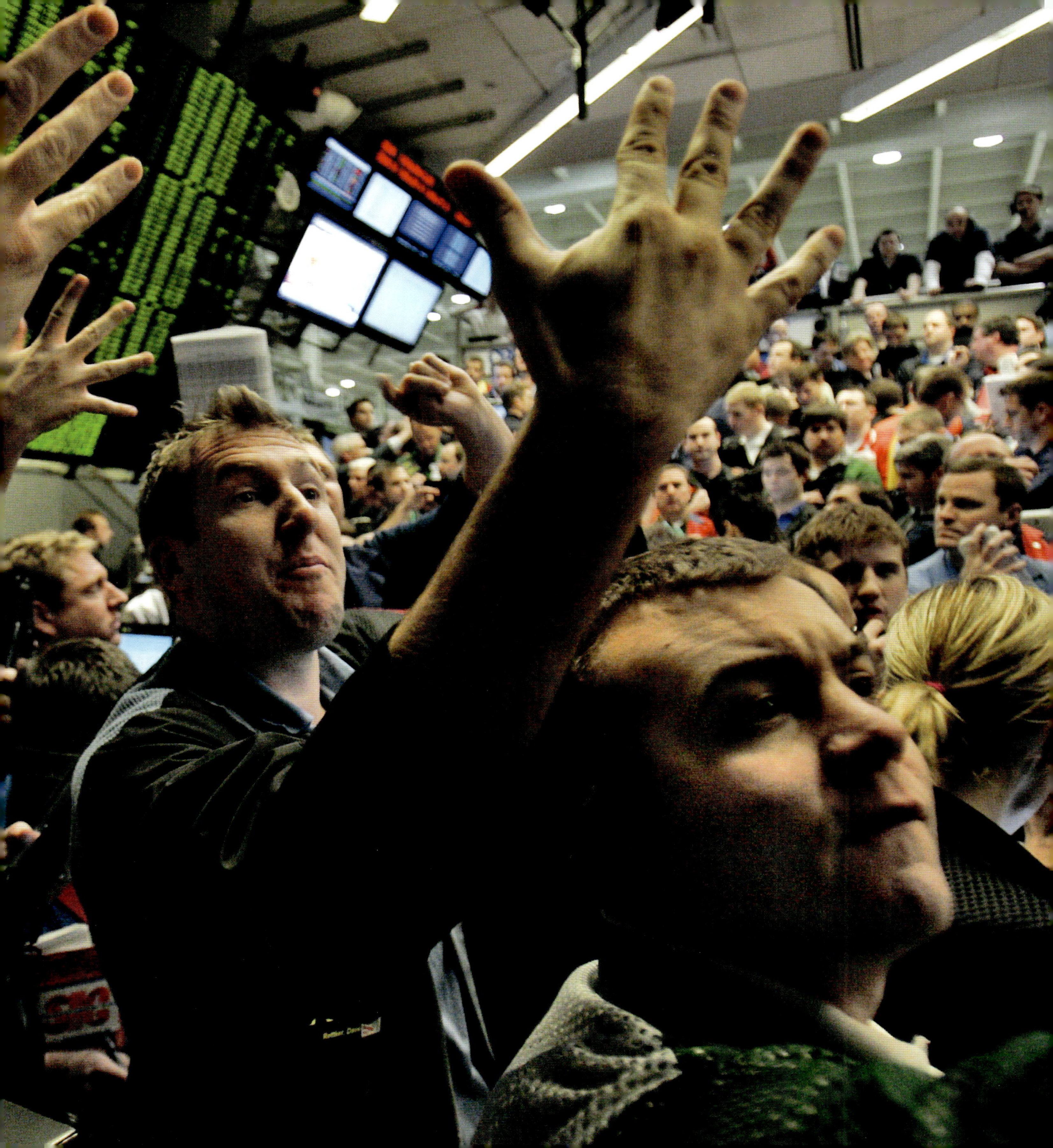

Aktionen werden von den Konsumenten gerne angenommen. Skurrile Spartipps wie das Trocknen von Teebeuteln für eine Wiederverwertung oder Kaffeefilter aus alten Strumpfhosen werden belächelt (Kat.-Nr. 8.8 und 8.9). Wie die Habgier ist auch der Geiz gesellschaftlich akzeptiert und bestimmt das Konsumverhalten. Eine Elektronik-Handelskette proklamiert ihn 2002 sogar als „geil" und trifft mit dem Slogan den Nerv der Zeit (Kat.-Nr. 8.10). Der von Geiz motivierte Kaufwunsch zielt auf einen möglichst geringen Preis ab, ethische Fragen beispielsweise nach Produktionsbedingungen oder Herkunft bleiben dabei außer Acht. In den vergangenen Jahren wächst jedoch der „Wunsch der Verbraucher nach sozial und ökologisch unbedenklichen Konsumgütern"[2], auf den auch Discounter mit dem Ausbau neuer Sortimente wie z.B. eigener Premium-Marken reagieren. Marktuntersuchungen zeigen, dass dennoch beim Kauf meist der günstige Preis und nicht das Gewissen des Kunden entscheidet.

Wollust – erlaubt ist, was Spaß macht

Die Wollust ist das Verlangen nach der Befriedigung des eigenen Geschlechtstriebs und vermag jedwede Vernunft – wenn auch nur kurzzeitig – außer Kraft zu setzen. Die *Sexuelle Revolution* der 1960er Jahre hat die Wollust von ihrem einst lasterhaften Stigma befreit. Seitdem scheint sie die begehrteste Todsünde der heutigen Gesellschaft zu sein. Die tragende Rolle für den liberalen Umgang mit der Wollust kommt dabei den Medien und der Kommerzialisierung zu. Alltägliche Produkte wie Bier, Parfüm oder sogar Joghurt werden heute durch offensichtliche Sexualisierung vermarktet (Abb. 34). „Sex sells", und das nicht nur in der Werbung. Filme, Musikvideos und Printmedien vermitteln begehrenswerte Körperideale und vorgefertigte Geschlechterrollen. Als regulierende Institutionen wirken freiwillige Selbstkontrollen der jeweiligen Branchen (Kat.-Nr. 8.13). Der Verkauf luststeigernder Utensilien boomt (Kat.-Nr. 8.17). Sexuelle Erfahrungen und Praktiken sind Bestandteil öffentlicher Diskussionen (Kat.-Nr. 8.15). Partner für den Beischlaf können schnell und unkompliziert über Dating-Apps oder das Internet gefunden werden. Dieses ist zugleich das vorherrschende Medium für leicht zugängliche Pornografie. Wechselnde Sexualpartner und außerehelicher Sex bilden für viele kein Tabu mehr (Kat.-Nr. 8.16): Über das Ausmaß der eigenen Sexualität bestimmt der einzelne selbst, frei nach dem Motto „Erlaubt ist, was Spaß macht". Die sexuelle Emanzipierung zeigt sich auch in den politischen Bemühungen Prostitution zu legalisieren (Kat.-Nr. 8.18 und 8.19). Eine Eingrenzung der Wollust erfolgt von gesetzlicher Seite nur, sobald die sexuelle Selbstbestimmung des Gegenübers verletzt wird (Kat.-Nr. 8.20). Das Merkmal des „Verruchten", das den Reiz der Wollust einst ausgemacht hat, haftet nur noch speziellen sexuellen Vorlieben an, deren mediale Demaskierung oft eine übersteigerte Kommerzialisierung nach sich zieht. Jüngstes Beispiel hierfür ist die Aufregung um die erotische Romanreihe *Fifty Shades of Grey* (Kat.-Nr. 8.14).

Dabei täuscht die Popularisierung der Wollust über die sexuelle Realität hinweg. Risiken des einstigen Lasters wie Geschlechtskrankheiten, sexuelle Ausbeutung oder Unterdrückung geraten angesichts der medialen Präsenz der Lust in den Hintergrund.

Abb. 34
„Habt ihr auch alle genug Holz vor den Hütten?"
Werbung, 2014
Verl, Joh. Sinnerbrink GmbH & Co.KG Furnierschälwerk

Die Liberalität betrifft zumeist Beziehungen zwischen Männern und Frauen. Trotz der partiellen juristischen Anerkennung sexueller Minderheiten im Zuge der *Sexuellen Revolution* sind diese immer noch sozialer Diskriminierung und Vorurteilen ausgesetzt. So belegt eine 2011 erhobene Online-Studie der *Christian-Albrechts-Universität zu Kiel,* dass „mehr als zwei Drittel der schwulen und mehr als die Hälfte der bisexuellen Befragungsteilnehmer […] Ungleichbehandlungen ihrer Person aufgrund ihrer sexuellen Orientierung in Form von Belästigung und Bedrohungen"[3] erleben.

Mit der zunehmenden Visualisierung der Wollust ist oft die Angst vor einem „sexuellen Abstumpfen" verbunden und die Annahme, das Lustempfinden würde in der Folge immer extremere Anregungen benötigen. Stattdessen ist jedoch eine gewisse Orientierungslosigkeit festzustellen, die wiederum zu einer sexuellen Lethargie zu führen scheint: „Jeder steht einem noch vor einigen Jahrzehnten undenkbaren sexuellen Möglichkeitsraum gegenüber und muss sich dazu irgendwie verhalten."[4] Aus der sexuellen Übersättigung geht eine allgemeine Lustlosigkeit hervor. Mittlerweile hat die sexuelle Begierde ihren Ruf einer treibenden, unbändigen Kraft verloren. Die ständige Präsenz der Wollust hat die einstige Todsünde banalisiert. Offensichtlich führt die Freisetzung des „Lasters" zu einer selbstregulierten Mäßigung bis zu völligem Desinteresse.

Zorn – wer wird denn gleich in die Luft gehen?

Zorn wird heute nicht mehr als Todsünde, sondern vielmehr als eine Emotion betrachtet, die von Impulsivität und einem hohen Energiepotential geprägt ist. Der Zorn kennt – wie auch der Hochmut – viele Umschreibungen: Wut, Unmut, Ärger, Entrüstung, Raserei und Aggression. Im Gegensatz zur unbeherrschten Wut ist Zorn zielorientiert und von „moralischen Überlegungen"[5] durchsetzt.

In seiner ursprünglichen Bedeutung stellt Zorn eine Reaktion auf erlittenes Unrecht, eine Beleidigung oder Geringschätzung dar. Als „gerechter" oder gar „heiliger" Zorn wird er Herrschern und nicht zuletzt Göttern zugesprochen, die so ausgleichende Gerechtigkeit walten lassen. Die Legitimation des gerechten Zorns wurde dabei immer wieder kontrovers hinterfragt und führte in monotheistischen Kulturen zu der Unterscheidung zwischen dem heiligen Zorn Gottes und dem sündhaften Zorn der Menschen. Erst ab dem 18. Jahrhundert wird Zorn zunehmend als eine komplexe Emotion verstanden und durch den Begriff der Wut ergänzt.

Im Kampf gegen Ungerechtigkeit und Benachteiligung gilt der „gerechte Zorn" noch immer als eine positive Triebkraft. Richtig dosiert ist er in der Lage, Volksmassen zu erfassen und Systeme umzustürzen. Bürger von Demokratien haben die Möglichkeit, ihren Zorn in friedlichen Protesten zu äußern. Dass der Protest jede soziale Schicht erfassen kann, zeigt sich zuletzt 2010, als ein Teil der Stuttgarter Mittelschicht gegen den Bau eines neuen Bahnhofs aufbegehrt (Kat.-Nr. 8.24 bis 8.26). Der Unmut darüber, „dass politische Entscheidungen über ihren Kopf hinweg getroffen werden"[6], bringt den Typus des „Wutbürgers" hervor. Gleichzeitig bewirken zunehmender Wohlstand und die Sicherung der Bürgerrechte in westlichen Gesellschaften eine steigende „Anspruchsmentalität"[7], deren Verletzung den Zorn bzw. die Wut des einzelnen auf sich ziehen kann.

Als spontaner Affekt oder blinde Wut wird Zorn jedoch gefürchtet und im Zuge einer anerzogenen Höflichkeit entweder unterdrückt oder über einen Ausgleich kanalisiert (Kat.-Nr. 8.23). Passive oder aktive Gewalt als Folge eines selbstgerechten Zorns wird nach wie vor verurteilt und strafrechtlich verfolgt.

Völlerei – eine Sünde wert

Wie die Wollust ist auch die Völlerei eine in erster Linie dem Körper zuzuordnende Sünde. Das übermäßige Essen und Trinken gilt als Indiz für eine allgemein maßlose Lebensführung. Die Versuchung ist allgegenwärtig, da die Nahrungsaufnahme ein menschliches Grundbedürfnis ist. Völlerei ist das Laster, dem der Begriff der Sünde noch am stärksten anhaftet. Die heutige Auffassung des „Sündigens" bezieht sich auf den Genuss kalorienreicher, zumeist süßer Speisen, der über ein Sättigungsgefühl hinausgeht. Das damit verbundene Übermaß lockt auch heute noch. „All you can eat"-Angebote versprechen ein Schlaraffenland und erfreuen sich großer Beliebtheit. Die Faszination, die Riesenportionen auslösen, wird durch sogenannte „XXL-Restaurants" instrumentalisiert und die Möglichkeit, über das Maß essen zu können, häufig als eine sportliche Herausforderung aufgefasst (Kat.-Nr. 8.29 und 8.30). Der hohe Lebensstandard der westlichen Gesellschaften führt gleichzeitig dazu, dass kulinarischer Genuss nicht nur in außerordentlichen Mengen, sondern auch in exklusiven Lebensmitteln mit einem hohen Seltenheitswert gesucht wird. In diesem Zusammenhang sind essbares Blattgold (Kat.-Nr. 8.31), Gletscherwasser oder Salz aus dem Himalaya weitere Facetten der Völlerei, die aus einem Überdruss an „normalen" Lebensmitteln erfolgen. Ferner rückt das Thema Essen zunehmend in den Fokus der Medien: Die Vielfalt an Kochshows und Kochsendungen ist enorm. Vor diesem Hintergrund wird das Bedürfnis, der Völlerei zu frönen, von der Neigung begleitet, sie als ein „Event", ein besonderes Erlebnis, zu vollziehen.

Die Folgen eines übermäßigen Essens oder Trinkens sind dem Sünder meist anzusehen. Übergewicht, Herzkreislauferkrankungen oder der Kontrollverlust durch zu viel Alkohol sind die negativen Aspekte des Lasters, die es durch das „rechte Maß" zu vermeiden gilt. Das Gebot des Maßhaltens orientiert sich gegenwärtig weniger an christlichen oder moralischen Werten als vielmehr am verbreiteten Schönheitsideal eines schlanken und durchtrainierten Körpers. Dem heutigen Verständnis nach impliziert „sündigen" daher auch den Verstoß gegen eine gesellschaftlich auferlegte Mäßigung, die mit dem ständig verfügbaren Überangebot an Essen in Konflikt steht. Als Gegenmittel sollen Diäten sowie der Konsum fett- und zuckerfreier Produkte ausgleichend wirken bzw. vor den Folgen des Völlerns bewahren (Kat.-Nr. 8.32). Bei akuter Fettleibigkeit können zudem operative Eingriffe helfen (Kat.-Nr. 8.34). Die „Abstrafung der Sünde" zeigt sich in der Ausgrenzung und Verurteilung übergewichtiger Menschen (Kat.-Nr. 8.33). Sie gelten als willensschwach, und ihre Körperfülle wird als Kompensation für psychologische Unzulänglichkeiten erachtet.

Global gesehen, gehen die Konsequenzen der Völlerei über die Einzelperson, den „Sünder", hinaus. Die Völlerei weniger geht zu Lasten vieler. Massentierhaltung, Überfischung, der Anbau von Monokulturen sowie eine global unausgeglichene Verteilung von Nahrung sind die Folgen des Überflusses einzelner Staaten. Vegetarier oder Veganer setzen den Gedanken der Nachhaltigkeit in der eigenen Lebensweise um. Initiativen wie *Foodsharing* oder *Containern* versuchen, der Verschwendung von Lebensmitteln entgegenzuwirken. Dabei werden nicht gebrauchte Lebensmittel über eine Internetplattform angeboten oder Müllcontainer der Lebensmittelmärkte nach verwertbaren Produkten durchsucht. Der Nachhaltigkeitsgedanke wirkt hier als Mäßigung einer systematischen Völlerei. Das Verhältnis der gegenwärtigen Gesellschaft zu diesem einstigen Laster ist demnach vielschichtig. Die Entwicklung geht zunehmend dahin, das Essen als Identifikationsfaktor aufzufassen, über den nicht nur sozialer Status, sondern auch moralische Vorstellungen kommuniziert werden.

*Der Neid ist
die einzige Todsünde,
die überhaupt
keinen Spaß macht.*

Joseph Epstein
aus: Neid – die böseste Todsünde (2010)

Abb. 35
Große Augen
Im Alter von zwei bis drei Jahren fühlen Kinder erstmals Neid.

Neid – ein ungutes Gefühl

Neid gilt auch heute noch als hässliches Gefühl, das verurteilt und unterdrückt wird. Von allen sieben Todsünden stellt Neid das größte gesellschaftliche Tabu dar. Dabei belegen etymologische Untersuchungen, dass der Begriff bis ins ältere Neuhochdeutsche eine positive Bedeutung im Sinne von „Eifer" hatte. Neid resultiert aus dem Vergleich, im Besonderen einem unvorteilhaften Aufwärtsvergleich. Dieser erfolgt intuitiv, da sich der Mensch als soziales Wesen über Vergleiche definiert (Abb. 35): Je näher sich zwei Individuen in ihrem sozialen Status, Lebensführung und persönlichen Wünschen gleichen, desto mehr Angriffsfläche hat der Neid. Die beneideten Güter können materieller (Einkommen, Auto, Urlaub) oder immaterieller (Schönheit, Erfolg, Liebe) Natur sein. Letztlich ist es jedoch das vermeintliche Glücksgefühl der anderen, der Besitzenden, das Neid auslöst: „Andere glücklich und zufrieden zu sehen, ohne es selbst zu sein, stellt unseren Neid auf die härteste Probe."[8]

Als eine Mischung aus Minderwertigkeit und Feindseligkeit verspricht Neid keinerlei Genuss. Der amerikanische Essayist Joseph Epstein bezeichnet den Neid als „die einzige Sünde, die überhaupt keinen Spaß macht."[9] Er ist ein Signal für einen empfundenen Mangel oder widerfahrene Ungerechtigkeit. Die Formen des Umgangs mit Neid bzw. seine Folgen sind vielschichtig: Neid kann sich gegen die neidische Person selbst richten. Er kann entmutigen und ein Gefühl der Ohnmacht auslösen. Gegen die beneidete Person gerichtet, kann Neid in Eifersucht, Missgunst oder Zorn münden. In der gezielten Entwertung oder Schädigung des Gegenübers zeigt sich die destruktive Seite des Neids. Schadenfreude, böswilliger Klatsch, Mobbing oder Rache sind die negativen Folgen, die den Neid zu einer Todsünde machen.

Neid kann aber auch ein Stimulator für Veränderungen und Fortschritt sein. Die Sehnsucht nach einem Neidobjekt definiert persönliche Wünsche und spornt zu deren Erfüllung an. Diese Form des Neides ist die Grundlage eines jeden Wettkampfs, ebenso des gesamten kapitalistischen Systems. Ein übermäßiges Streben kann jedoch in Gier münden, sodass Habgier und Neid in einer Wechselwirkung zueinander stehen.

Wenn die Ursache des Neids nicht an ein Objekt oder eine andere Person gebunden ist, sondern an ungerechte Umstände, kann die „Sünde" sogar ein Indikator für Ungerechtigkeit sein. Mit Neid geht häufig die Forderung nach Gerechtigkeit einher, welche wiederum an das Ideal der Gleichheit gekoppelt ist. Obwohl dieses Ideal gesellschaftspolitisch kaum erreichbar ist, strebt die Bundesrepublik das Prinzip der Chancengleichheit an, um auf Neid basierende Ressentiments und Unruhen sozialer Gruppen vorzubeugen. Das Potential des vielberedeten Sozialneids (Kat.-Nr. 8.40 bis 8.42) und Kompensationsversuche des Staates, die sich beispielsweise in der Debatte um die sogenannte „Neid- oder Reichensteuer" äußern, wirken einem sozialen Ungleichgewicht entgegen und fördern den politischen Diskurs.

Die heutige Einstellung zum Neid ist zwiespältig. Wegen seines destruktiven Potentials wird er in der öffentlichen Wahrnehmung überwiegend verurteilt. Neid ist ein Tabu. Ein Bekenntnis zum Neid wird zumeist als ein offenes Geständnis der eigenen Unzulänglichkeit aufgefasst. Gleichzeitig ist der Neid anderer eine Form der Anerkennung. Dank der Massenmedien steht dem Einzelnen die ganze Welt zum Vergleich zur Verfügung. In dieser möchte niemand der Neider sein, sondern der Beneidete: ein Wunsch, der effizient vermarktet wird und den die Konsumgesellschaft im Erwerb materieller Güter zu erfüllen sucht (Kat.-Nr. 8.35 und 8.38).

Trägheit – zum Chillen keine Zeit

Die Trägheit ist, ihrem christlichen Ursprung nach, eine Mischung aus Melancholie und Antriebslosigkeit, in der der Gläubige seine Aufgabe in der Welt verkennt und die Verantwortung gegenüber Gott und seinen Mitmenschen missachtet. Die gegenwärtige Definition der Trägheit beschränkt sich auf die Verweigerung körperlicher Anstrengung. Als schlichte Faulheit verstanden, scheint die Trägheit in der leistungsorientierten Gesellschaft keinen Platz zu haben. Selbstoptimierung in Beruf und Freizeit prägen den Zeitgeist. Altkanzler Gerhard Schröder (amt. 1998–2005) verkündet 2001 im Zuge der sogenannten „Hartz-Gesetzgebung", dass absichtliche Arbeitslosigkeit nicht geduldet wird (Kat.-Nr. 8.47). Langzeitarbeitslose gelten als eine Belastung für den Sozialstaat, ihr Schicksal wird oft als selbstverschuldet betrachtet.

Gleichzeitig steigt bei den Erwerbstätigen die Überforderung am Arbeitsplatz. Die daraus resultierende Erschöpfung kann einerseits eine innere Resignation bewirken, so dass nur noch „Dienst nach Vorschrift"[10] geleistet wird. Andererseits hat der permanente Erschöpfungszustand Burn-out und Depression zur Folge. Die Suche nach Sinnstiftung verlagert sich zunehmend in die Freizeit. Selbstverwirklichung wird in einer Aneinanderreihung von Hobbys, der Pflege sozialer Kontakte und anderweitigen Erlebnissen gesucht. Die gewünschte Erholung verkommt zum „Freizeitstress".

Dabei ist maßvolle Trägheit bzw. Müßiggang als körperliche oder geistige Pause für das menschliche Wohlbefinden unabdingbar. Als Muße, im Sinne einer selbstbestimmten und bewusst genossenen Freizeit, stellt die Trägheit sogar eine Tugend dar. Sie sorgt für einen inneren Ausgleich und fördert Kreativität. Dieser positive Effekt der Trägheit wird gegenwärtig in Ruhepausen und sogenannten Auszeiten gesucht und zunehmend kommerzialisiert: Reiseveranstalter, Wellness- und Kosmetikbranche werben mit vermeintlicher Entspannung (Kat.-Nr. 8.43). Sie schaffen „Enklaven in einer Landschaft der Arbeit"[11], in denen der ersehnte Ausgleich zu einem zusätzlichen Termin im Kalender gerät.

Als eine weitere Ablenkung führt dieser forcierte Müßiggang von einer kritischen Auseinandersetzung mit dem eigenen Leben weg. Die Maske der Geschäftigkeit kaschiert die zunehmende soziale Gleichgültigkeit. Das Desinteresse am Schicksal anderer, die Verweigerung, Verantwortung zu übernehmen, sich zu engagieren sowie Entscheidungen zu treffen, sind die lasterhaften Seiten der Trägheit. Diese mentale Trägheit, die sogenannte Trägheit des Herzens, gleicht einer Absage an eine aktive und verantwortungsbewusste Lebensführung. Als solche ist die einstige Todsünde Trägheit in der heutigen Gesellschaft nach wie vor präsent.

Trotz eines gesellschaftlichen Wandels und veränderter moralischer Werte verführen die sieben Todsünden als menschliche Neigungen oder Emotionen auch heute noch. Der Umgang mit ihren unterschiedlichen Facetten fällt höchst heterogen aus. Genuss- oder fortschrittversprechende Potentiale sowie wirtschaftliche Vorteile werden von Unternehmen gezielt gefördert und vermarktet. Dagegen werden die negativen Aspekte eines Übermaßes entweder abgelehnt, ignoriert oder geduldet. In einem Überangebot von Versuchungen bleibt die Suche nach dem „rechten Maß" dem Einzelnen überlassen. Gesellschaft und Staat geben lediglich einen allgemeinen Rahmen vor. Seitdem die Kirche nicht mehr die dominierende moralische Instanz ist, fällt eine Orientierung zunehmend schwer. Gleichzeitig erscheint die Suche nach sinnstiftenden Werten wichtiger denn je. Der Nachhaltigkeitsgedanke setzt sich in jüngster Zeit zunehmend als moralischer Kodex durch. Als Form selbstauferlegter Mäßigung lehnt er sich stark an christliche Werte an. Das ehemalige Lasterkonzept behält demnach, trotz der Loslösung aus seinem christlichen Zusammenhang, nach wie vor seine Gültigkeit als eine Anleitung zu einem ausgeglichenen, genussvollen und sinnstiftenden Leben.

Literatur
Bachmann [2013], Barth 2000, Blackburn 2004, Blackburn 2008, Brandstetter 2013, Cantzen 2015, Chuang 2013, Dyduch 2013, Erdmann 2013, Ernst 2011, Feldmann 2014, Focus Money online 2010, Frye/Neckel 2012, Galen 2005, Gesellschaft für deutsche Sprache 2010, Gottberg 2005, Gottberg/Schmidt 2001, Hapkemeyer 2004, Haubl 2001, Hennen 2007, Herr 2010, Herzog 2008, Hirschfelder 2001, Iken 2011, Kneissler 2011, Kurbjuweit 2010, Lehmann 2010, Limbach 2010, Mack 2010, Mathes/Haubl 2007, Mayer 2014, Menkens 2011, Meßing/Schulte 2012, Neckel 2001, Neckel 2011, Niedenzu 2013, Ochmann 2010, Post 2011, Preuß/Schultz 2011, Prose 2009, Rath 1984, Roll 2014, Scheve/Stodulka/Schmidt 2013, Schippers 2012, Schreiber 2009, Schulze 2005, Sigusch 2005, Sofsky 2009, Tinsobin 2013, Verlinden 2010, Walter 2013, Weber 2013, Westhoff 2012a, Westhoff 2012b, Wiederschein 2013.

Anmerkungen
1 Ernst 2011, S. 108.
2 Focus Money online 2010.
3 Bachmann 2013, S. 30.
4 Schulze 2005, S. 70.
5 Weber 2013, S. 19, Anm. 1.
6 Gesellschaft für deutsche Sprache 2010.
7 Ernst zit. nach: Niedenzu 2013.
8 Haubl 2001, S. 14.
9 Verlinden 2010, S. 1.
10 Ernst 2011, S. 172.
11 Schulze 2005, S. 85.

Lasterkatalog für Fortgeschrittene – Theologischer Einwurf
Dieter Hattrup

Von Mai bis November 2015 präsentiert die Stiftung *Kloster Dalheim.* LWL-Landesmuseum für Klosterkultur die Sonderausstellung *Die 7 Todsünden.* In einem Streifzug durch 1.700 Jahre Kulturgeschichte wird dem Besucher das Thema sichtbar und fühlbar vor Augen geführt, ja auch fühlbar, denn für das Thema Sünde und Vergebung gibt es kein Verfallsdatum. Hier ein Beispiel! „Es darf sich einer nur für frei erklären, so fühlt er sich denselben Augenblick als bedingt. Wagt er es, sich für bedingt zu erklären, so fühlt er sich frei", so schreibt Ottilie, die Lieblingsfigur Johann Wolfgang von Goethes (*1748, †1832) im Roman *Die Wahlverwandtschaften,* in ihr Tagebuch. Ohne religiöse Sprache drückt dieses Wort den Kern der religiösen Erfahrung aus. Das Ich des Menschen steht unter vielen Bedingungen, die es von innen und außen binden. Diese Bedingungen abschütteln zu wollen, setzt den Menschen in Unfreiheit oder in Sünde und Schuld. Wer dagegen die Bedingungen seines Lebens anerkennt, der erhält eine gewisse Freiheit, eine zwar beschränkte Freiheit, die aber dennoch echt ist. Das Ergebnis: Der Mensch erfährt Frieden und Versöhnung. Den Menschen zu dieser Erfahrung zu führen, ist eine hohe Kunst. Die Literatur, die Bilder, ja auch die Theaterstücke und Romane zu dem Thema der sieben Todsünden bemühen sich, dem Menschen einen Spiegel vorzuhalten, in dem er sich selbst erkennt und zum Sprung in die Versöhnung bereit wird. Was folgt, wenn etwas falsch läuft im Leben? Wir schreiten zur Anklage, meistens zur Anklage des anderen: „Wie konntest du das nur tun! Was machst du da für dumme Sachen!" Und im Extremfall ziehen wir ihn sogar vors Gericht und reichen dort eine Klage ein. Das ist natürlich keine hohe Kunst, sondern höchstens ein böses Spiel. Zur hohen Kunst wird die Anklage erst, wenn aus der Fremdanklage die Selbstanklage wird. Zu dieser hohen Kunst will das Konzept der sieben Todsünden in alter und neuer Zeit hinführen. Die Fremdanklage stiftet Streit, die Selbstanklage schafft den Frieden. Das kann jeder am eigenen Leib erfahren. Wenn etwas schief läuft, kann ich rufen: „Du Esel, pass doch auf!" Ich kann aber auch sagen: „Tut mir leid, ist wohl eher meine Schuld, ich war nicht rechtzeitig da, um dir zu helfen." Was für eine Atmosphäre entsteht in dem einen Fall, welche im anderen Fall? Mein Spiritual hat immer gern die Geschichte eines jungen Mannes erzählt, der in seiner Jugend heftig zur Anklage neigte, zur Fremdanklage. Als er ihn Jahre später wieder traf, sagte er zu ihm: „Sie haben einen so friedlichen und entspannten Ausdruck in Ihrem Gesicht." Der antwortete unter Lachen: „Ja, ich brauche auch niemanden mehr anzuklagen."

Die Lehre von den sieben Todsünden wächst zunächst im Bereich der Klöster heran, beginnend im vierten und fünften Jahrhundert. Das zeigt der erste Teil der Ausstellung mit aller Deutlichkeit. Wer ins Kloster ging, wollte ein besserer Mensch werden, er wollte lernen, sein Gewissen zu erforschen, damit er das Gute vom Bösen, die Tugend vom Laster unterscheiden könne. Nach einigen Versuchen stand die Siebenzahl seit der Zeit des Papstes Gregor des Großen (*um 540, †604) fest. Dieser legte auch letztlich den Inhalt der sieben Sünden fest. Es sind *Superbia* (lat.: Hochmut), *Avaritia* (lat.: Geiz), *Luxuria* (lat.: Wollust), *Ira* (lat.: Zorn), *Gula* (lat.: Völlerei), *Invidia* (lat.: Neid), *Acedia* (lat.: Trägheit). Um sich die Reihe zu merken, wird aus den lateinischen Anfangsbuchstaben das Akronym SALIGIA gebildet.

Hier noch etwas zur Präzision. Eigentlich sind die sieben Sünden nicht wirkliche Todsünden. Unter Todsünden versteht die Kirche eine bewusste, freie Abkehr von Gott und die Hinwendung zum Bösen. Die liegt bei diesen sieben Sünden aber meistens nicht vor. Wer etwa die Sünde der Völlerei begeht und nach einem Festmahl noch den dritten und vierten Nachtisch in seinen Bauch zwingt, mag zwar eine Sünde begehen, aber doch eher eine lässliche und keine willentliche Abkehr von Gott. Deshalb sollte man die sieben Sünden eher Hauptlaster oder Wurzelsünden nennen. Nur ist der Begriff der sieben Todsünden heute weit verbreitet und fest verankert, weshalb er sich auch wieder nicht vermeiden lässt. Eine Ordnung in die sieben Wurzel- oder Todsünden zu bringen, ist nicht ganz leicht. Warum müssen es gerade sieben sein? Man könnte an die Zehn Gebote des Alten Testamentes denken, dann hätte man zehn Tugenden; ihnen stünden zehn Laster oder Sünden gegenüber. Aber Mord, Ehebruch oder Diebstahl, die doch böse Taten sind, kommen in der Siebenzahl der Todsünden gar nicht vor. Mir scheint, das hat mit der Herkunft aus dem Klostermilieu zu tun. Beim Spiegel, den sich hier die Mönche selbst vor Augen halten, geht es nicht mehr um die groben Sünden der Zehn Gebote, sondern um die verfeinerten Laster eines verinnerlichten Lebens. Die sieben Todsünden sind ein Lasterkatalog für Fortgeschrittene. Gregor der Große stellt sie in Beziehung zu den sieben Gaben des Heiligen Geistes, was auch die Vergeistigung des Tugendlebens und die Verlagerung nach innen anzeigt.

Schon die Bibel hatte nach einer Ordnung im Bereich von Tugend und Laster gesucht, weshalb es im *ersten Brief an Timotheus* im Neuen Testament heißt: „Denn die Wurzel aller Übel ist die Habsucht" (1 Tim 6,10). Wenn Gregor der Große den Hochmut an die erste Stelle rückt, so entspricht das der biblischen Sicht auf die Sünde in einer verfeinerten Weise. Habsucht ist das Verlangen des Ich nach äußeren Dingen, Hochmut aber ist das Verlangen des Ich nach dem Ich selbst. Dem lateinischen Wort *superbia* entsprechend stellt sich das Ich als Supermann oder Superfrau über alles andere in der Welt. Ist der Werbespruch einer bekannten Bank von solch einer Haltung noch weit entfernt? Da heißt es: „Unterm Strich zähl ich!" Es könnte der Versuch unternommen werden, die anderen sechs Sünden aus dem Hochmut abzuleiten. Wenn Hochmut der versuchte Besitz des Ich durch das Ich selber ist, so bildet der andere Mensch eine ständige Quelle der Störung, er ist aber auch die immer neue Quelle des Begehrens. Im Geiz will ich dem Mitmenschen nicht zu Hilfe eilen, wenn es nötig ist, ich will mit ihm nichts zu tun haben; in der Wollust gerade umgekehrt will ich die andere Person ihrer Andersheit entkleiden und sie heftig in meinen Besitz bringen. Im Zorn verneine ich nach außen den Besitz oder das Tun des anderen, in der Völlerei will ich dagegen mit dem anderen im Übermaß vereint sein. Im Neid verneine ich nach innen, in mich hinein, den Besitz oder das Tun des anderen, und in der Trägheit resigniert das Ich, es gibt die Hoffnung auf, mit den anderen jemals in ein lebendiges und friedliches Verhältnis zu kommen. Noch ein Wort zum Verhältnis von Sünde und Laster! Man könnte sagen, die Zehn Gebote handeln von konkreten Sünden, von Mord, Diebstahl, Lüge und so weiter, die sieben

Todsünden dagegen meinen mehr Haltungen, aus denen konkrete Sünden entstehen. Zum Beispiel wird eine Person, die hochmütig ist, natürlich eher lügen als eine Person, die das Ich nicht so sehr in den Mittelpunkt des Lebens gestellt hat. Wenn die Person etwas Demut in sich trägt, wird sie einen Fehler nicht unbedingt leugnen, sie kann die Demütigung des Fehlers eher ertragen als der hochmütige Mensch. Oder wie es bei Thomas Mann (*1875, †1955) heißt: „Hochmut lacht ja nicht." Im Verhältnis von Sünde und Laster steckt die alte philosophische Lehre von Akt und Habitus. Jede aktuell gute Tat macht mich auch habituell zu einem etwas besseren Menschen, wie umgekehrt eine böse Tat mich zu einem habituell böseren Menschen macht. Oder bei Friedrich Schiller (*1759, †1805) heißt es: „Das eben ist der Fluch der bösen Tat, dass sie, fortzeugend, immer Böses muß gebären." Und in dem berühmten Roman *Das Bildnis des Dorian Gray* von Oscar Wilde (*1854, †1900) wird die Lehre von Akt und Habitus dem modernen Menschen drastisch vor Augen geführt.

Die etwas schiefe Redeweise von den sieben Todsünden beginnt im hohen Mittelalter, etwa bei dem Franziskaner Berthold von Regensburg (*ca. 1210, †1272). Er und später der Reformator Martin Luther (*1483, †1546) sprechen in ihren volkstümlichen Predigten die sieben Laster gern als Todsünden an, was wohl mit ihrer Absicht auf scharfe Wirkung zu erklären ist. Wer übertreibt, findet mehr Gehör! Laster klingt behaglich, Todsünde bedrohlich. Gleichzeitig beginnt die Bildende Kunst, sich des Sündenkataloges anzunehmen. Das drastische Thema befeuert die Künstler zu drastischen Darstellungen, die fast immer unter dem Thema der sieben Todsünden laufen, etwa bei Pieter Bruegel d. Ä. (*1525, †1569) in der ersten Hälfte des 16. Jahrhunderts. Das Thema reißt in Kunst und Literatur während der Neuzeit nicht ab, wie die Ausstellung deutlich vor Augen führt. Selbst ein bei den Nationalsozialisten als „entartet" geltender Künstler wie Otto Dix (*1891, †1969) widmet sich im 20. Jahrhundert der Entartung menschlicher Tugenden unter dem Thema der sieben Todsünden, dieses Mal ohne Anführungszeichen. Auch die Literatur bietet berühmte Beispiele für die Todsünden, meistens in Einzelthemen. So schreibt Molière (*1622, †1673) im 17. Jahrhundert die Komödie *Der Geizige,* Iwan Alexandrowitsch Gontscharow (*1812, †1891) im 19. Jahrhundert den Roman *Oblomow,* der den antriebslosen Menschen in extremer Trägheit zeigt. Und in der Erzählung *Wieviel Erde braucht der Mensch?* macht Leo Tolstoi (*1828, †1910) die Habgier zum Thema. Selbst der berühmte Entdecker der Evolutionslehre, Charles Darwin (*1809, †1882), lässt sich von der Lasterlehre inspirieren und vergleicht den Zorn im Gesicht eines Menschen mit dem Zorn im Gesicht eines Affen.

Aber sind die sieben Laster wirklich und in jeder Hinsicht nur Laster? Die Ausstellung bringt Bilder des englischen Malers William Hogarth (*1697, †1764), der im 18. Jahrhundert gewirkt hat, in denen die Wollust, die *Luxuria,* plötzlich salonfähig geworden ist. Auch der Theologe muss sich nicht wundern, wenn in der Lust etwas Positives gesehen wird. Denn da von Gott alles gut geschaffen ist, gehört auch die Lust dazu, ohne welche das Menschengeschlecht schlicht aufhören würde zu bestehen. Im Sakrament der Ehe hat die Kirche die fleischliche Lust sogar in die Sphäre der reinen Liebe erhoben und ihr so jeden Makel genommen. Oder der Zorn, die *Ira,* ist sie immer eine Sünde? Einige alte und auch neue Theologen haben vom Zorn Gottes gesprochen, womit sie Gott wohl nicht tadeln wollten, sondern seine Missbilligung über das Treiben der Menschen als gerecht anerkennen. Oder die Gier, die *Avaritia.* Auch über sie lässt sich Positives sagen, da sie in der Gestalt der Neugierde erst ermöglicht, was Gott den Menschen im ersten Buch der Bibel aufgetragen hat: „Füllet die Erde und machet sie euch untertan" (1 Mos 1,28). Der schottische Philosoph Adam Smith (*1723, †1790) hat auf die Begierde des Menschen nach Besitz gesetzt. So wollte er den „Reichtum der Nationen" begründen, wie der Titel seines Hauptwerkes lautet. Hat er nicht weithin recht gehabt? So ließe sich bei jeder der sieben Todsünden eine Seite finden, in der sie gar nicht so sündig ist, sondern dem Leben dient. Es kommt eben darauf an, die Balance zu halten. Die klassische Form der Sünde ist die Einseitigkeit des Ich, das nur noch sich selber kennt, die berühmte Verkrümmung in sich selber, die *incurvatio in se ipsum.*

Ich habe gesagt, Sünde und Vergebung sei ein Thema, das kein Verfallsdatum trägt. Wo aber kann der Mensch von heute die Orte der Versöhnung finden, wenn er den Eindruck bekommt, die Selbstanklage bringe mehr Frieden als die Fremdanklage? Als Theologe und katholischer Priester verweise ich natürlich auf das Sakrament der Beichte, das der anspruchvollste Ort der Selbstanklage und Versöhnung ist. Aber für die Versöhnung mit Gott und den Mitmenschen gibt es viele andere Formen. Fast möchte ich die Gewissenserforschung als die Voraussetzung für jede Art von Versöhnung nennen. Die Kirche jedenfalls empfiehlt, das eigene Gewissen an jedem Abend zu erkunden, und setzt diese Gewissenserforschung vor das letzte Gebet des Tages, vor die Komplet. Ein Gewissen bekomme ich, wenn ich in Erwägung ziehe, ich könne selber Fehler gemacht haben, und nicht nur der andere, der Nachbar. Der robuste Mensch spricht von Natur aus immer den anderen schuldig, oder auch im Kollektiv: Die Anderen waren es! Eine gute Vorbereitung für die Versöhnung gibt es durch die folgende Übung: Wenn ich normalerweise einen Vorwurf höre, fällt mir sofort ein Gegenvorwurf ein. Die meisten Menschen, mit denen wir zu tun haben, sind uns gut bekannt, besser noch in ihren Schwächen als in ihren Stärken. Deshalb ist die Lieblingsantwort auf einen Vorwurf: „Du bist auch nicht besser! Denk nur daran, was du da und dort gemacht hast!" Wer es lernt, (und es ist schwer genug!), auf einen Vorwurf nicht sofort mit einem Gegenvorwurf zu antworten, der erfährt etwas vom Frieden und von der Versöhnung. Und er erfährt Gott. Denn über den eigenen Schatten zu springen, das kann der Mensch nicht aus eigner Kraft, da ist er von Natur aus zu selbstverliebt. Da muss ihn die Gnade berühren, und die kommt immer von außen, von Gott.

Exponatteil

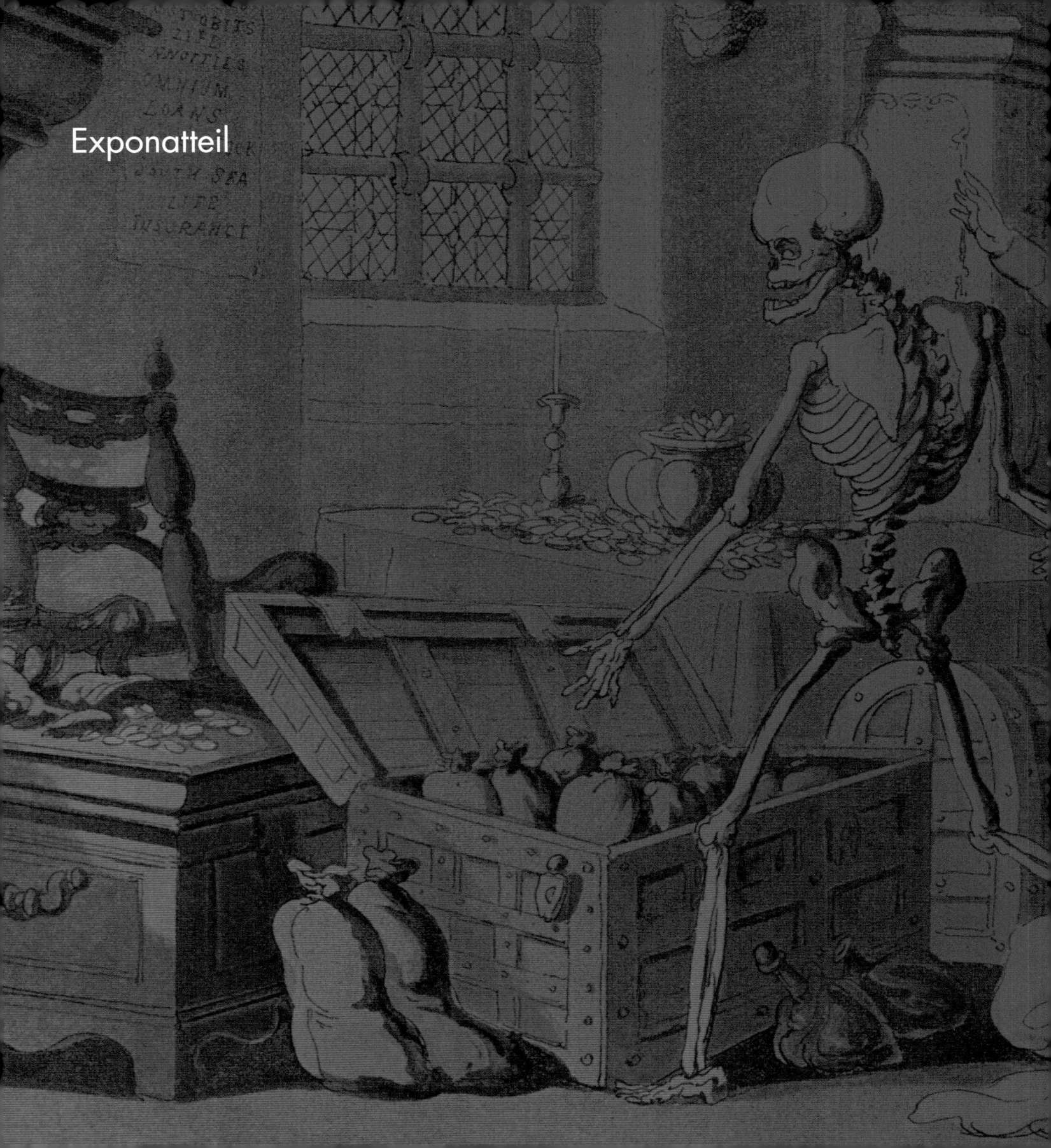

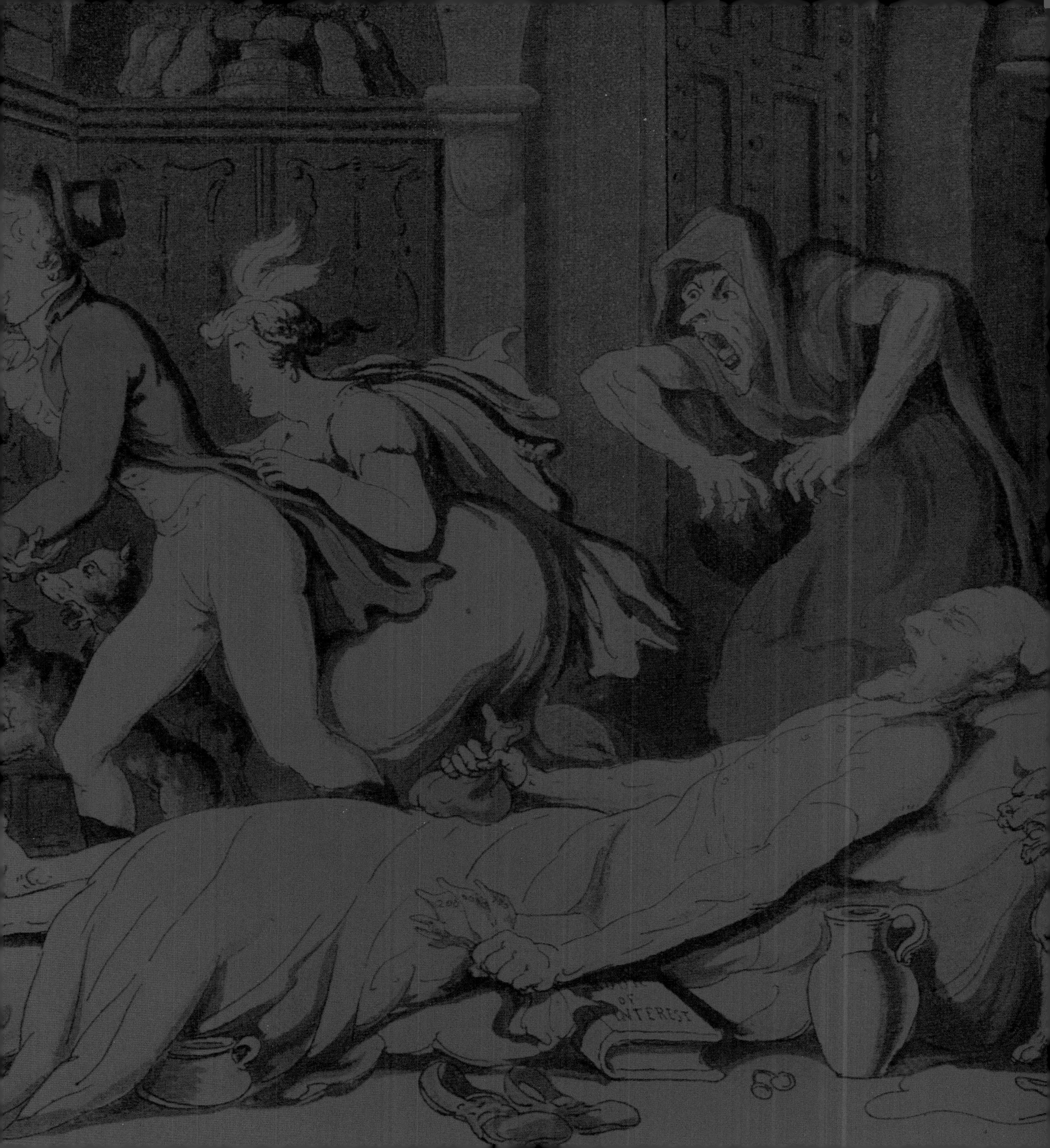
OF
NTEREST

Wider die Versuchung – ein Lasterkanon entsteht
Überwindung der Leidenschaften

1.2

1.1
Versuchung und Peinigung
Der Mönch Antonius (um *250, †356) lebt als Einsiedler
in der ägyptischen Wüste und
widmet sein Leben dem Streben nach Vollkommenheit.
Um dieses Ziel zu erreichen, übt er Enthaltsamkeit.
Dämonen versuchen ihn, von diesem Weg abzubringen:
Einer erscheint ihm als verführerische Frau,
andere bereiten ihm durch Schläge große Schmerzen.
Doch Fasten und Gebete helfen dem Mönch,
die Angriffe der Dämonen erfolgreich zu bestehen.

Die Versuchung des Heiligen Antonius
„Meister von 1445", Konstanz oder Basel/Schweiz, 1460
Öl auf Nadelholz
Konstanz, Rosgartenmuseum

< 1.2

Acht Laster

Diese Scherbe enthält einen Teil des Textes,
den der Wüstenmönch Evagrius Ponticus (*345, †399)
über die Lehre von den acht Lastern verfasste:
Dies sind Völlerei, Wollust, Habgier, Zorn,
Traurigkeit, Trägheit, Ruhmsucht und Hochmut.
Die Lehre richtet sich an Mitbrüder,
die das Ziel der Gottesschau anstreben.
Sie müssen ihre Seele reinigen:
Böse Gedanken oder Dämonen, menschliche Begierden,
gilt es zu bekämpfen und zu überwinden.

Ostrakon mit Texten von Evagrius Ponticus
6./7. Jahrhundert
Kalkstein
Berlin, Staatliche Museen zu Berlin,
Ägyptisches Museum und Papyrussammlung

1.3

Kampf den Lastern

Der Klostergründer Johannes Cassianus (um *360, †435)
übermittelt Evagrius Ponticus' Lasterlehre
den Klostergemeinschaften des Abendlandes.
Sein Werk *De constitutione coenobiorum* enthält Regeln
und Anweisungen zum Klosterleben.
Acht Bücher behandeln den Kampf gegen die Laster.
Darin warnt Cassianus vor den Gefahren der Laster
und gibt Hinweise, wie diese zu unterbinden sind.
Gegen die Wollust helfe zum Beispiel Einsamkeit,
bei der Völlerei rät er, „kein Leckermaul zu sein".

Johannes Cassianus: *De constitutione coenobiorum*
1. Drittel des 9. Jahrhunderts
Pergament
St. Gallen/Schweiz, Stiftsbibliothek, Cod. Sang 183

Von acht zu sieben Hauptlastern

INCIPIT XXX·I
IN PARADYSO
SANO HOMINI DIABO
lus inuidens superbiae
uulnus inflixit· ut qui
mortem non acceperat
conditus· mereretur ela
tus· Sed quia diuinae poten
tiae suppetit· non solum
bona de nihilo facere· sed etiam
ex malis quae diabolus per
petrauerat reformare·
Contra hoc inflictum uul
nus superbientis diaboli·
medicina apparuit inter
homines humilitas di· ut
auctoris exemplo humili
ati surgerent· qui imi
tatione hostis elati ceci
derunt· Contra ergo
superbientem diabolum
apparuit inter homines
homo factus humilis ds·
hunc potentes huius seculi
idest membra diaboli su
perbientis eo dispicabile
crediderunt· quo humile
conspexerunt· Uulnus e
nim cordis eorum quanto
magis tumuit· tanto am
plius medicamentum mite
dispexit· Repulsa igitur uul
nere superborum· medicina
nra peruenit ad uulnus humi
lium· Infirma quippe mundi e
legit ds· ut confundat fortia·
Actumque est cum pauperib,
quod postquam diuites elati
mirarentur· Nam dum no
uas in illis uirtutes aspiciunt·
eorum quorum prius contep
sere uitam· post modum ob
stipuere miracula· Unde
mox pauidi ad sua corda re
deuntes· extimuerunt scta
tem in miraculis· quam dispexe
rant in praeceptis· Per in
firma ergo confusa sunt
fortia· Quia dum inuenera
tionem uita surgit humiliu·
elatio cecidit superborum·
Igitur quia beatus Iob scae ec
clesiae typum tenet· & omps
dns preundo qd in pri
mordiis nascentis ecclesiae

1.4

< 1.4
Gregors Katalog

In seiner Bibelauslegung zum *Buch Hiob*
behandelt Papst Gregor der Große (amt. 590–604)
auch die Hauptlaster.
Als Wurzel des Bösen nennt er den Hochmut.
Aus ihm folgen die fünf geistigen Laster
Ruhmsucht, Neid, Zorn, Traurigkeit, Habgier.
Fleischliche Sünden sind Völlerei und Wollust.
Jedes dieser Laster hat wiederum Unterlaster.
Als Spielarten der Habgier gelten zum Beispiel
Verrat, Betrug, Täuschung und Gewalt.

Papst Gregor der Große: *Moralia in Iob*
3. Viertel des 9. Jahrhunderts
Pergament
St. Gallen/Schweiz, Stiftsbibliothek, Cod. Sang 209

1.5
Beichtfragen

Bischof Burchard von Worms (amt. 1000–1025) verfasst
um 1000 das *Decretum,* ein Werk zum Kirchenrecht.
Das darin enthaltene Bußbuch *Corrector et Medicus*
dient Priestern als Hilfsmittel für die Beichte.
Es enthält 194 Fragen zu allen Lebensbereichen,
vorwiegend aus dem Bereich der Wollust.
Bekennt sich der Beichtende der Tat schuldig,
nennt ihm der Priester die notwendige Buße.
Eine Frau etwa, die Fische unsittlich benutzt,
muss zwei Jahre lang an bestimmten Tagen fasten.

Burchard von Worms: *Decretum*
Mitte/2. Hälfte des 11. Jahrhunderts
Pergament
Frankfurt a. M., Universitätsbibliothek Johann
Christian Senckenberg, Ms. Barth. 50

Von Hauptlastern zu Todsünden –
Vermittlung und Verweltlichung des Lasterkanons
Die Lasterlehre im religiösen Umfeld

2.1

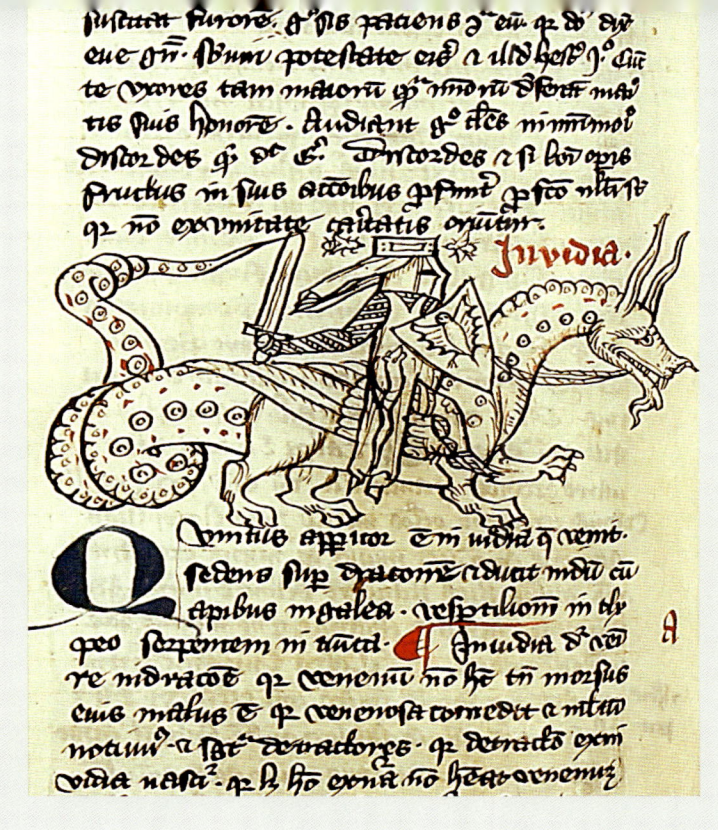

< 2.1
Baum der Erkenntnis

Die Schaubilder dienen Nonnen als Lernhilfe:
Sie zeigen die Tugenden und die Laster.
Hochmut ist die Wurzel des Lasterbaums.
Ihr entwachsen die Hauptlaster
Zorn, Neid, Traurigkeit, Ruhmsucht, Völlerei,
Habgier und Wollust.
Aus der Demut entspringt der Tugendbaum mit
Klugheit, Verstand, Gerechtigkeit, Mäßigung, Mut,
Glaube, Liebe und Hoffnung.
Die Blätter stehen für Unterlaster und -tugenden.

Speculum Virginum – Laster- und Tugendbaum
Andernach, Augustiner-Chorfrauenstift, 1150
Pergament
Köln, Historisches Archiv der Stadt, Best. 7010 (W)
276 A

2.2
Tiersymbolik

Die Darstellung zeigt die Laster als Ritter,
gerüstet für den Kampf gegen die Tugenden.
Die Tiere stehen für negative Eigenschaften.
So reitet der Neid auf einem Drachen,
sein Schild zeigt eine Fledermaus,
eine Natter ziert sein Banner.
Den Helm umschwirrende Bienen
stehen für die Heuchelei der Neider:
Sie sprechen zwar honigsüße Worte,
reden aber hinter dem Rücken schlecht über einen.

Tractatus de septem vitiis et virtutibus (Etymachia)
1332
Pergament
Vorau/Österreich, Augustiner Chorherrenstift,
Bibliothek, StAV-Ms 130

2.3

Ein beschwerlicher Weg

Die Leiter zeigt den Aufstieg ins Himmelreich,
der nur dem tugendsamen Gläubigen gelingt,
der den weltlichen Verlockungen widersteht.
Eine Nonne wird von der Gier versucht:
Ein Geistlicher bietet ihr eine Handvoll Gold an.
Wegen Trägheit stürzt ein Mönch von der Leiter:
Ihn plagte die Sehnsucht nach einem weichen Bett.
Einer tugendhaften Nonne gelingt der Aufstieg.
Als Lohn erhält sie die Krone des ewigen Lebens.

Herrad von Landsberg: *Hortus Deliciarum* –
Tugendleiter (Faksimile)
Kloster Hohenburg, 1165–1180 (Faksimile: 1818)
Pergament (Faksimile: Papier)
Strasbourg/Frankreich, Bibliothèque Nationale et
Universitaire, R 167

Demones sagittis
heremita
Inclusus
Ortus heremite
Monachus
Lectus inclusi
clericus
pecunia monachi
Laica
urbes
miles
Clipeus
equi
pulcel
ciphus
ecclesia
amica clerici
preciose vestes
Sanctimonialis
urbes
armati milites

2.4

Hochmut kommt vor dem Fall

Das Lehrbild *Rad der falschen Religion*
zeigt den Aufstieg und den Fall von Mönchen.
Spenden und Heuchelei befördern den Prior zum Abt.
Doch weil er hochmütig regiert und nachlässig ist,
entheben ihn die Mitbrüder seines hohen Amtes.
Die Radspeichen benennen das negative Verhalten,
das vermieden werden soll:
darunter Hochmut, Geiz, Trägheit und Wollust.
Das *Rad der wahren Religion* zeigt gutes Verhalten,
verbunden mit den Tugenden Demut und Liebe.

Hugo de Folieto: *De rota verae et falsae religionis*
2. Hälfte des 12. Jahrhunderts
Pergament
Heiligenkreuz/Österreich, Zisterzienserabtei Stift
Heiligenkreuz, Handschriftenkammer, Cod. 226

2.5

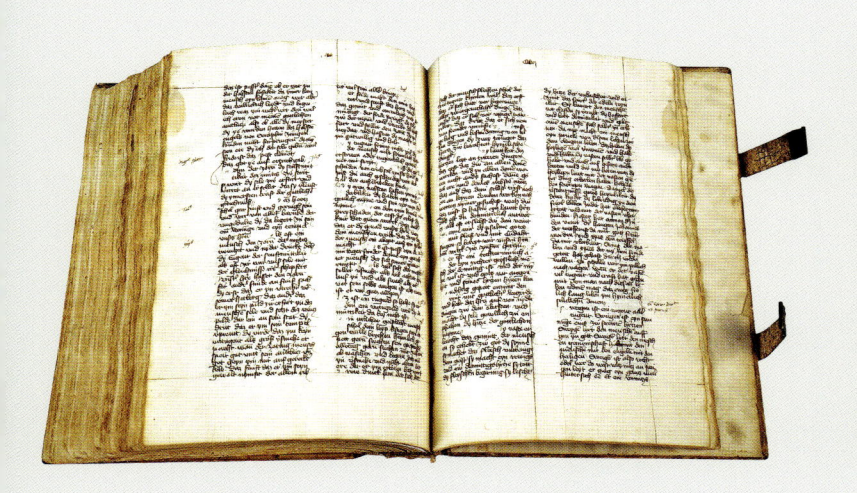

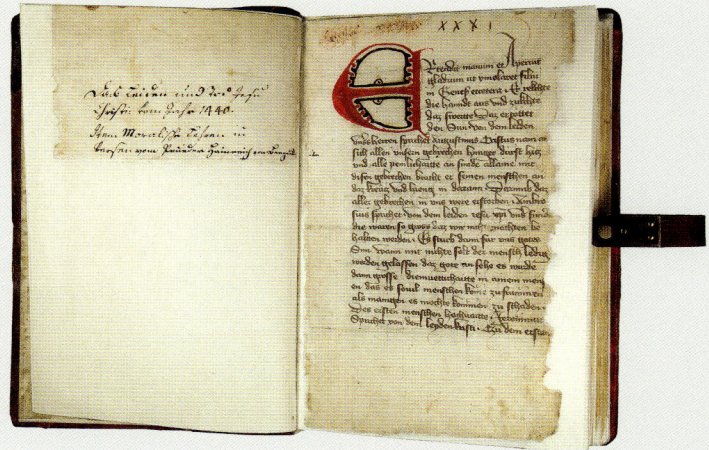

Schuldbewusstsein

Der *Gewissensspiegel* dient der Selbstprüfung
und stellt Laien die christliche Lehre vor.
Glaubensinhalte vermittelt er in Volkssprache.
Alltagsszenen beschreiben die Todsünden.
Erkennt er sich in einer der Taten wieder,
muss der Gläubige zur Beichte gehen.
Verharrt er stattdessen in seinen Lastern,
ist er zur ewigen Verdammnis verurteilt.
Reue, Beichte und Buße bringen die Umkehr zu Gott
und befreien den Menschen von der Sünde.

Martin von Amberg: *Gewissensspiegel*
2. Hälfte des 15. Jahrhunderts
Papier
St. Paul im Lavanttal/Österreich,
Benediktinerstift, Cod. 180/4

2.6

Seelengericht

Der Seele Rat zeigt die Folgen des Sündigens
und gibt Anleitung zum Beichten und Buße tun.
Vor dem Himmelsgericht kämpfen Gut und Böse
um das Schicksal einer Seele.
Während der Teufel all ihre Sünden aufführt,
redet „Frau Beichte" der Seele ins Gewissen.
Sie mahnt zur Umkehr, und die Seele zeigt Reue.
„Frau Buße" löscht all die begangenen Missetaten.
Erlöst gelangt die Seele am Ende ins Himmelreich.

Heinrich von Burgeis: *Der Seele Rat*
um 1477
Papier
Brixen/Italien, Bibliothek des Priesterseminars,
Cod. R 7 (Nr. 171)

2.7
Verhaltensmuster

Holzschnitte bebildern auch christliche Inhalte.
Sie sind besonders in der Laienbildung beliebt.
Die Todsünden sind im schwarzen Ring dargestellt.
Neben den klassischen sieben Todsünden Hochmut,
Zorn, Neid, Trägheit, Geiz, Völlerei und Wollust,
tritt auch die Ruhmsucht auf.
Das richtige Verhalten zeigen die Tugenden an,
die die vier weißen Ringe wiedergeben.
Hilfestellung gegen die jeweilige Sünde
bietet zudem ein Vers aus dem Vaterunser.

Die vier christlichen Zeitalter
Laster- und Tugendtafel (Faksimile)
um 1490
Papier
Mainz, Gutenberg-Museum

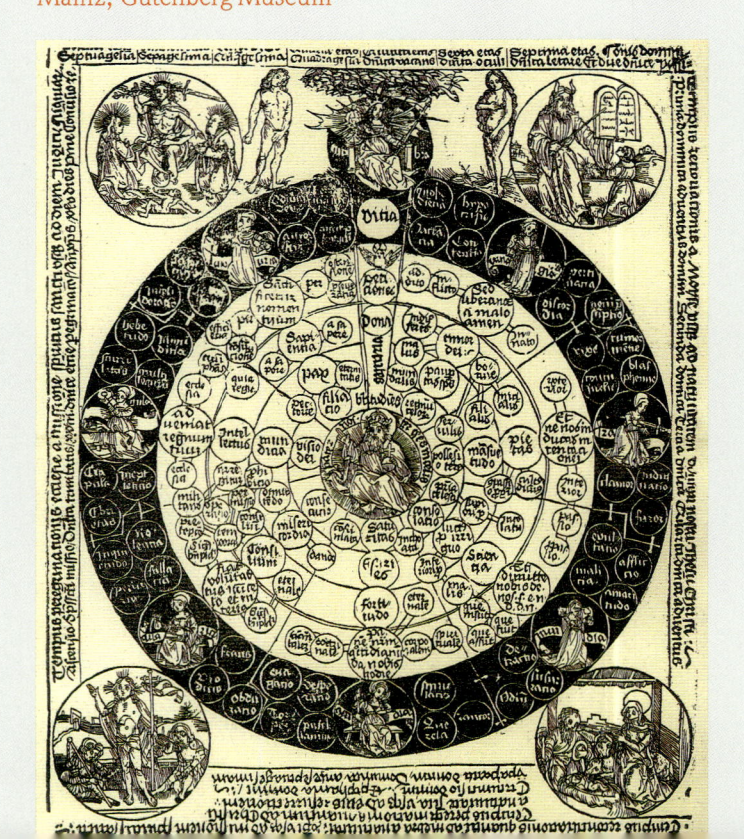

2.8
Die Schale voller Laster

Hauptlaster schmücken die Innenseite der Schale,
darunter Zorn, Wollust, Geiz und Neid.
Geistliche benutzen sie wohl als Handwaschgeschirr,
zur Reinigung bei der Buße oder als Taufgerät.
Überliefert ist auch die Nutzung als Tischgeschirr.
Auch das weltliche Umfeld kennt solche Schalen.
Die Botschaft ist in allen Fällen die gleiche:
Der Nutzer soll sich an die Sünden erinnern
und sich davon reinwaschen, sie also ablegen.

Tugend- und Lasterschale
Rhein-Maas-Gebiet (?), 12./13. Jahrhundert
Kupferlegierung
Berlin, Staatliche Museen zu Berlin,
Kunstgewerbemuseum

2.9

Spielende Sünde

Der Dominikaner Ingold vergleicht in einer Predigt
die Todsünden mit beliebten Spielen seiner Zeit.
Das Schachspiel steht für den Hochmut,
das Kartenspiel für die Wollust.
Völlerei verbindet Ingold mit dem Brettspiel,
den Geiz mit Würfeln und den Zorn mit Schießen.
Tanzen koppelt der Dominikaner mit der Trägheit,
und das Saitenspiel mit dem Neid.
Er weist die Laien auf ihr Fehlverhalten hin
und erzieht damit zu tugendsamem Benehmen.

Meister Ingold: *Das püchlein von dem guldin spil*
Augsburg, 1472
Papier
München, Bayerische Staatsbibliothek, 2 Inc.c.a. 127

2.10

Ein Lehrbuch für den König

Der französische König Phillip III. (amt. 1270–1285)
ist Auftraggeber der moralisch-religiösen Schrift.
1279 verfasst diese der Dominikanermönch Laurent.
Illustrationen klären über die Todsünden auf.
Sie verbinden jeweils eine Sünde mit einer Tugend
und ergänzen eine tugendhafte und sündhafte Szene:
Ein Mann übergibt sich auf einen Tisch.
Er verkörpert die Völlerei.
Die Tugend der Mäßigkeit verkörpert eine Frau.
Diese reitet auf einem Löwen.

Laurentius Aurelianensis: *Somme le roi*
Südwestfrankreich, 13. Jahrhundert
Pergament
Hannover, Gottfried Wilhelm Leibnitz Bibliothek –
Niedersächsische Landesbibliothek, Ms I,82

2.11

< 2.11

Zur Warnung der Gläubigen

Das Altarbild steht im Kontext von Gerichtsbildern.
Sie verhandeln das Schicksal der Seele nach dem Tod
zwischen Himmel, Hölle und Fegefeuer.
Im Fegefeuer büßen die Menschen für ihre Sünden.
Teufel schütten dem Geizigen Münzen in den Mund.
Die Hochmütige muss ihr Spiegelbild betrachten.
Die Qualen sind im Fegefeuer jedoch endlich:
Engel führen die gereinigten Seelen in den Himmel.
Der Altar ist dem Gläubigen ein mahnendes Lehrbild.
Die Folgen falschen Verhaltens sind klar ablesbar.

Jüngstes Gericht
Regensburg, um 1480
Öl auf Fichtenholz
München, Bayerisches Nationalmuseum

2.12

Dämonenangriff

Johann Geiler von Kayserberg (*1445, †1510),
ein bedeutender Prediger des Spätmittelalters,
gibt Ratschläge zur Abwehr von Versuchungen.
Der Maler Hans Baldung (*1484, †1545) verbildlicht
die Angriffe der Todsünden auf die Seele
durch sieben Dämonen mit Schwertern.
Ist der Gläubige den Anfechtungen ausgesetzt,
soll er sich mit dem Schwert Gottes verteidigen.
Das Sprechen eines Gebets wehrt den Dämon ab
und bewahrt so den Gläubigen vor dem Sündigen.

Die sieben Hauptsünden
Hans Baldung, genannt Grien, vor 1511
Papier
St. Paul im Lavanttal/Österreich, Benediktinerstift

2.13

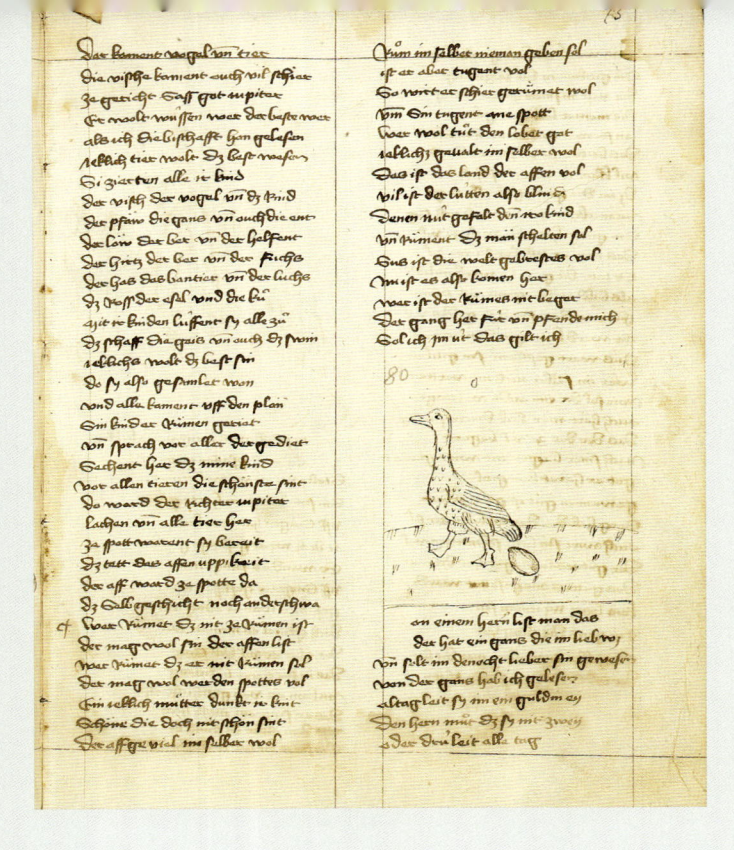

Moralische Anleitungen

Als Autor der Sammlung *Der Edelstein* von 1461
gilt der Dominikaner Ulrich Boner (*um 1280, †1349).
Die Fabeln erzählen von Tieren und Pflanzen.
Sie thematisieren dabei auch die Todsünden.
Von der Habgier erzählt die Fabel der Gans:
Diese legt jeden Tag ein goldenes Ei.
Doch weil dem Besitzer eines nicht reicht,
schneidet er der Gans den Bauch auf.
Weitere Eier findet er nicht,
die Gans aber stirbt.

Ulrich Boner: *Der Edelstein*
Bern/Schweiz, 15. und 16. Jahrhundert
Papier
St. Gallen/Schweiz, Stiftsbibliothek, Cod. Sang. 643

2.14 >

Jenseitsqualen

Der Holzschnitt zeigt die Folgen des Sündigens.
Dämonen plagen im Fegefeuer die Todsünder:
Sie trichtern dem Schlemmer Essen ein,
und der Geizige muss Goldmünzen schlucken.
Schlangen beißen Wollüstige in die Genitalien,
und den Zornigen greifen sie mit dem Schwert an.
Die Hochmütige muss ihr Spiegelbild anschauen,
den Neidischen beißt ein Hund,
und den Trägen quält der Dämon mit einem Rost.
Drastisch mahnen die Bilder vor sündigem Verhalten.

Conrad Dinckmut: *Das Fegefeuer*
aus: Anonym, *Der Seelen Wurzgarten*
Ulm, 1483
Papier
Zürich/Schweiz, Kunsthaus Zürich,
Grafische Sammlung

2.14

Von Hauptlastern zu Todsünden 129

Verweltlichung des Sündenkonzepts

2.15
Die Spitze des Hochmuts
Schnabelschuhe mit schmaler, langer Spitze
sind im Hochmittelalter sehr modern.
Aber gerade diese kritisieren nicht nur Prediger,
sondern auch die städtische Gesetzgebung,
denn sie gelten als Ausdruck der Selbsterhöhung.
1353 ächtet der *Zittauer Kleidererlass* den Schuh.
Als Strafe drohen das Abhacken der Schuhspitzen
und eine Zahlung von fünf Groschen Bußgeld.
Neben die Bestrafung des Hochmuts im Jenseits
treten nun auch materielle Folgen im Diesseits.

Schnabelschuh (Replik)
15. Jahrhundert
Leder
Büren-Wewelsburg, Kreismuseum Wewelsburg

2.16
Jenseitsreise

In der berühmten Dichtung *Die Göttliche Komödie* beschreibt Dante Alighieri (*1265, †1321) eine Reise durch die Hölle, den Ort ewiger Verdammnis, und das Fegefeuer, in dem die Seelen Buße tun. ehe sie ins Paradies aufsteigen dürfen. Die Kupferstiche von Baccio Baldini (*1436, †1487) zeigen auch die Höllenqualen der Todsünder: Ein Sturm wirbelt die Wollüstigen durch die Luft, auf die Schlemmer prasseln Hagelkörner nieder, und die Geizigen schieben schwere Lasten.

Dante Alighieri: *Die göttliche Komödie*
Baccio Baldini (Illustrationen), 1481
Papier
München, Bayerische Staatsbibliothek, Rar. 290-1/3

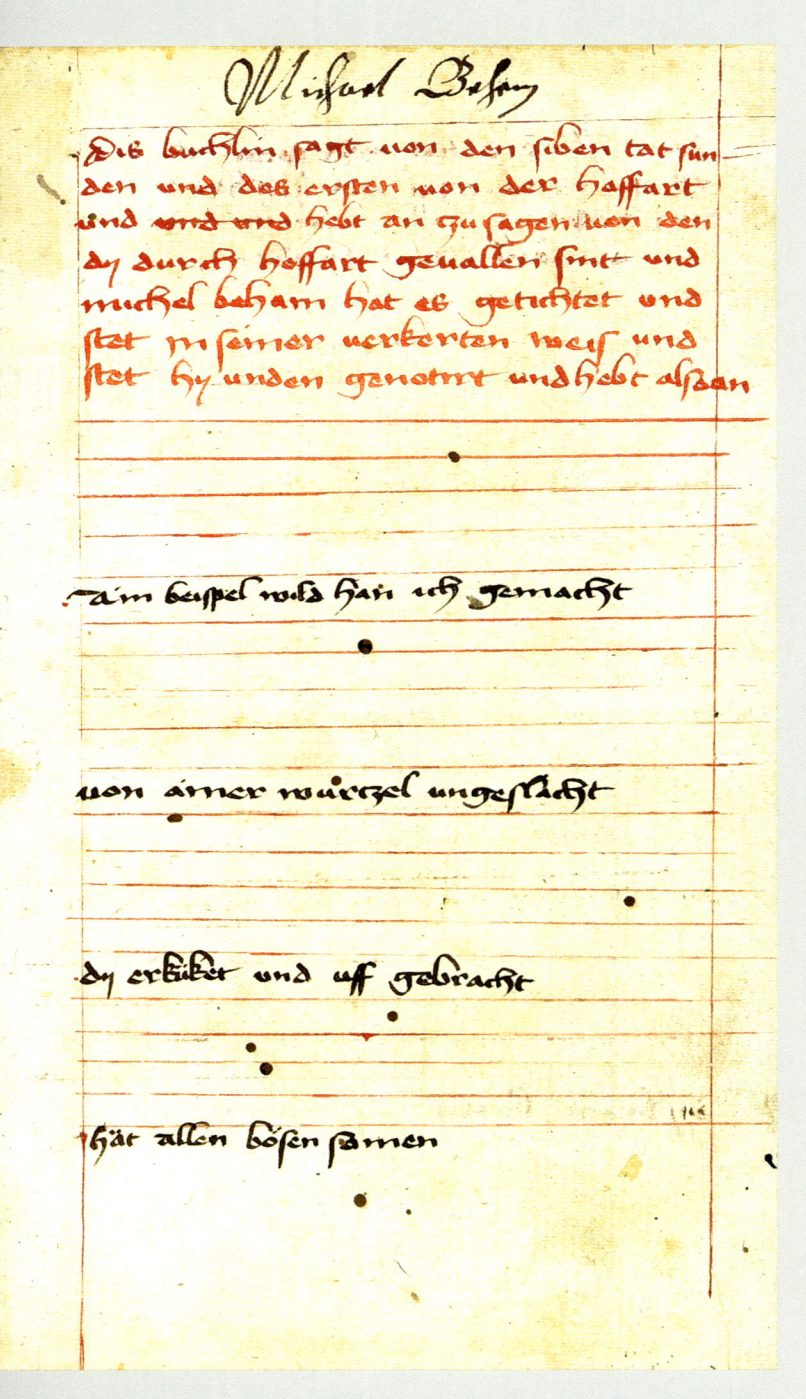

2.17
Lieder von den Todsünden

Michael Beheim (*1420, †nach 1470) verarbeitet
in seinem *Büchlein von den sieben Todsünden*
das Thema auf ungewöhnliche Weise:
Zu jeder Sünde verfasst er mehrere Reime,
die gelesen oder gesungen werden können.
Die Lieder dienen als moralische Mahnung.
Sie erläutern die Folgen des Sündigens
und nennen schließlich auch die Heilmittel.
So soll zum Beispiel die Tugend der Demut
gegen die Sünde des Hochmuts wirken.

Michael Beheim: *Das Büchlein von den sieben Todsünden*
um 1470
Papier
Heidelberg, Universitätsbibliothek, Cod. Pal. germ. 382

2.18
Ein Schiff voller Narren

1493 verfasst Sebastian Brant (*1457/58, †1521)
diese satirische Schilderung der Gesellschaft.
Er hält den Menschen ihre Laster vor Augen,
um sie zur Umkehr zu bewegen.
Bild und Text stellen 115 Narren vor.
Darunter sind auch Verkörperungen der Todsünden
wie der *Hochfartsnarr* und der *Wollustnarr*.
Das weltliche Werk schätzen auch Theologen:
Johann Geiler von Kaysersberg (*1445, †1510) predigt
mit deutlichem Bezug auf *Das Narrenschiff*.

Sebastian Brant: *Das Narrenschiff*
1506
Papier
München, Bayerische Staatsbibliothek, Res/4 P.o.
germ. 17

2.19
Gesellschaftskritik

Der Renner nimmt als didaktische Dichtung
die Gesellschaft des Hochmittelalters aufs Korn.
Hugo von Trimberg (*um 1235, †1313) ordnet darin
sozialen Gruppen bestimmte Todsünden zu.
Den Geistlichen wirft er Habsucht vor,
Bauern, die sich über ihren Stand erheben, Hochmut.
Trägheit kennzeichne alle Gesellschaftsschichten.
Der zweite Teil des Buches behandelt schließlich
die Mittel zur Erlösung von der Sünde:
Reue und Buße.

Hugo von Trimberg: *Der Renner*
Schnals, Südtirol/Italien, 1411–1413
Papier
Innsbruck/Österreich, Universitäts- und
Landesbibliothek Tirol, Cod. 900

Zeiten des Umbruchs – die sieben Todsünden in der Frühen Neuzeit
Todsünden neu gefasst

3.1

Erkauftes Seelenheil

Den „Petersablass" sammelt der Papst für den Bau der neuen Peterskirche in Rom im 16. Jahrhundert. Für das gespendete Geld verheißt er den Gläubigen die vollkommene Vergebung ihrer Sünden und kürzeren Aufenthalt der Seele im reinigenden Fegefeuer.
Für Martin Luther (*1483, †1546) ist diese Gesinnung falsch. Er verurteilt in seinen Thesen Kirche und Papst: „Fällt die Münze klingend in den Kasten, können Gewinn und Habgier zunehmen."

Ablasstruhe mit Deckelschloss
16. Jahrhundert
Eisen
Wittenberg, Stiftung Luthergedenkstätten in Sachsen-Anhalt

3.2

Der Mönch im Kornfeld

Bischöfe, Priester, Mönche und Nonnen geloben, ehelos und enthaltsam zu leben.
Der Mönch auf der Radierung Rembrandts (*1606, †1669) vergnügt sich wollüstig mit einer Magd.
Das sittliche Fehlverhalten der Kleriker steht seit dem Spätmittelalter in der Kritik.
Auch die Reformatoren prangern es an.
Die anti-katholische Kirchenkritik verwendet die Todsünden zur Verdeutlichung als Bildmotiv.

Der Mönch im Kornfeld
Rembrandt, um 1646
Papier
Dresden, Kupferstich-Kabinett, Staatliche Kunstsammlungen Dresden

3.3
Hoch zu Ross

Anti-katholische Motive finden sich auch in Werken des Künstlers Heinrich Aldegrever (*1502, †1555/1561). Nachdem die Stadt Soest wieder katholisch wurde, muss Aldegrever seine Kunst mäßigen.
In seiner Stichfolge über die Tugenden und Laster benutzt er zunächst mittelalterliche Bildmotive: Der Adler und der eitle Pfau stehen für den Hochmut. Aldegrever zeigt aber auch eine Tiara oder Papstkrone, und meint damit den Hochmut der Päpste, die sich an die Stelle Christi setzen.

Die Tugenden und Laster: *Superbia*
Heinrich Aldegrever, Soest, 1552
Papier
Lichtenau, Stiftung *Kloster Dalheim.* LWL-Landesmuseum für Klosterkultur

Zeiten des Umbruchs

3.5
Eine Frage der Arbeitsmoral

Wirtschaftlicher Erfolg gilt nach den Lehren
des Reformators Johannes Calvin (*1509, †1564)
als Zeichen der Gnade Gottes.
Sparsamkeit ist daher besonders erstrebenswert.
Im 18. Jahrhundert diskutieren Gelehrte
den Wohlstand der protestantischen Länder:
Während die zahlreichen katholischen Feiertage
die Faulheit der Gläubigen fördern,
sorgt das protestantische Bußverständnis
für Fleiß und Selbstdisziplin.

Johann Adam von Ickstatt (?): *Untersuchung der Frage:
Warum ist der Wohlstand der protestantischen
Länder so gar viel größer als der catholischen?*
Salzburg/Österreich, 1772
Papier
München, Bayerische Staatsbibliothek, Pol. g. 961

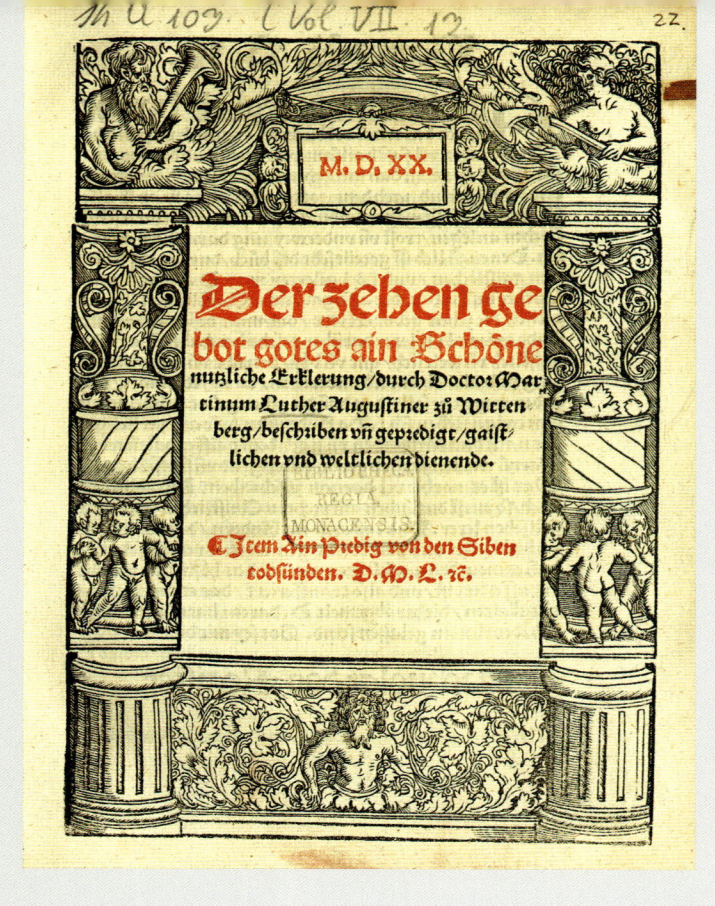

3.4
Predigt von den sieben Todsünden

Martin Luther vermittelt mit seiner Schrift
den neuen protestantischen Glauben.
Er erläutert die Zehn Gebote und verbindet sie
am Ende mit den sieben Todsünden.
So ist die Hoffart der Anfang aller Sünden.
Durch Hochmut rückt der Gläubige von Gott ab
und erhebt sich selbst auf dieselbe Stufe wie Gott.
Die erste und schwerste Todsünde bedeutet somit
auch einen Verstoß gegen das erste Gebot.

Martin Luther: *Der zehen gebot gotes ain Schöne
nutzliche Erklerung [...]*
Augsburg, 1520
Papier
München, Bayerische Staatsbibliothek, Res/4 Th. u. 103

3.6
Vorsorge
In Heinrich Aldegrevers (*1502, †1555/1561)
Reihe über die Tugenden und Laster verkörpern
weibliche Figuren das christliche Lebensideal.
Sie warnen zugleich vor dem Missbrauch des Glücks.
Zusammen mit Eintracht und Frieden steht *Vorsorge*
für die glückliche Welt des Miteinanders.
Im protestantischen Sinn meint Vorsorge
tugendhaften Fleiß und tatkräftige Arbeit.
Wirtschaftliche Leistung ist hochgeschätzt
und ermöglicht einen irdischen Wohlstand.

Vom Missbrauch des Glücks – Vorsorge
Heinrich Aldegrever, Soest, 1549/1550
Papier
Soest, Burghofmuseum

3.7
Gefahr des Reichtums
Divitia, der personifizierte Reichtum,
ermahnt zu einem Streben nach maßvollem Gewinn.
Reichtum, den der Gläubige geizig hortet,
ist egoistisch und führt weg von Gott.
So sind die Halsketten der *Divitia,*
der Prunkbecher und ihre Krone
Symbole für Hochmut.
Weitere Todsünden folgen als Warnung
auf den nächsten Blättern der Grafikfolge
des Künstlers Heinrich Aldegrever.

Vom Missbrauch des Glücks – Reichtum
Heinrich Aldegrever, Soest, 1549/1550
Papier
Soest, Burghofmuseum

3.8
Wegweiser
Im *Römischen Katechismus* legt das Trienter Konzil
Mitte des 16. Jahrhunderts neue Richtlinien fest.
Sie behandeln die guten Werke sowie die Buße,
Beichte, Erbsünde und auch die Todsünden.
Jede Schuld wird mit der Taufe getilgt,
jede Sünde kann die katholische Kirche vergeben.
Von menschlichen Schwächen befreit sie nicht,
der Gläubige muss seine Begierden bekämpfen.

Römischer Catechismus
Dillingen, 1568
Papier
St. Gallen/Schweiz, Stiftsbibliothek, SGST 19269

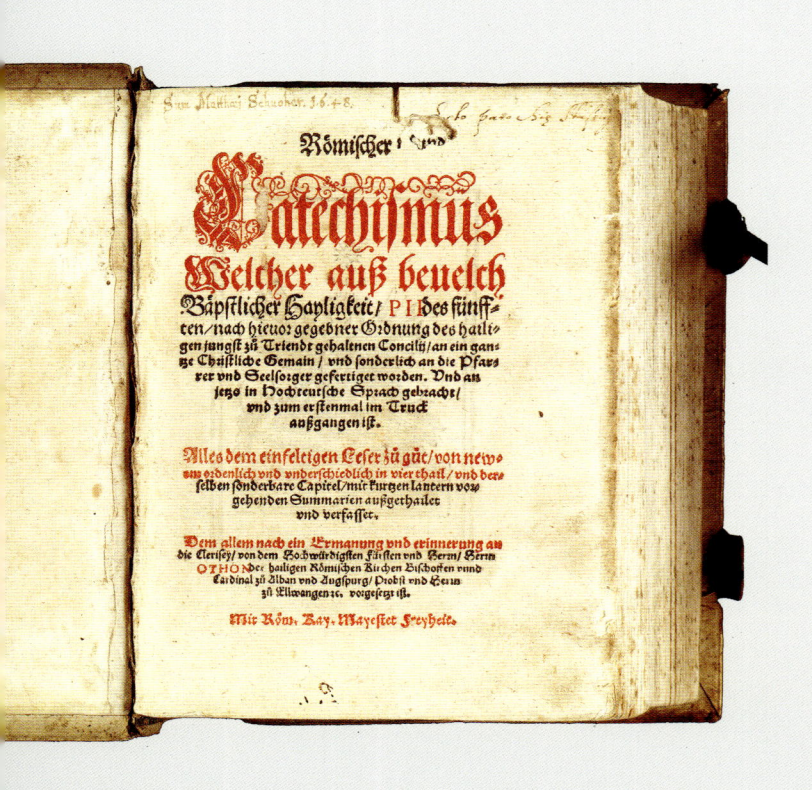

3.9

138 Zeiten des Umbruchs

< 3.9
Ein Leben für den Ruhm
In der katholischen Gegenreformation
spielt der Jesuitenorden eine wichtige Rolle
durch seinen Einsatz in Mission und Lehre.
Die katholischen Glaubensinhalte,
zu denen auch die sieben Todsünden gehören,
vermitteln Theaterstücke auf unterhaltsame Art.
Eines handelt von dem berühmten Arzt Cenodoxus,
der aus Ruhmsucht und Eigenliebe Gutes tut.
Der Hochmut siegt im Kampf um seine Seele.
Selbst im Tod heuchelt Cenodoxus seine Reue nur.

Jakob Biedermann: *Cenodoxus, der Doctor von Pariß*
München, 1635
Papier
Berlin, Staatsbibliothek zu Berlin –
Preußischer Kulturbesitz, Yq 4031

3.10
Der Tod und der Geizhals
Nicht nur theologische Werke warnen
vor den Folgen der Todsünden.
Auch Künstler gehen in ihren Werken darauf ein.
Der reiche, an Gicht erkrankte Mann
verbildlicht die Folgen der Habgier.
Als Ursache der Gicht gilt ein üppiger Lebensstil.
Zeitgenossen nennen sie „Krankheit der Reichen":
Der Tod kennzeichne sie als Strafe für ihren Geiz.
Als Vergänglichkeitsmotiv verweist der Tod
auf die Nichtigkeit irdischer Reichtümer.

Der Tod, vor einem Geizhals fiedelnd
Pieter Schenck nach Frans Francken II.,
Ende 17. Jahrhundert
Papier
Düsseldorf, Heinrich-Heine-Universität,
Graphiksammlung „Mensch und Tod"

Zeiten des Umbruchs

140 Zeiten des Umbruchs

< 3.11
Aus dem Leben gegriffen
Die Statuetten des Künstlers Peter Dell (*1490, †1552) zeigen die sieben Todsünden in weiblicher Gestalt. Sie interpretieren die Todsünden nicht religiös, sondern schildern sie als Torheiten des Alltags. Die Figuren charakterisieren die Laster treffend durch typische Mimik, Bewegungen und Attribute. Die hochwertig geschnitzten Figuren regen zum Nachdenken über die eigenen Laster an oder dienen einfach nur dem Kunstgenuss.

Statuetten der Todsünden
Peter Dell d. Ä., Ende 16. Jahrhundert
Birnbaumholz, teilweise vergoldet
Nürnberg, Germanisches Nationalmuseum

3.12
Christus als Steuermann
Ein Schiff fährt auf stürmischer See. Sieben bewaffnete Reiter entsteigen den Fluten, umzingeln das Schiff und greifen es an. Ein kampfbereiter Krieger schaut hoch zum gekreuzigten Christus auf dem Segel. Vor Sturm und Angriff der sieben Todsünden muss sich der Gläubige nicht fürchten: Unter Jesus fährt er im Schiff der Kirche sicher. Wohl für eine Kunst- und Wunderkammer bestimmt, ist hier religiöser Inhalt mit Kunstgenuss vereint.

Allegorie auf die sieben Todsünden
Süddeutschland, um 1570/1580
Wachs, Schiefer, Holz
Nürnberg, Germanisches Nationalmuseum

Zeiten des Umbruchs

Zeit der moralischen Selbstprüfung

3.13 a bis g
Personifizierte Todsünden
In der Bildenden Kunst der Frühen Neuzeit leben die sieben Todsünden beständig fort. Auch der Kupferstecher Jakob Matham (*1571, †1631) übernimmt die mittelalterliche Symbolsprache. Die sieben personifizierten Todsünden, die Matham wie Skulpturen in Nischen setzt, tragen jedoch zeitgenössische Kleidung. Er bildet sie mit ihren altbekannten Beigaben ab. Die entsprechenden Symboltiere verwendet er oberhalb der Figuren als Wappentiere.

Die sieben Todsünden
Jakob Matham, nach Hendrick Goltzius
16./17. Jahrhundert
Papier
München, Staatliche Graphische Sammlung

3.13 a Neid

3.13 b Zorn

3.13 c Hochmut

3.13 d Wollust

3.13 e Trägheit

3.13 f Habgier

3.13 g Völlerei

Zeiten des Umbruchs

3.14
Innerste Leidenschaften
In der Abhandlung *Secretum meum* (lat.: Mein Geheimnis)
stellt sich Francesco Petrarca (*1304, †1374)
seinen Leidenschaften:
Hochmut, Neid, Geiz, Wollust
und vor allem Trägheit.
Der Dichter Petrarca gilt als erster Humanist.
Die frühen italienischen Humanisten befassen sich
mit Moralphilosophie, der Lehre von Gut und Böse.
Sie fragen nach dem Verhalten des Menschen
in der Familie und als Bürger.

Francesco Petrarca: *Secretum meum*
Italien, 14. Jahrhundert
Pergament
Tübingen, Universitätsbibliothek, MC 122

3.15

3.15
Das Lob der Torheit
Stultitia ist die personifizierte Torheit.
In der Satire *Stulticiae laus* (lat.: Lob der Torheit)
von Erasmus von Rotterdam (*1466/1469, †1536)
hält die Torheit eine Lobrede auf sich selbst.
Zu ihrem Gefolge zählen Eigenliebe, Schmeichelei,
Vergesslichkeit, arbeitsscheue Faulheit,
Sinneslust, Unvernunft und Genusssucht.
Erasmus widmet das Werk als witzige Anspielung
seinem Freund Thomas Morus (*1478, †1535):
Moria ist das griechische Wort für Torheit.

Erasmus Desiderius: *Stulticiae laus*
Basel/Schweiz, 1515
Papier
Trier, Stadtbibliothek, N 15/9

3.14

3.16

Lust am Laster

Die Laster Wollust und Geiz stehen im Zentrum der Komödie *La Mandragola* von Niccolò Machiavelli (*1469, †1527). Der reiche Geizhals Nicia ist verheiratet mit der schönen und tugendsamen Lucrezia, mit der Callimaco eine Nacht verbringen will. Sogar ihre Mutter und der Priester unterstützen Callimaco beim Ehebruch mit Lucrezia. Die italienischen Renaissance-Komödien stellen spielerisch die bestehenden Ordnungen in Frage.

Niccolò Machiavelli: *La Mandragola*
Venedig/Italien, 1554
Papier
Bonn, Universitäts- und Landesbibliothek, Fd 14/2 (1)

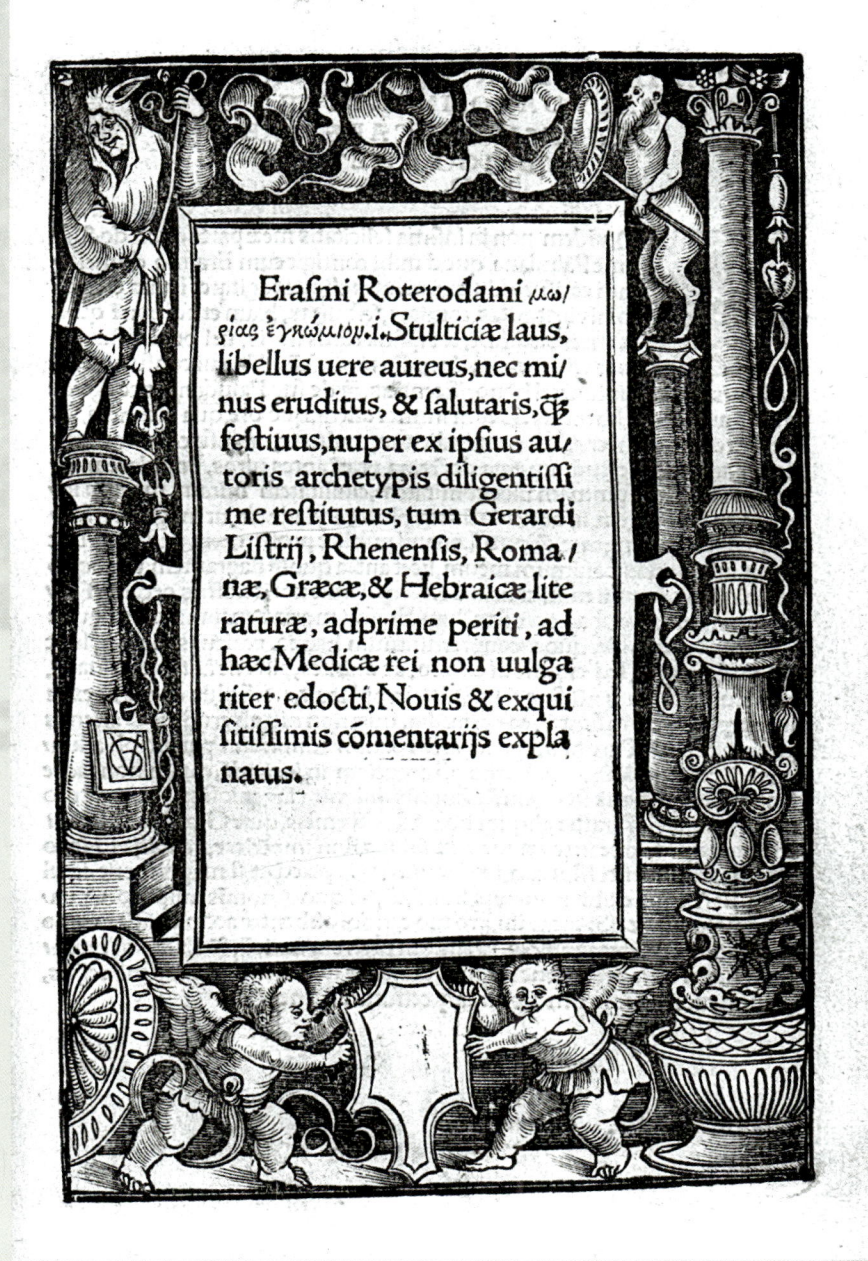

3.17
Paranoia
Die Hauptfigur in Molières Theaterstück *Der Geizige*
beherrscht einzig der Gedanke an seinen Reichtum.
Den Namen leitet Molière (*1622, †1673) vom Lateinischen her:
harpago bedeutet „der Räuber".
Harpagon hat im Garten eine Geldtruhe vergraben.
Er lebt in ständiger Angst und Sorge,
dass jemand sein Geld finden könnte.
Jeden verdächtigt er misstrauisch als Dieb.
Das Szenenbild einer Berliner Aufführung zeigt ihn
aufgeregt die Taschen eines Dieners durchwühlend.

August Wilhelm Iffland als Fegesack und Franz Labes
als Pfeil in Molières *Der Geizige*, I. Akt, 3.
Auftritt, nach einer Aufführung in Berlin
Friedrich Weise, um 1810
Papier
Mannheim, Reiss-Engelhorn-Museen

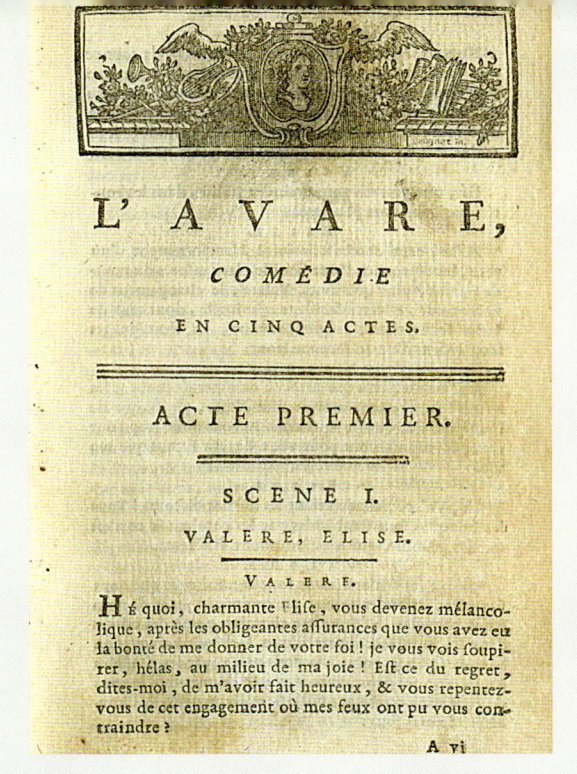

3.18
Der Geizige
Die Theaterstücke Molières (*1622, †1673) beleuchten
menschliche Verhaltensweisen in der Gesellschaft.
In der 1668 uraufgeführten Komödie *Der Geizige*
steht der geldgierige Harpagon im Zentrum.
Als reicher und geiziger Unmensch ist er
nur auf das Anhäufen seines Vermögens bedacht.
Von Habgier beherrscht, nutzt er skrupellos
seine Stellung als Familienoberhaupt aus.
Er opfert sogar das Glück seiner Kinder,
die für ihre Liebe gegen den Vater rebellieren.

Oeuvres de Molière: L'avare
Paris/Frankreich, 1668
Papier
München, Bayerische Staatsbibliothek, P.o.gall.
1494 mh-6

3.19
Eine Lehre der Moral
Die Tugendlehre Immanuel Kants (*1724, †1804) zielt
auf die Überwindung der lasterhaften Neigungen.
Der Philosoph unterteilt seine Lehre in Tugenden,
die ein Mensch sich selbst gegenüber erfüllt,
und Tugenden im Hinblick auf andere.
Ganz im Sinn der Aufklärung soll sich
der denkende Mensch frei von religiösen Zwängen
für ein tugendhaftes Leben entscheiden.
So erlange er Seelenruhe und Zufriedenheit:
Und das tugendsame Leben führt ihn zum Glück.

Immanuel Kant: *Die Metaphysik der Sitten.*
Metaphysische Anfangsgründe der Tugendlehre
Königsberg, 1797
Papier
Münster, Universitäts- und Landesbibliothek, S+2
7956

Von Lust und Völlerei

3.20

3.20
Repräsentativer Tafelschmuck
Im Verlauf der Neuzeit ändern sich die Tischsitten,
Teller und Löffel etablieren sich auf dem Tisch
statt Brot oder Brettchen als Fleischunterlage.
Mit luxuriösen Speisen, kunstvollen Dekorationen
und aufwendig gestaltetem Porzellan
zeigen die Gastgeber ihren sozialen Rang.
Truthähne oder ein Wildschweinkopf
krönen die Tafel,
ebenso Terrinen in Gestalt der Paradegerichte.

Deckelterrine in Gestalt eines Truthahns
Porzellanmanufaktur Höchst, Frankfurt a.M., 1748–1753
Fayence
Stuttgart, Landesmuseum Württemberg

3.22
Freizügigkeit der Äbtissin
Das Glas in Form des männlichen Geschlechtsteils
aus dem ehemals hochadeligen Damenstift Herford
finden Archäologen neben dem Wohnraum der Äbtissin.
Vielleicht gebrauchte die Äbtissin das Glas
als modisches Trink- oder reines Scherzgefäß.
Eine Nutzung als Dildo ist ebenso denkbar.
Pietro Aretinos (*1492, †1556) *Kurtisanengespräche*
erwähnen Luxusdildos aus Muranoglas,
die Nonnen vor Gebrauch mit warmem Wasser füllen.

Glasphallus der Äbtissin aus dem Damenstift Herford
(Kopie)
16. Jahrhundert
Glas (Kopie: Kunststoff)
Herne, LWL-Museum für Archäologie

3.21 (nächste Seite)
Architektur auf dem Tisch
Für ein repräsentatives Festmahl der Barockzeit
müssen die Speisen nicht nur kunstvoll verziert,
sondern auch meisterhaft inszeniert sein.
Zu den modischen Schauessen gehören
rein dekorative architektonische Aufbauten.
Diese bestehen oft aus Tragant, einer Zuckermasse.
Der Koch Antoine Carême (*1783, †1833) sieht
die Zuckerbäckerei als Zweig der Architektur.
Seine Bücher zeigen,
wie die phantasievollen Elemente zu bauen sind.

Marie Antoine Carême: *Le Maître-D'Hotel Français,*
Traite Des Menues, Band 2
Paris/Frankreich, 1842
Papier
Berlin, Staatsbibliothek zu Berlin –
Preußischer Kulturbesitz, Oq 10370/4

3.22

Zeiten des Umbruchs

Careme inv.

Grand Buffet

sine moderne

3.23 a

3.23 b

3.23 a und b

Vorher und nachher

Der englische Maler William Hogarth (*1697, †1764)
erzählt mit seiner Bildfolge eine Geschichte:
Er zeigt ein Paar vor und nach dem Liebesakt.
Ziert sich die Frau noch auf dem ersten Bild,
wirken sie und der Mann nachher
äußerst erschöpft, aber zufrieden.
Das Geschehen zwischen den Bildern spielt sich
in der Phantasie des Betrachters ab.
Ungewöhnlich ist die Offenheit,
mit der Hogarth das Thema bildlich darstellt.

Before and After
William Hogarth, 1736
Papier
Bremen, Kunsthalle Bremen – Kupferstichkabinett

152 Zeiten des Umbruchs

3.24

Alles aus Liebe

Die Sage um Don Juan ist ein europäischer Mythos, der Autoren, Dichter und Komponisten inspiriert. Wolfgang Amadeus Mozart (*1756, †1791) widmet dem Frauenhelden seine Oper *Don Giovanni*. Wollust und Zorn spielen hier wichtige Rollen. Don Giovanni ist der Inbegriff eines Verführers, über dessen Liebschaften sein Diener Buch führt. Im Duell tötet er den Vater einer Angebeteten. Don Giovanni bereut seine Sünden am Ende nicht. Zur Strafe verschlingt ihn die Erde.

Wiener Hofoper, Eröffnungsvorstellung *Don Juan*
Ladislaus Eugen Petrovits, 1869
Papier
Wien/Österreich, Theatermuseum

Helene et la Nièce.
[Tome VII chap. 13]

3.25
Opfer der Sittenwächter
Giacomo Casanova (*1725, †1798) bereist ganz Europa.
Überall sucht er nach dem größtmöglichen Genuss.
Er liebt das Glücksspiel, gutes Essen und Trinken
und beglückt unzählige schöne Frauen.
In seinen Memoiren beschreibt Casanova
anschaulich die Sitten seiner Zeit.
Julius Nisle (*1812, †1850) illustriert das Werk.
Wegen der freizügigen Bilder zerstören die Behörden
die Druckplatten und fast die gesamte Auflage.

Galerie zu den Memoiren des Venetianers Jakob Casanova
Paris/Frankreich, um 1850
Papier
Lichtenau, Stiftung *Kloster Dalheim*. LWL-Landesmuseum
für Klosterkultur

3.26 >
Sadismus
Marquis de Sade (*1741, †1814) schreibt Geschichten
über Wollust durch körperlichen Schmerz.
In seinem Werk über zwei ungleiche Schwestern
vergleicht er das Unglück der tugendhaften Justine
mit dem Glück der zügellosen, kriminellen Juliette.
Ausführliche pornographische Passagen erzählen
von Fesselspielen bis hin zu gewalttätigen Orgien,
in denen Gesundheit und Leben wertlos sind.
De Sade übertritt alle Regeln des 18. Jahrhunderts.
Das Wort *Sadismus* leitet sich von seinem Namen her.

Marquis de Sade: *La Nouvelle Justine ou les*
malheurs de la vertu suivie de l´histoire de Juliette
Hollande, 1797
Papier
München, Bayerische Staatsbibliothek, Rem. IV 1834

T. I. P. 262.

3.26

Zeiten des Umbruchs 155

Neue Blickwinkel – Todsünden im 19. Jahrhundert
Im Takt der Maschinen

4.1

Zeit ist Geld

Die Industrialisierung prägt das Zeitverständnis. Bei der Landarbeit oder im Handwerk bestimmen der Jahres- und Tagesrhythmus oder der anfallende Bedarf weiterhin die Arbeitszeit. In Fabriken kontrollieren die Stempeluhren im Minutentakt Arbeitsanfang und -ende. Die neue abstrakte Zeit fordert von den Arbeitern Disziplin, Pünktlichkeit und gleichmäßige Arbeit. Kurze, festgesetzte Pausen unterbrechen den Ablauf. Nun trennen sich Arbeitszeit und Freizeit.

Stempeluhr mit Stempelkartenhalter
Firma Benzing, Schwenningen am Neckar, um 1935
Holz
Bocholt, LWL-Industriemuseum, TextilWerk Bocholt

4.2

Das Recht auf Faulheit

Paul Lafargue (*1842, †1911) fordert in seiner Schrift
menschenwürdigere Arbeitsbedingungen:
Obwohl Männer, Frauen und Kinder
bis zur Erschöpfung arbeiten,
leben Arbeiterfamilien am Existenzminimum.
Die Beschränkung der Arbeitszeit auf zwölf Stunden
bedeutet nach Lafargue keinen Fortschritt.
Das Abschaffen kapitalistischer Produktionsweisen
soll die Arbeiter entlasten, die Gesundheit schonen
und ihnen, wie dem Bürgertum, Konsum ermöglichen.

Paul Lafargue: *Das Recht auf Faulheit*
Berlin, 1891
Papier
Chemnitz, Universitätsbibliothek

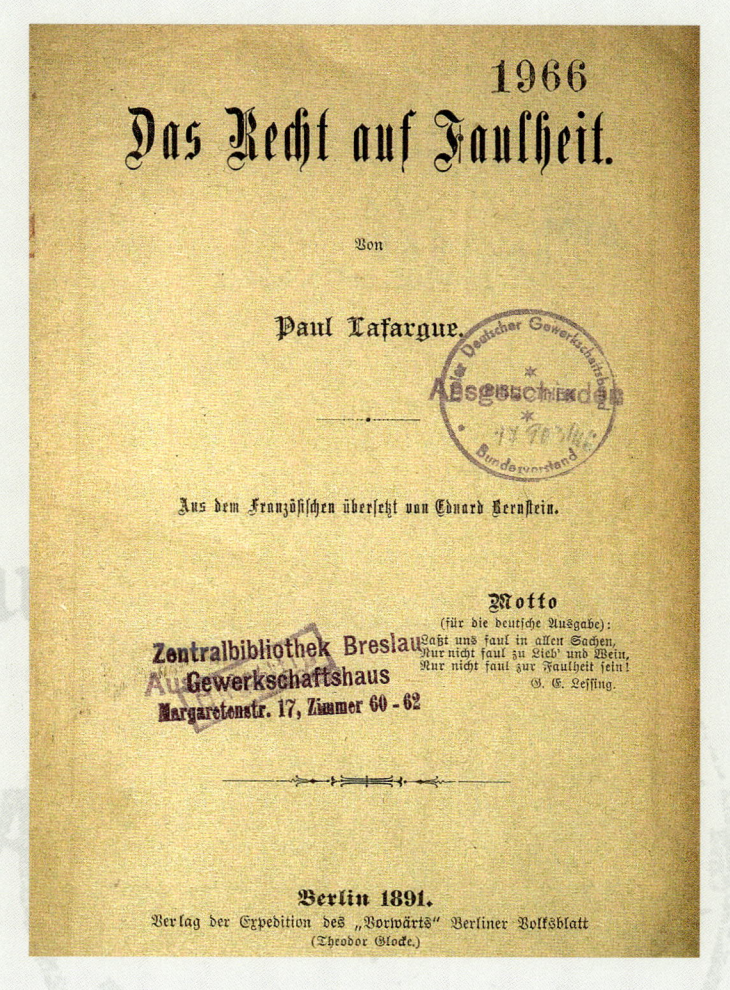

Neue Blickwinkel 157

Viktorianisches Zeitalter

4.3
Umgangsformen
„Der Knigge" gilt heute als Benimm-Ratgeber.
Freiherr Adolph Knigge (*1752, †1796) adressiert seine
Aufklärungsschrift über Taktgefühl und Höflichkeit
ursprünglich an männliche Leser.
Diesen empfiehlt Knigge den richtigen Umgang
gegenüber anderen Herren und Damen.
Er beschreibt auch das richtige Verhalten
gegenüber Menschen von auffälligem Temperament wie
Hochmütige, Geizige, Jähzornige,
Neidische, Faule und Wollüstige.

Freiherr Adolph Knigge: *Über den Umgang mit Menschen*
Hannover, 1788
Papier
Jena, Thüringer Universitäts- und Landesbibliothek,
8MS 3575:1-2

Mr. le Chef de Division donnant une audience.

4.4

Tugendwächter

Die Gesellschaft des 19. Jahrhunderts erwartet Moral und Anstand von bürgerlichen Töchtern. Das Bewahren ihrer Ehre und Jungfräulichkeit ist für die jungen Frauen unverzichtbar für eine standesgemäße Eheschließung. Anstandsdamen begleiten daher ihre Schützlinge und sorgen für ein moralisch einwandfreies Verhalten. Sie verhindern Annäherungsversuche und überwachen die Treffen mit männlichen Personen.

Monsieur le chef de la division donnant une audience
Henri Monnier, 1930
Papier
Lichtenau, Stiftung *Kloster Dalheim*. LWL-Landesmuseum für Klosterkultur

Neue Blickwinkel

4.5
Bestimmung des Weibes

Moral- und Anstandsbüchlein erklären bürgerlichen Mädchen ihre gesellschaftliche Rolle: Den weiblichen Charakter kennzeichne Nächstenliebe, Dankbarkeit, Liebenswürdigkeit, Hingabe, Demut und Keuschheit. Sittsamkeit gehöre zur Natur jeder Frau, aber erst die Erziehung bringe sie ans Tageslicht. Aufopfernd sorgt sich die Frau um ihre Familie, pflegt die gemeinsamen Kinder und ebenso den teils launenhaften und sittenlosen Ehemann.

Erasmus Darwin, Christoph von Hufeland:
Anleitung zur physischen und
moralischen Erziehung des weiblichen Geschlechts
Leipzig, 1822
Papier
Lichtenau, Stiftung *Kloster Dalheim.* LWL-Landesmuseum für Klosterkultur

4.7

4.6
Gut geschützt
Die handschriftliche Gebrauchsanweisung
in lateinischer Sprache empfiehlt:
Vor dem Verwenden solle der Benutzer
das Kondom in warmer Milch einweichen und
den Penis mit der dünnen Membran umhüllen.
Das Kondom ist nicht als Verhütungsmethode
oder für den ehelichen Geschlechtsverkehr gedacht.
Die Anweisung rät dem Mann, das Kondom zu benutzen,
wenn er mit Prostituierten „Unzucht begehen" möchte,
damit er sich vor Geschlechtskrankheiten schützt.

Kondom mit Gebrauchsanweisung
vor 1813
textiles Gewebe
Lund/Schweden, Lunds Universitets Historiska Museum

4.6

4.7
Mit doppeltem Boden
Damen dürfen im 19. Jahrhundert nicht rauchen.
Mit dem Rückzug der Herren in Rauchsalons
steigt die Anzahl erotischer Accessoires.
Beliebt sind Tabakdosen mit doppeltem Boden.
Auf dem Deckel wirken die Bilder äußerst züchtig.
Im Innern verbergen sich jedoch,
versteckt vor den Augen der Öffentlichkeit,
erotische, teils pornographische Szenen.

Schnupftabakdose *Nie ohne dieses*
Deutschland, um 1825
Papiermaché, Dekor in Öl-Lackmalerei
Braunschweig, Richard Borek Stiftung

4.7

Neue Blickwinkel

4.8

Liebhaberstück

Im Prolog des pornographischen Stücks *Sodom*
richtet sich der Autor direkt an sein Publikum:
Edle Herren erwarte ein schmutziges Spiel
über die Ausschweifungen am französischen Hof.
Damen würden sich nicht zu den Aufführungen wagen,
nur Dirnen, die ihre Lust kaum zähmen könnten.
Das im 17. Jahrhundert entstandene Werk gibt
der Leipziger Privatdruck 1909 streng limitiert als
Sammlerstück mit 16 erotischen Zeichnungen heraus.

Earl of Rochester (?): *Sodom*
Leipzig, 1909
Papier
Privatleihgabe

4.9

Fratze eines Sünders

Dorian Gray ist jung, hübsch und reich.
Neidisch betrachtet er sein Porträt und wünscht,
dass sein Bildnis altern solle und nicht er selbst.
Hochmütig lebt er fortan ein lasterhaftes Leben:
Während Gray dabei ewig jung und makellos bleibt,
verändern sich die Gesichtszüge des Porträts.
Sie spiegeln den moralischen Verfall seiner Seele.
Am Ende des Romans zerstört Dorian das Bildnis,
das nun wieder die reinen, schönen Züge annimmt.
Er selbst stirbt, von Ausschweifungen gezeichnet.

Oscar Wilde: *Dorian Gray*
Leipzig, 1901
Papier
Lichtenau, Stiftung *Kloster Dalheim.* LWL-Landesmuseum für Klosterkultur

4.8

Revolutionäre Erkenntnisse

4.10
Gefühlsausdrücke im Vergleich
Charles Darwin (*1809, †1882) untersucht
Gefühlsregungen und ihre Ausdrucksformen,
wie Liebe, Freude, aber auch Hass, Zorn und Stolz.
Darwin beobachtet verschiedene Kulturen,
Kinder, psychisch Kranke, Blinde und Tiere.
Er zeigt, dass Mimik angeboren, nicht erlernt ist.
Verhaltensähnlichkeiten zwischen Mensch und Tier
belegen die Verwandtschaft der Arten
und damit Darwins Evolutionstheorie.

Charles Darwin: *Der Ausdruck der Gemüthsbewegungen bei dem Menschen und den Thieren*
Stuttgart, 1872
Papier
Lichtenau, Stiftung *Kloster Dalheim.* LWL-Landesmuseum für Klosterkultur

4.11
Schaum vor dem Mund
Wut und Zorn drücken sich auf der ganzen Welt
in fast der gleichen Art und Weise aus:
aufrechter Körper, erhobene Arme, geballte Fäuste,
Mund und Zähne fest entschlossen zusammengepresst.
Als erster Forscher fragt Charles Darwin
nach der Herkunft des Gemütsausdrucks.

Historische Fotografie: *Zornige Frau*
19. Jahrhundert
Papier
Cambridge/England, Cambridge University Library

Fig. 14. Kopf eines fletschenden Hundes. Nach dem Leben gez. von Mr. Wood.

4.10

4.11

Der triebgesteuerte Mensch

4.12
Sexuelle Triebkräfte am Werk
Sigmund Freud (*1856, †1939) erkennt beim Kleinkind
sexuelle Regungen, Phantasien und Aktivitäten.
Er untersucht deren Einfluss auf die Seele.
Freud unterscheidet mehrere Phasen
in der psychosexuellen Entwicklung:
Die „anale Phase" im zweiten bis fünften Lebensjahr
prägt für Freud die Entwicklung des Menschen,
etwa ob er großzügig oder geizig sein wird.
Freuds Theorie bricht mit der Vorstellung
von Kindheit als Zeit sexueller Unschuld.

Sigmund Freud: *Drei Abhandlungen zur Sexualtheorie*
Wien/Österreich, 1905
Papier
München, Bayerische Staatsbibliothek, Anthr. 252u

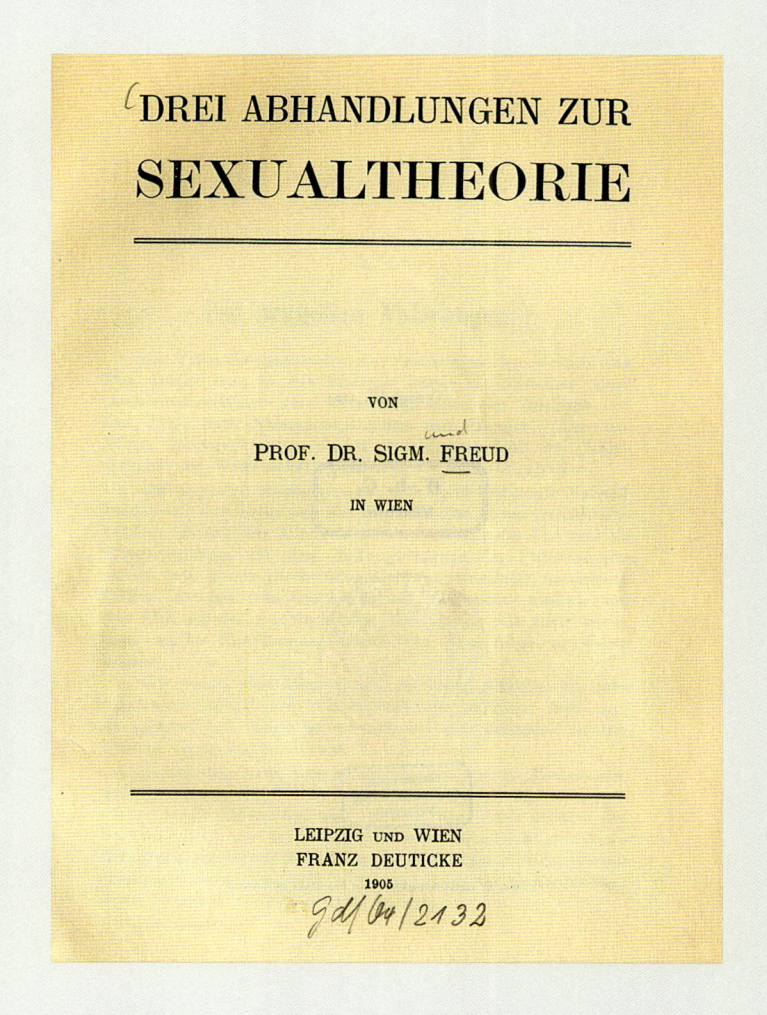

Literarische Charakterstudien

4.13

„Buttje, Buttje in der See"

Im Märchen *Von dem Fischer und seiner Frau* kommt ein armer Fischer zu Geld und Macht, dank der Hilfe eines zaubertätigen Butts. Als die Fischersfrau wie Gott sein möchte, wird sie für Habgier und Hochmut bestraft. Ilsebill endet wieder in ihrer baufälligen Hütte.

Friedrich Heinrich von der Hagen: Abschrift des Märchens *Von dem Fischer und seiner Frau*
1808
Papier
Weimar, Goethe- und Schiller-Archiv,
Klassik Stiftung Weimar

4.14

Verkörperung der Trägheit

Oblomow ist die titelgebende Hauptfigur eines Romans von Iwan Gontscharow (*1812, †1891). Er verbringt sein Leben im Bett, schläft, träumt und dämmert vor sich hin. Oblomow ist Faulpelz aus Prinzip, denn er lehnt jeglichen Zwang ab – unausweichlich ist sein langsamer Abstieg. Als „Oblomowerei" ist diese tatenlose Träumerei heute nicht nur in Russland sprichwörtlich.

Iwan Alexandrowitsch Gontscharow: *Oblomow Russisches Lebensbild*
Deutsche Erstausgabe, Leipzig, 1868
Papier
Frankfurt a. M., Universitätsbibliothek Johann Christian Senckenberg, 8FABX,6995:1+2

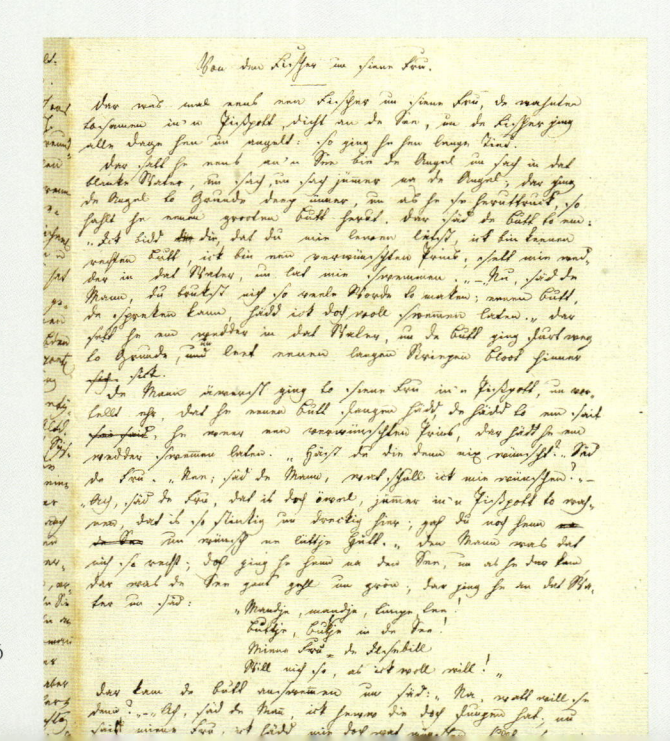

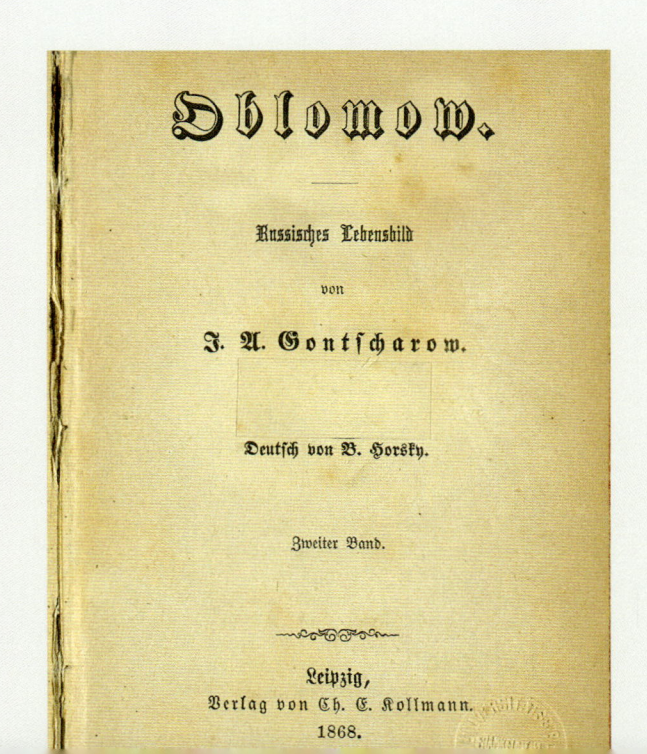

4.15
Geizhals

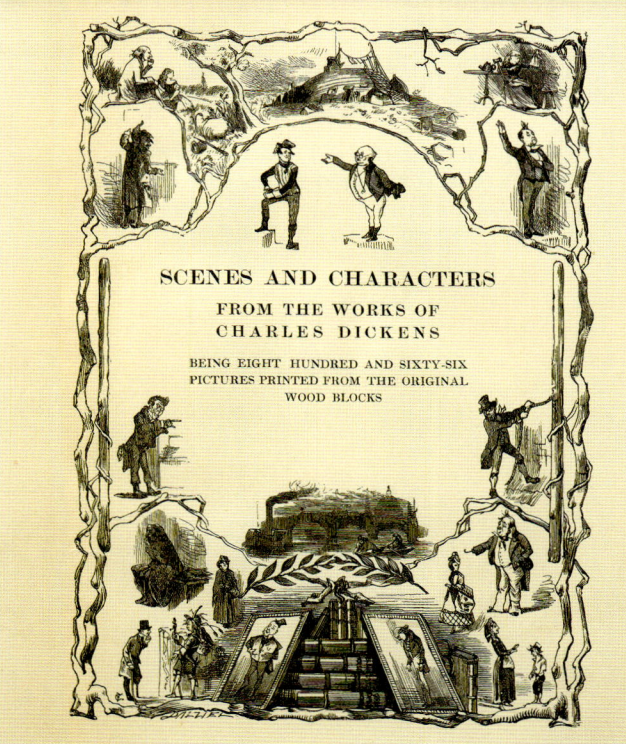

In seiner Weihnachtsgeschichte verbindet
der englische Schriftsteller Charles Dickens
(*1812, †1870) ein Märchen mit Sozialkritik.
Der habgierige Geschäftsmann Scrooge
sieht in Güte und Mitgefühl nur „Humbug".
In der Nacht vor Weihnachten helfen drei Geister
dem schlecht gelaunten Geizhals jedoch,
Mitgefühl für andere Menschen zu entwickeln.
Der Name „Scrooge" findet Eingang ins Englische:
Das Wort bedeutet übersetzt Geizkragen.

Charles Dickens: *A Christmas Carol*
Erstausgabe Leipzig, 1843
Papier
Jena, Thüringer Universitäts- und Landesbibliothek,
8G.B.1318

4.16
Verbildlichung

Romane und Erzählungen werden in der Regel
mit einem einzigen Bild am Textanfang illustriert.
Ein größeres Lesepublikum im 19. Jahrhundert und
der vermehrte Wunsch nach Bildung und Unterhaltung
führen zu neuen Produkten der Buchillustration:
Bilderbögen, Kunstbücher und Karikatur-Serien.
Die Verleger veröffentlichen ganze Bildreihen
zu den beliebten Figuren von Charles Dickens.
Die Szenen heben die Charaktere hervor,
mit ihren Eigenschaften wie Neid, Zorn oder Gier.

Charles Dickens: *Scenes and characters*
London/Großbritannien, 1908
Papier
Dalheim, Stiftung *Kloster Dalheim*. LWL-Landesmuseum
für Klosterkultur

Tradition und Neuanfang –
Todsünden in Kaiserreich und Weimarer Republik
Im Zeichen des Hochmuts

5.1

Perle der Südsee
Die Broschüre wirbt mit einem Krieger aus Samoa,
der stolz vor deutschen Flaggen posiert.
Die polynesische Inselgruppe Samoa
wird 1900 zum deutschen Schutzgebiet.
Samoa ist Projektionsfläche vieler Europäer
für die Sehnsucht nach paradiesischen Zuständen.
Seine Einwohner gelten als „edle Wilde",
als naturverbunden und unverdorben.

Programmbroschüre zur Samoa-Völkerausstellung
Deutschland, 1901
Papier
Berlin, Stiftung Stadtmuseum Berlin

PREIS 10 PFENNIG

UNSERE neuen LANDSLEUTE

AUSSTELLUNG
Samoa.
Sammlung Dr. Alfred Lehmann

5.2

Schwarze Venus

Saartje Baartman (*1789, †1813) stammt aus Südafrika.
Berühmtheit erlangt sie als *Hottentotten-Venus*.
Wegen ihres ausgeprägten Steißes
stellt man sie in England und Paris nackt aus.
Dabei können Besucher sie auch anfassen.
Das Pariser *Musée de l'Homme* zeigt noch bis 1974
den präparierten Leichnam der Afrikanerin.
Er liegt dort neben Missgebildeten
im Saal für vergleichende Anatomie.
Erst 2002 wird Baartman in Südafrika beigesetzt.

La venus hottentote
George Loftus, Frankreich, um 1814
Papier
London/Großbritannien, National Maritime Museum,
Greenwich, Michael Graham-Stewart Slavery Collection.
Acquired with the assistance of the Heritage Lottery Fund

Tradition und Neuanfang

Venus Hottentote.

5.3
Wie im Zoo
Plakate werben für eine Völkerschau in Berlin.
Völkerschauen sind um 1900 in Europa
ein führendes Medium der Massenunterhaltung.
In Zoos, Zirkussen oder auf Jahrmärkten
werden fremde Völker und Kulturen ausgestellt.
Die Besucher erleben in nachgebauten Dörfern
den vermeintlichen Alltag der „Wilden".

Togo-Truppe 35 Personen Passage-Panopticum
Atelier Friedländer, Berlin, um 1900
Papier
Essen, Museum Folkwang / Deutsches Plakat Museum

Der civilisirte Kannibale.

Schaubuden-Besitzer: „.. Dieser Menschenfresser, meine Herrschaften, würde Sie sofort verspeisen, wenn es nicht nach dem „Bürgerlichen Gesetzbuch" verboten wäre!"

5.4

„Menschenfresser"

Eine Karikatur spottet über Schaulustige,
die einen „Wilden" begaffen.
Der Veranstalter preist ihn als Kannibalen an,
den die Kolonialmacht zivilisiert.
Vorführungen im Rahmen von Völkerschauen
zeigen Kämpfe, Akrobatik oder religiöse Rituale.
Sie bedienen sich geläufiger Klischees,
um das Publikum anzulocken.

Karikatur: *Der civilisirte Kannibale*
Wochenschrift *Fliegende Blätter,* München 1903
Papier
Münster, Universitäts- und Landesbibliothek, ZQU 262.119

5.5

„Heidenmission"

„Nickneger" sind Gefäße zum Sammeln von Geldspenden
in Gestalt eines afrikanischen Kindes.
Das Geld ist für die Missionierung bestimmt.
Der Kopf ist beweglich und wird beim Münzeinwurf
durch einen Hebelmechanismus zum Nicken gebracht.
Solche Spardosen werden in Kirchen
gerne neben Weihnachtskrippen aufgestellt.
Sie verschwinden erst in den 1950er Jahren,
da sie nun als herablassend gelten.

Missionsspardose der Benediktiner-Missionare
Schweiklberg
Süddeutschland (?), um 1900
Holzkasten, Pappmaché, Kreide und Leim
Schönecken, Sammlung Lothar Graff

Im Licht der neuen Freizügigkeit

5.6

Tradition und Neuanfang

„Böse Buben" (Friedrichstadt) Paul Kamm

2 Kurt Moreck, Führer

5.6 (Vorseite)
Frivole Texte
In den 1920er Jahren erobert leichte Musik
die Herzen des vergnügungssüchtigen Publikums.
Populär sind Tänze wie der Charleston
und deutsche Schlager mit eingängigen Melodien.
Hörfunk und Grammophonschallplatte machen
die Unterhaltungsmusik zum Massenphänomen.
Schlagertexte sind häufig sozialkritisch,
oft auch frech und doppeldeutig.
Wollust behandeln sie mit einem Augenzwinkern.

Notenblatt
Deutschland, 1924
Papier
Speyer, Landesbibliothekszentrum Rheinland-Pfalz
Pfälzische Landesbibliothek, Mus. 26674

5.7
Hauptstadtvergnügen
Der Reiseführer durch das Nachtleben Berlins
wirbt für die Amüsierbetriebe der Stadt.
Überschriften wie „Ein Kinobesuch gefällig?" oder
„Wünschen Sie einen Blick in die Unterwelt zu tun?"
zeigen die gesamte Spannbreite der Unterhaltung.
Kaffeehäuser und Badeanstalten stehen
neben Bordellen und Homosexuellen-Lokalen.

Curt Moreck: *Führer durch das lasterhafte Berlin*
Leipzig, 1931
Papier
Düsseldorf, Universitäts- und Landesbibliothek,
CULTG5402

5.8 und 5.9
Neue Mode
Die Kleidung hat sich drastisch verändert.
Mit knielangem Rock und unbedeckten Armen
zeigen Frauen in den 1920er Jahren mehr Haut als zuvor.
Die neue Abendmode kennzeichnet
ein tiefer Ausschnitt an Dekolleté und Rücken.
Weibliche Rundungen kaschiert der gerade Schnitt.
Zugleich bietet er mehr Bewegungsfreiheit
als Korsetts und schwere Röcke der Kaiserzeit.
Ein neues Schönheitsideal prägt die Mode:
Die moderne Frau ist groß und schlank.

Rosa Tageskleid
Deutschland, um 1920–25
Seide
Bocholt, LWL-Industriemuseum, TextilWerk Bocholt

Schwarzes Chassublekleid mit Posamentenbesatz
Deutschland, um 1920
Seide, Glas, Pailletten, Spitze
Bocholt, LWL-Industriemuseum, TextilWerk Bocholt

5.8

5.9

Tradition und Neuanfang   177

5.10
Natürliche Neigungen
Homosexualität ist in der Weimarer Republik
offiziell zwar verboten, wird aber geduldet.
In den Städten gibt es bekannte Schwulenbars
und eine homosexuelle Szene.
Der Arzt Magnus Hirschfeld (*1868, †1935) fordert
die Straffreiheit von Homosexualität.
Ab 1919 erforscht er sie wissenschaftlich
in seinem *Institut für Sexualwissenschaft*.
Hier gibt es auch ein Museum für Sexualkunde.

Magnus Hirschfeld: *Die Homosexualität des Mannes
und des Weibes*
Berlin, 1914
Papier
Lichtenau, Stiftung *Kloster Dalheim*. LWL-Landesmuseum
für Klosterkultur

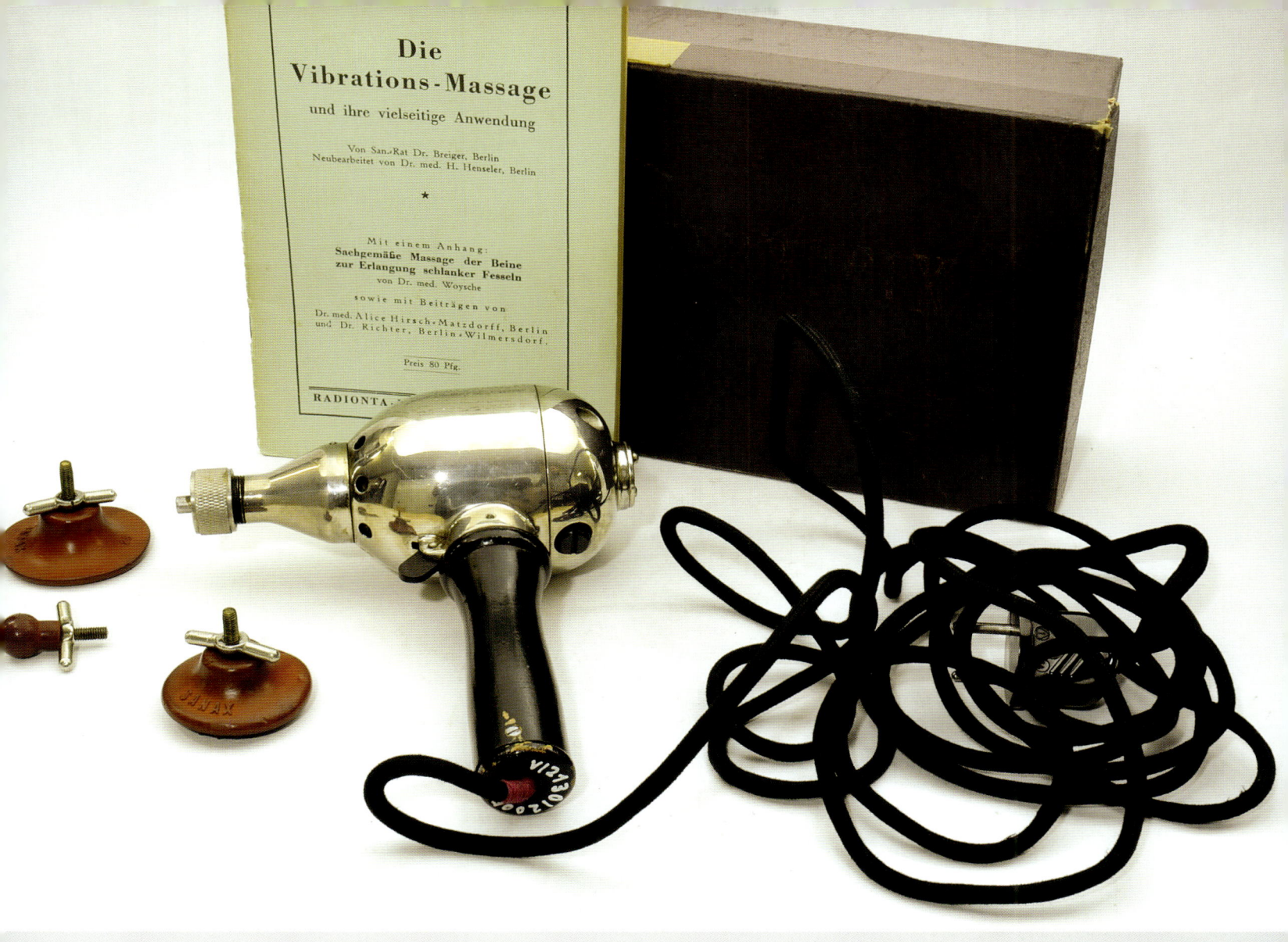

5.11
Hysterisch?
Der 1880 erfundene elektrische Vibrator dient zunächst der Behandlung von *Hysterie*. Die verschiedenen Symptome dieses „Frauenleidens" soll der weibliche Orgasmus lindern. Mit der Entstehung tragbarer Vibratoren seit 1900 halten diese auch Einzug in die Privathaushalte. Trotz seiner Nutzung zur sexuellen Stimulation gilt der Vibrator als medizinisches Hilfsmittel. Eindeutig sexuelle Bezüge bekommt er erst Ende der 1920er Jahre in pornographischen Filmen.

Vibrations-Massage-Gerät *Vibrofix* mit Werbezettel
Deutschland, 1925/35
Metall, Gummi
Leipzig, Stadtgeschichtliches Museum

Tradition und Neuanfang

Todsünden und Gesellschaftskritik

5.12

Das Ende des Geizhalses

Auf dünner Matratze liegt ein sterbender Alter.
Noch im Todeskampf umklammert er
Geldsack, Banknoten und Zinsbuch.
Der Tod in Gestalt eines Skeletts
führt die Verwandten des Mannes
zu einer Truhe voller Geldsäcke.
Den Sterbenden beachten sie gar nicht,
sondern stürzen sich begeistert auf die Reichtümer.
Der Geizige stirbt daher einsam und unbetrauert.

The Miser's End
Thomas Rowlandson, London/Großbritannien, 1815
Papier
Düsseldorf, Heinrich-Heine-Universität,
Grafiksammlung „Mensch und Tod"

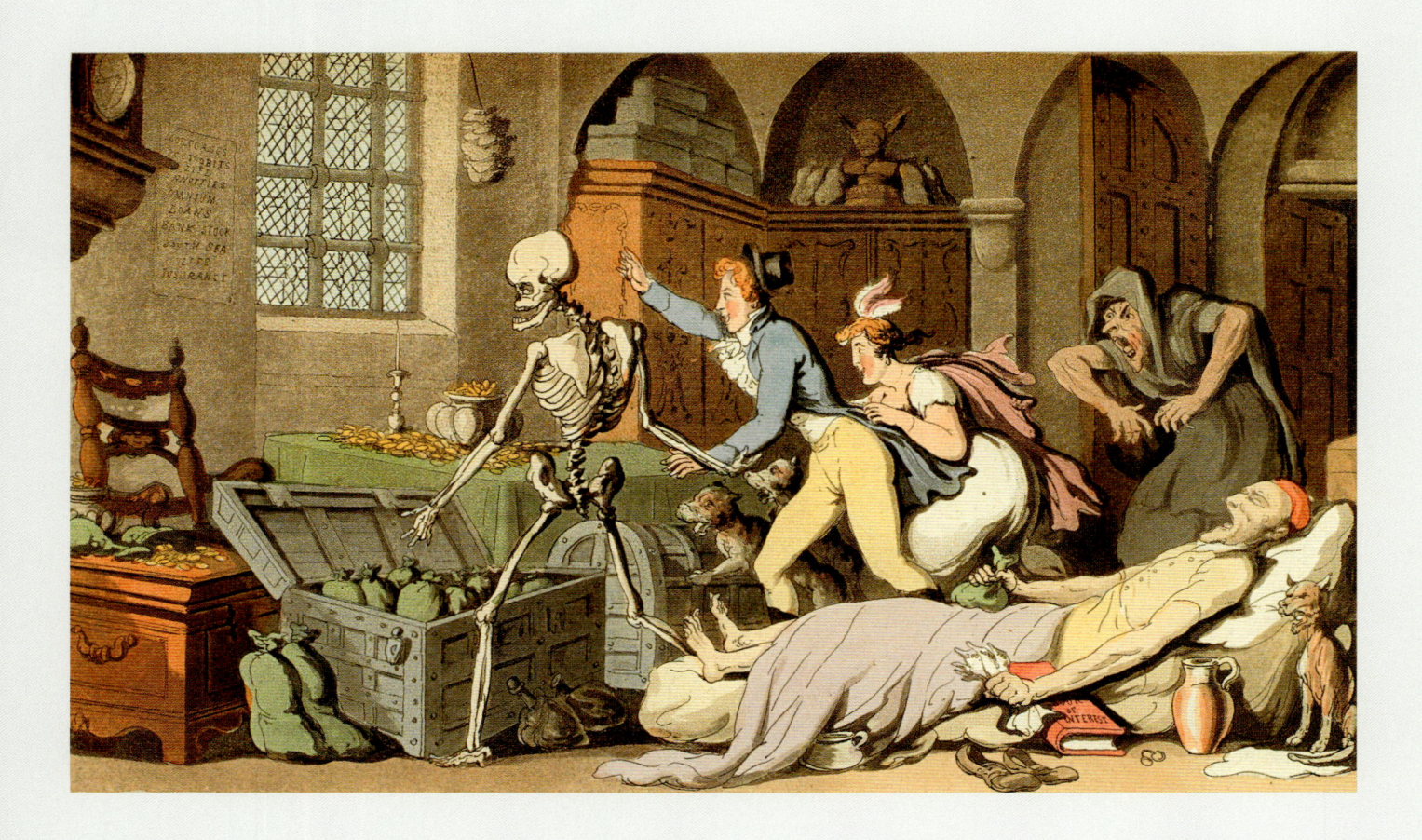

5.13
Der gelangweilte Adel
Ein adliger Mann rekelt sich auf einem Sofa.
Er trägt Pantoffeln, Hausmantel und Schlafmütze.
Auf einem Tisch neben ihm steht eine Wasserpfeife.
Auf seinem Schoß liegt ein schlafender Affe,
während zwei Jagdhunde am Boden schlummern.
Der Tod ist als Diener verkleidet,
der seinem Herrn das Kissen zurechtrückt.
Kritisiert wird hier der Müßiggang der Oberschicht.

Zyklus der sieben Todsünden – Trägheit
Eduard Ille, Stuttgart, 1861
Papier
Düsseldorf, Heinrich-Heine-Universität,
Grafiksammlung „Mensch und Tod"

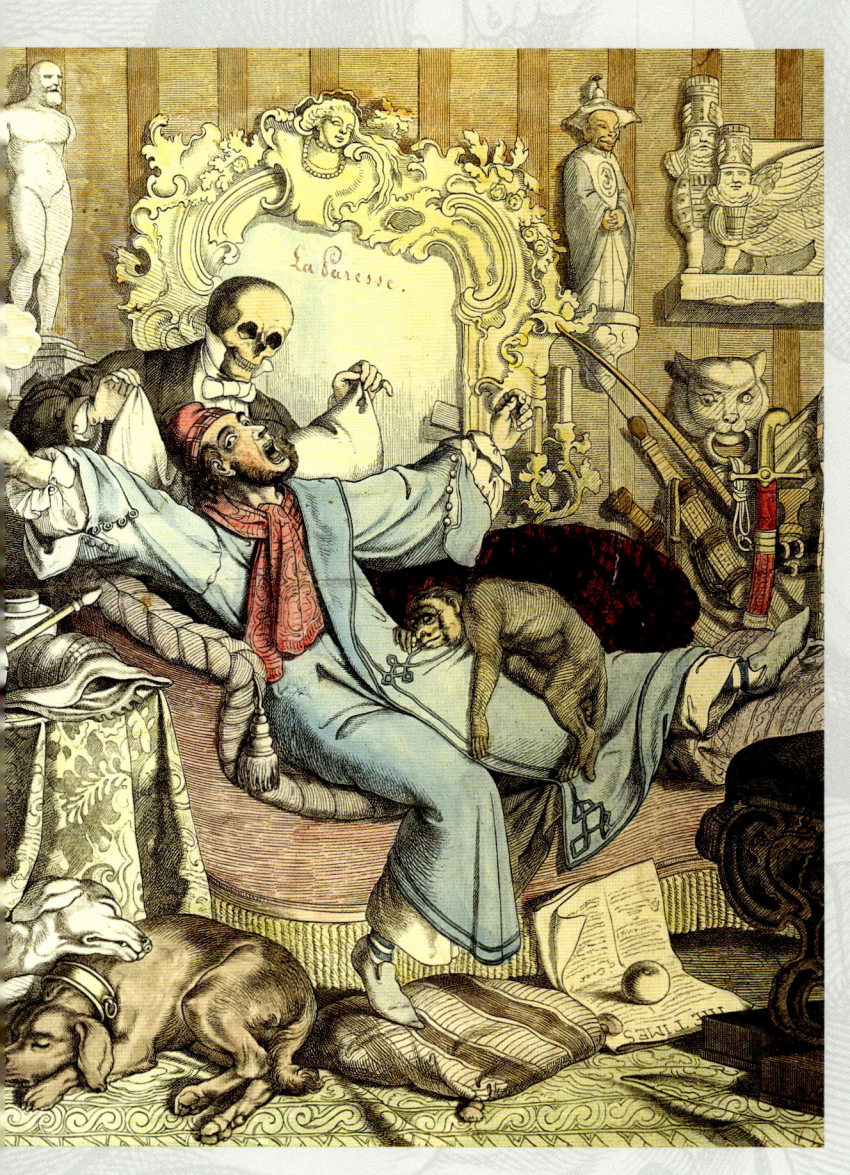

Tradition und Neuanfang 181

Völlerei.

„Wird mich Dein Mahl auch sattsam nähren?"
„Kein and'res sollt Ihr mehr begehren?"

L'Orgueil

5.15

5.14

Henkersmahlzeit
Ein beleibter Mann in Hausmantel und Pantoffeln
steht in der Küche seines Herrenhauses
und reibt sich hungrig seinen runden Bauch.
Der Tod tritt als Skelett in Erscheinung.
Er ist als Koch verkleidet,
der seinem Herrn die Mahlzeit bereitet.
Ein von Eduard Ille (*1823, †1900) verfasster Begleitvers
verweist auf das bevorstehende Ende des Mannes.
Kritisiert wird die Maßlosigkeit der Oberschicht.

Zyklus der sieben Todsünden – Völlerei
Eduard Ille, Stuttgart, 1888
Papier
Augsburg, Staats- und Stadtbibliothek

< 5.15
Pariser Sündenpfuhl
Der 1922 bis 1926 veröffentlichte *Modealmanach*
bildet das Leben des Pariser Großbürgertums ab.
Der Titel bedeutet übersetzt „Krausen und Rüschen".
1924 werden die neue Mode und die neue Gesellschaft
durch die sieben Todsünden dargestellt.
Der Hochmut zeigt eine Szene aus dem Nachtleben.
Eine Revuetänzerin in extravaganter Kostümierung
steht fast nackt auf der Bühne.
Nicht zufällig erinnert sie an einen Pfau,
der die Aufmerksamkeit in vollen Zügen genießt.

Modealmanach *Falbalas & Fanfreluches*
George Barbier, Frankreich, 1924
Papier
Berlin, Staatsbibliothek zu Berlin – Preußischer Kulturbesitz,
Abt. Historische Drucke, 4" Pn 3451/250

5.16
Die Sünde und der Tod
James Ensor (*1869, †1949) zeigt in seinem Zyklus
alltägliche Konflikte aus der Lebenswelt um 1900.
Charakteristisch ist die Allgegenwart des Todes
in Gestalt eines oder mehrerer Skelette.
Die achte Grafik versammelt alle Todsünden
unter einem geflügelten Totenkopf:
Hochmut, Habgier, Zorn, Wollust,
Völlerei, Neid und Trägheit
führen den Menschen in den Untergang.

Zyklus *Die sieben Todsünden*
James Ensor, Belgien, 1888–1904
Papier
Kassel, Museumslandschaft Hessen Kassel,
Graphische Sammlung

Das Unmoralische als Moral – Todsünden im Nationalsozialismus
Hochmut

6.1

Eine neue Bibel?

Hitlers zweibändiges Werk erscheint 1925 und 1926 zu seinem Lebensweg und den politischen Zielen. Die Deutschen stilisiert er zu „Herrenmenschen", die allen Rassen kulturell überlegen sind. Hauptthema ist die „jüdische Weltverschwörung", die er für die größte Gefahr der Menschheit hält. Die Schrift wird während des „Dritten Reichs" zu besonderen Anlässen wie Hochzeiten verschenkt. In Fremdenzimmern liegen statt der Bibel zuweilen Exemplare von *Mein Kampf* im Nachtschrank.

Adolf Hitler: *Mein Kampf*
München, 1933
Papier
Köln, NS-Dokumentationszentrum der Stadt Köln

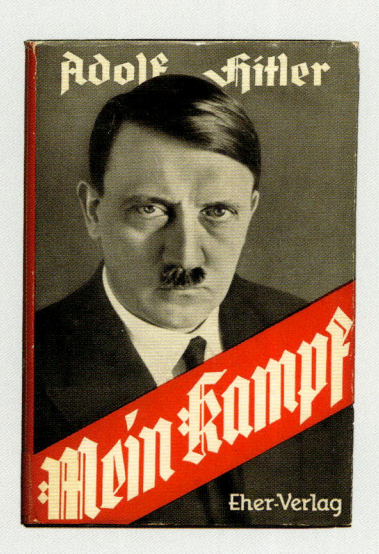

6.2 >

Gescheiterte Weltherrschaft

Der Globus stammt aus dem „Führerbau" in München. Die Stelle, an der Deutschland eingezeichnet war, zeigt das Einstichloch eines Bajonetts, vermutlich von einem alliierten Soldaten. Hitler plant eine Neuordnung Europas und die Gründung eines „großgermanischen" Staates. Obwohl zunächst ein Großteil Europas durch deutsche Truppen besetzt ist, kann Hitler den Mehrfrontenkrieg nicht gewinnen. Die Weltherrscher werden zu Beherrschten.

Columbus-Großglobus
O. Winkel, Berlin-Lichtenfelde, 1938
Leichtmetall, Holz
München, Bayerische Staatsbibliothek

Das Unmoralische als Moral

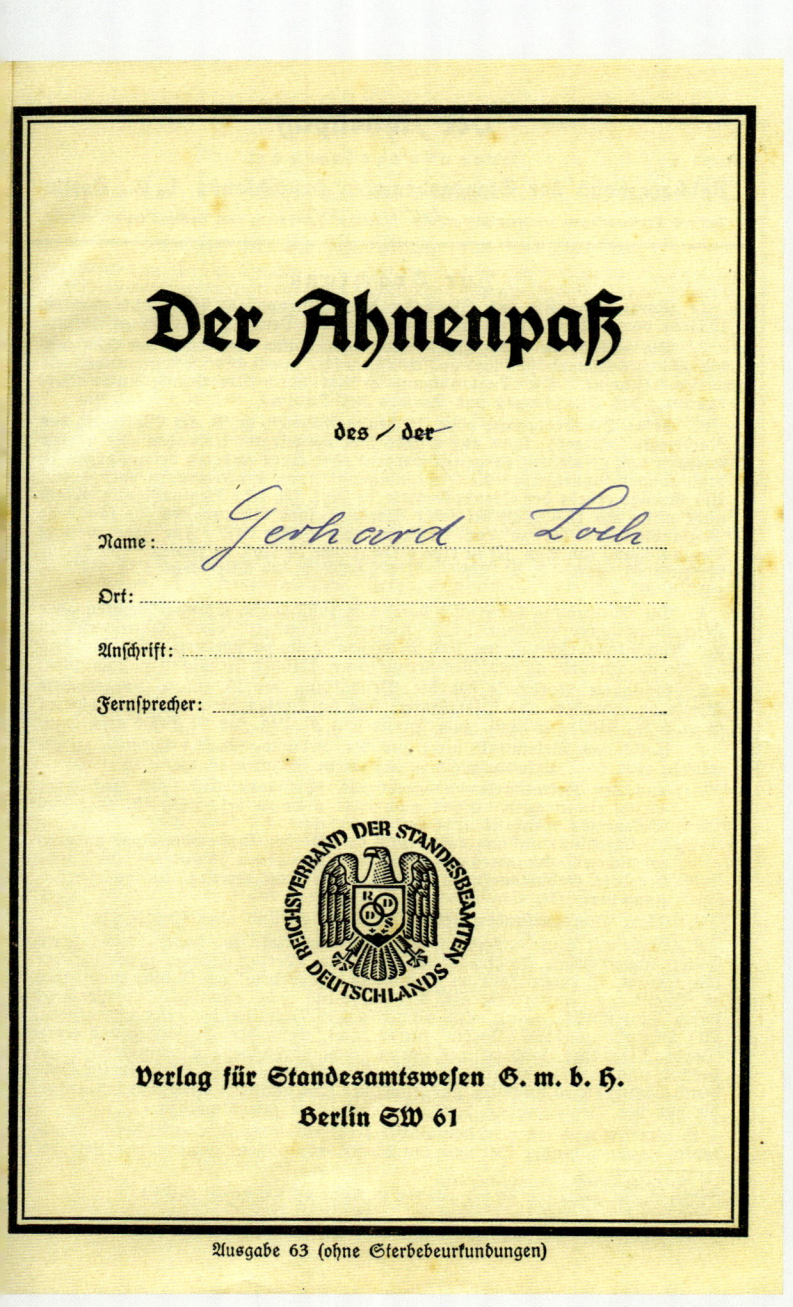

6.3

Lebenswichtige Ahnenforschung

Der Ahnenpass weist die „arische" Abstammung
meist bis zu den Urgroßeltern des Inhabers nach.
Das *Reichsbürgergesetz* von 1935 verwehrt Juden
die vollen politischen Rechte.
Zudem bestimmt es, wer als Jude zu gelten hat:
Bereits die „Rasse" der Großeltern zählt.
Waren diese mehrheitlich jüdisch,
so gilt man als Jude, andernfalls als Mischling.
Ein Abstammungsnachweis ist nun unerlässlich
als Existenzgrundlage, aber auch als Lebensretter.

Ahnenpass von Gerhard Loch
Deutsches Reich, Kreis Breslau, 1936
Papier
Paderborn, Stadtarchiv, S 4 VI. 3.8

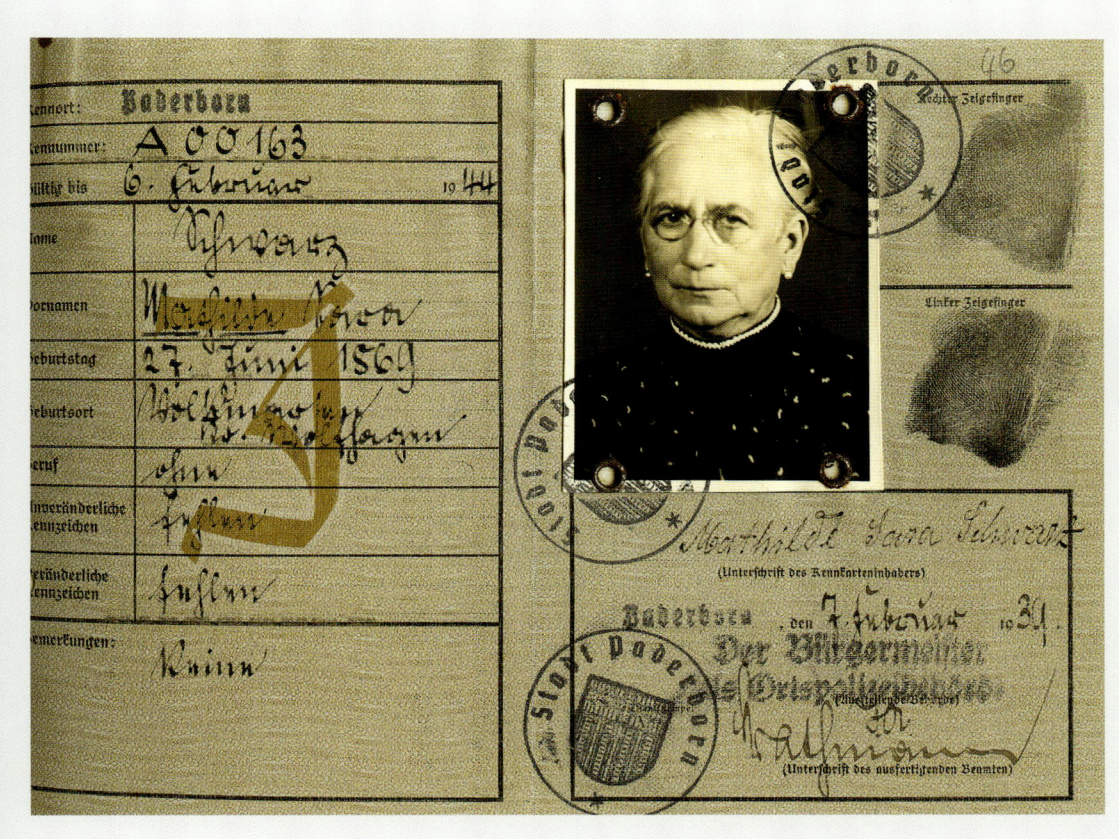

6.4

Abgestempelt

Im „Dritten Reich" gibt es eine Ausweispflicht,
die jedoch nicht alle Bevölkerungsteile betrifft.
Juden müssen eine Kennkarte bei sich führen.
Ein großes „J" weist den Inhaber als Jude aus,
so auch bei der Paderbornerin Mathilde Schwarz.
Deportiert nach Weißrussland, stirbt sie 1942
im Vernichtungslager Maly Trostinec.
Ihr zweiter Vorname *Sara* entstammt einem Gesetz:
Seit 1939 müssen Juden einen Zweitnamen tragen –
die Männer *Israel,* die Frauen *Sara.*

Kennkarte „J" der Mathilde Schwarz
Paderborn, 1939
Papier
Paderborn, Stadtarchiv, A 3303, I, Bl. 46

6.5

Zeichen der Verfolgung

Den Judenstern müssen im Deutschen Reich seit 1941
Juden ab sechs Jahren an ihrer Kleidung tragen,
und zwar deutlich sichtbar auf der linken Brust.
Juden sind damit deutlich zu erkennen.
Ausgenommen sind rechtlich als Mischling geltende
oder mit „Ariern" verheiratete Juden.
Eine Kennzeichnung der Juden mit der Farbe Gelb,
der Farbe des Neides,
war in Europa seit dem Mittelalter gebräuchlich.

Judenstern
Deutsches Reich, 1941
Baumwollgewebe
Berlin, Stiftung Deutsches Historisches Museum

Das Unmoralische als Moral 187

Neid und Habgier

6.6
Beschilderung
Nach 1933 fordern viele Anhänger der NSDAP
die Kennzeichnung jüdischer Geschäfte.
Stattdessen geht man in einigen Städten dazu über,
an „arische" Unternehmen Schilder zu vergeben,
die diese als „deutsches Geschäft" ausweisen.
Die Namen solcher Geschäfte und ihrer Besitzer
werden in Zeitungen veröffentlicht
und erhalten so kostenlose Werbung.

Werbeschild: *Deutsches Geschäft*
Fritz Adolf Becker, Deutsches Reich, 1933–1945
Glas, Metall, Papier
Bonn, Stiftung Haus der Geschichte der
Bundesrepublik Deutschland

6.7

6.7 und 6.8
Ein Paderborner Schicksal
Die Paderborner Levi Grünebaum (*1817, †1899) und
Moritz Steinberg (†1899) gründen 1868
das jüdische Kaufhaus Steinberg & Grünebaum.
Als die Umsätze durch Boykotte zurückgehen,
verpachten sie es 1936 an Jacob Pötz (*1888, †1948).
Er zeigt die Übernahme als „deutsches Geschäft" an.
1939 zwingt das Geschäftsverbot für Juden
die inzwischen in die USA emigrierten Erben,
das Kaufhaus weit unter Wert zu verkaufen.

Postkarte: Steinberg & Grünebaum
Paderborn, um 1910
Karton
Paderborn, Stadtarchiv

Werbeblatt: *Modehaus Pötz am historischen
Rathausplatz*
Paderborn, um 1940
Karton
Paderborn, Stadtarchiv

6.8

Das Unmoralische als Moral

6.9

Antijüdische Propaganda

Das Werbeplakat zeigt die Karikatur eines „Ostjuden" mit langem Zottelbart und Hakennase. Als „habgierigen Juden" weisen ihn die Münzen aus. Die kommunistischen Symbole Hammer und Sichel stellen ihn als bolschewistische Bedrohung dar. Propagandaminister Joseph Goebbels (*1897, †1945) eröffnet 1937 die Schau *Der ewige Jude*, die etwa eine Million Menschen besuchen: Sie soll die Menschen gegen die Juden aufhetzen.

Propagandaplakat: *Der ewige Jude*
Horst Schlüter, Deutsches Reich, 1938
Papier
Berlin, Stiftung Deutsches Historisches Museum

6.11 >

Pfandleihschein

Am 3.3.1939 verkauft eine Jüdin, Dorothea Sostheim,
ihre Wertgegenstände aus Silber
weit unter Marktwert an eine Pfandleihanstalt.
1939 erlässt Hermann Göring (*1893, †1946)
die Anordnung zur „Edelmetallabgabe":
Juden müssen alle Gegenstände aus Edelmetall
sowie alle Edelsteine und Perlen
an spezielle Ankaufstellen abliefern,
die nur ein Zehntel des Materialwertes erstatten,
auch bei wertvollen Kunstobjekten.

Ankaufbescheinigung von Dorothea Sostheim
Berlin, 3.4.1939
Papier
Landesarchiv Berlin, B Rep.025-03 Nr. 428, Bl. 18

6.11

< 6.10

Raubmord

Die 64jährige Jüdin Frieda Storch (*1878)
wird am 31. März 1942 nach Polen deportiert.
Sie gilt seitdem als verschollen.
Die Stadt Paderborn übernimmt nur wenig später
ihre zwangsweise zurückgelassene Habe.
Jedes Objekt ist dabei sorgfältig aufgelistet
und mit einem Schätzwert versehen.
Meist werden aufgelöste Haushalte versteigert:
Die Nachbarn können sich daran bereichern.

Kauf- und Übergabevertrag des Besitzes von Frieda
Storch vom 10. April 1942 (Beglaubigte Abschrift)
Paderborn, 28.12.1951
Papier
Paderborn, Stadtarchiv, B 2078

Das Unmoralische als Moral   191

6.12

Geraubter Kinderschmuck

In der NS-Zeit müssen Juden Edelmetalle und Juwelen zwangsweise an die Pfandleihe abliefern.
So gelangt auch dieses Armband ins Pfandleihhaus. Von dort erwirbt es das *Märkische Museum Berlin.*
Heute verwahrt das *Stadtmuseum Berlin* das Armband treuhänderisch als Depositum.
Hier ist es in die Provenienz-Forschung einbezogen, um es gegebenenfalls an die ehemaligen Eigentümer oder deren Nachkommen zurückzugeben.

Bettelarmband eines Kindes mit Anhängern
Deutsches Reich, vor 1939
Silber
Berlin, Stiftung Stadtmuseum Berlin

6.12

Das Unmoralische als Moral

6.13

6.13
Plündern fremder Schätze
Die Münzen gelangen möglicherweise
durch Wilhelm Jordan (*1903, †1983) nach Büren.
Der Wewelsburger Museumsleiter tauscht
in der Ukraine Kulturgüter gegen Lebensmittel.
So bereichert er sich an der Hungersnot,
die die deutsche Besatzung verursacht.
Adolf Hitler (*1889, †1945) lässt in den besetzen Gebieten
für deutsche Museen und das *Führermuseum* in Linz
Kunstgegenstände beschlagnahmen.

Russische Tropfenkopeken
Russisches Reich, 18. Jahrhundert
Silber
Büren-Wewelsburg, Kreismuseum Wewelsburg

6.14
Raubkunst
Die Figur gehört zur Porzellansammlung des
Bankiers Victor von Klemperer (*1876, †1943).
1939 muss die jüdische Familie von Dresden
nach Rhodesien (Simbabwe) emigrieren.
Die Gestapo beschlagnahmt die bedeutende Sammlung
und übergibt sie den Staatlichen Kunstsammlungen.
Kurz vor Kriegsende wird ein Großteil
in den Kriegshandlungen zerstört.
Die verbleibenden Stücke erhält die Familie
erst nach dem Mauerfall zurück.

Chinesin mit Papagei
Johann Friedrich Eberlein, Meißen, 1735
Porzellan, bemalt und vergoldet
Dresden, Porzellansammlung, Staatliche
Kunstsammlungen Dresden

Das Unmoralische als Moral

Wollust

6.15

Zuchtnachweis

Seit 1939 an kinderreiche Frauen verliehen,
ist das Mutterkreuz ein wichtiges Propaganda-Mittel
zur Aufwertung von Mutterschaft und Großfamilie.
Ab vier Kindern gibt es das bronzene Mutterkreuz,
ab sechs das silberne und ab acht das goldene.
Das Regime würdigt jedoch nur Mütter
„arischer", „erbgesunder" und „würdiger" Familien.

Ehrenkreuz der Deutschen Mutter in Gold
Deutsches Reich, 1939–45
Bronze, vergoldet, Emaille
Köln, NS-Dokumentationszentrum der Stadt Köln

6.16 (gegenüberliegende Seite)

Zeugungsbefehl

Um die Zukunft des deutschen Volkes zu sichern,
ruft Reichsführer SS Heinrich Himmler (*1900, †1945)
die SS dazu auf, auch außerhalb der Ehe
möglichst viele Kinder zu zeugen.
Den in den Krieg ziehenden Vätern verspricht er,
dass die SS notfalls für die Kinder sorgen werde.
Die Empörung über den Befehl ist so groß,
dass Himmler zu einer Erklärung genötigt ist:
Er betont, dass er nicht die Belästigung
von verheirateten Frauen im Sinn gehabt habe.

SS-Befehl für die gesamte SS und die Polizei
(Faksimile)
Heinrich Himmler, Berlin, 28.10.1939
Papier
Berlin, Bundesarchiv, Sign. NS 2/276

6.15

Der Reichsführer SS
und
Chef der Deutschen Polizei
im Reichsministerium des Innern

Berlin, den 28. Oktober 1939

SS-Befehl
für die gesamte SS und Polizei

Jeder Krieg ist ein Aderlaß des besten Blutes. Mancher Sieg der Waffen war für ein Volk zugleich eine vernichtende Niederlage seiner Lebenskraft und seines Blutes. Hierbei ist der leider notwendige Tod der besten Männer, so betrauernswert er ist, noch nicht das Schlimmste. Viel schlimmer ist das Fehlen der während des Krieges von den Lebenden und der nach dem Krieg von den Toten nicht gezeugten Kinder.

Die alte Weisheit, daß nur der ruhig sterben kann, der Söhne und Kinder hat, muß in diesem Kriege gerade für die Schutzstaffel wieder zur Wahrheit werden. Ruhig kann der sterben, der weiß, daß seine Sippe, daß all das, was seine Ahnen und er selbst gewollt und erstrebt haben, in den Kindern seine Fortsetzung findet. Das größte Geschenk für die Witwe eines Gefallenen ist immer das Kind des Mannes, den sie geliebt hat.

Über die Grenzen vielleicht sonst notwendiger bürgerlicher Gesetze und Gewohnheiten hinaus wird es auch außerhalb der Ehe für deutsche Frauen und Mädel guten Blutes eine hohe Aufgabe sein können, nicht aus Leichtsinn, sondern in tiefstem sittlichem Ernst Mütter der Kinder ins Feld ziehender Soldaten zu werden, von denen das Schicksal allein weiß, ob sie heimkehren oder für Deutschland fallen.

Auch für die Männer und Frauen, deren Platz durch den Befehl des Staates in der Heimat ist, gilt gerade in dieser Zeit die heilige Verpflichtung, wiederum Väter und Mütter von Kindern zu werden.

Niemals wollen wir vergessen, daß der Sieg des Schwertes und das vergossene Blut unserer Soldaten ohne Sinn wären, wenn nicht der Sieg des Kindes und das Besiedeln des neuen Bodens folgen würden.

Im vergangenen Krieg hat mancher Soldat aus Verantwortungsbewußtsein, um seine Frau, wenn sie wieder ein Kind mehr hatte, nicht nach seinem Tode in Sorge und Not zurücklassen zu müssen, sich entschlossen, während des Krieges keine weiteren Kinder zu erzeugen. Diese Bedenken und Besorgnisse braucht Ihr SS-Männer nicht zu haben; sie sind durch folgende Regelung beseitigt:

1. Für alle ehelichen und unehelichen Kinder guten Blutes, deren Väter im Kriege gefallen sind, übernehmen besondere, von mir persönlich Beauftragte im Namen des Reichsführers SS die Vormundschaft. Wir stellen uns zu diesen Müttern und werden menschlich die Erziehung und materiell die Sorge für das Großwerden dieser Kinder bis zu ihrer Volljährigkeit übernehmen, so daß keine Mutter und Witwe aus Not Kümmernisse haben muß.

2. Für alle während des Krieges erzeugten Kinder ehelicher und unehelicher Art wird die Schutzstaffel während des Krieges für die werdenden Mütter und für die Kinder, wenn Not oder Bedrängnis vorhanden ist, sorgen. Nach dem Kriege wird die Schutzstaffel, wenn die Väter zurückkehren, auf begründeten Antrag des einzelnen wirtschaftlich zusätzliche Hilfe in großzügiger Form gewähren.

SS-Männer
und Ihr Mütter dieser von Deutschland erhofften Kinder

zeigt, daß Ihr im Glauben an den Führer und im Willen zum ewigen Leben unseres Blutes und Volkes ebenso tapfer, wie Ihr für Deutschland zu kämpfen und zu sterben versteht, das Leben für Deutschland weiterzugeben willens seid!

Der Reichsführer SS

H. Himmler

6.17

Zuchtanstalt

Der *Lebensborn* ist ein 1935 gegründeter Verein zur Erhöhung der Geburtenrate „arischer" Kinder. In Heimen für uneheliche „arische" Mütter werden die Kinder anonym zur Welt gebracht und an Angehörige der SS zur Adoption vermittelt. Oft benutzen verheiratete SS-Angehörige die Heime, um die schwangere Geliebte zu verbergen. Deutsche Männer sollen die Möglichkeit haben, mit mehreren Frauen Nachwuchs zu zeugen.

Armbinde *Deutsches Rotes Kreuz – Lebensborn*
Deutsches Reich, 1939–45
Baumwollgewebe
Bonn, Stiftung Haus der Geschichte der Bundesrepublik Deutschland

196   Das Unmoralische als Moral

< 6.18
„Rassenhygiene"
Das sogenannte „Blutschutzgesetz" von 1935 verbietet Eheschließungen und Geschlechtsverkehr zwischen Juden und „Ariern".
Strafbar ist seit 1939 auch der Geschlechtsverkehr mit „Andersrassigen", insbesondere mit Slawen. Besonders harte Strafen drohen bei Beziehungen zwischen jüdischen Männern und „arischen" Frauen.

Plakat: *Deutsche Frau!*
Deutsches Reich, 1944
Papier
Hannover, Historisches Museum

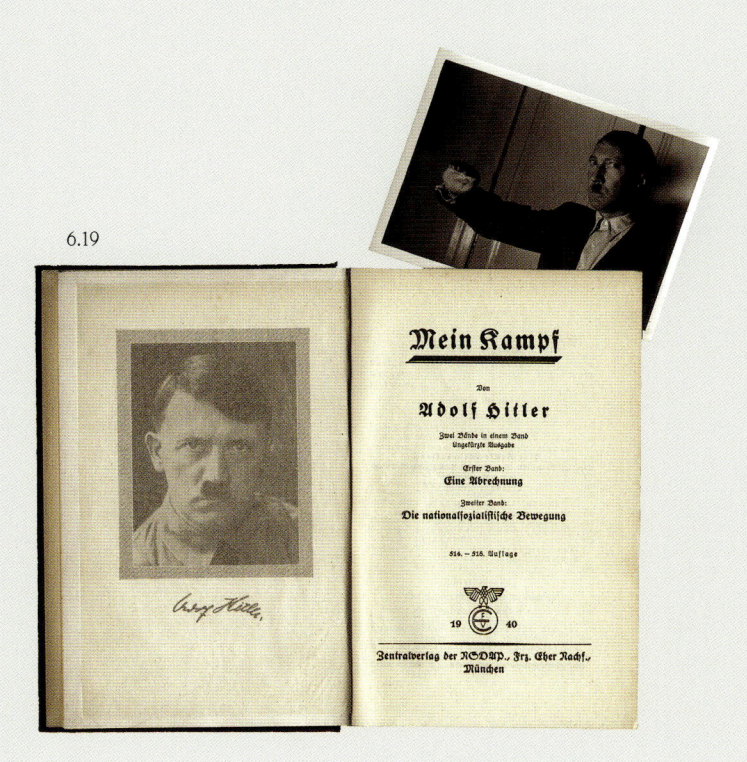

6.20
Lieder für die Stars
Bruno Balz wird berühmt durch das Verfassen von Liedertexten für Schlager und Filmmusik. Er schreibt Lieder für Stars wie Heinz Rühmann, Zarah Leander oder Johannes Heesters. Bekannt ist noch heute beispielsweise das Lied *Ich brech die Herzen der stolzesten Frau'n* (1938). Wegen seiner Homosexualität mehrmals verhaftet, darf Balz nur noch anonym schreiben.

Foto von Bruno Balz
1930er Jahre
Papier
Berlin, Bruno Balz-Archiv

< 6.19
Heimlicher Protest
Homosexualität gilt den Nationalsozialisten als ansteckende Seuche, die ausgerottet werden muss. Bekennenden Schwulen droht eine Einstufung als „lebensunwerte Geisteskranke" und als Folge Zwangskastration oder die Einweisung ins KZ. Der erfolgreiche Textdichter Bruno Balz (*1902, †1988) wird 1936 erstmals wegen Homosexualität verhaftet. Als Hitler posierend lässt er sich fotografieren. Das Foto versteckt er auf Seite 175 von *Mein Kampf*, eine Anspielung auf den „Schwulen-Paragraphen" 175.

Hitlers *Mein Kampf* mit Foto von Bruno Balz
Berlin, um 1936
Papier
Berlin, Bruno Balz-Archiv

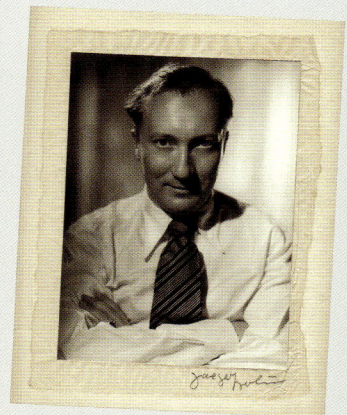

Das Unmoralische als Moral   197

6.21 >
Plädoyer für Toleranz
Bruno Balz schreibt den Text zu diesem Lied 1924.
Die Musik stammt von Erwin Neuber.
Herausgeber ist Friedrich Radszuweit (*1876, †1932),
Gründer des *Bundes für Menschenrecht* (1923),
der sich für die Rechte Homosexueller einsetzt.
Der Text besingt erstmals offen schwule Liebe.
So lautet ein Teil des Refrains:
„Hör nicht drauf, was fremde Leute sagen […]
Kann ja küssen, wen ich will."

Notenblatt *Bubi lass uns Freunde sein*
nach 1924
Papier
Berlin, Bruno Balz-Archiv

6.22 >
Vom Gefängnis zum Traualtar
Nach seiner Verhaftung 1936 wegen Homosexualität
wird Bruno Balz unter der Auflage entlassen,
eine Scheinehe mit Selma Pett (*1907, †1985),
einer linientreuen blonden Bäuerin, einzugehen.
Diese bespitzelt Bruno Balz für die Gestapo.
Nach dem Krieg kommt es nicht zur Scheidung:
Selma fürchtet den Statusverlust.
Da Homosexualität auch weiterhin verboten bleibt,
ist Balz zu einer Fortführung der Ehe gezwungen.

Heiratsurkunde von Bruno Balz
Berlin, 21.9.1936
Papier
Berlin, Bruno Balz-Archiv

Zorn

6.23

„Reichskristallnacht"

In der Nacht vom 9. zum 10. November 1938 werden jüdische Gebäude und Kultbauten zerstört, so auch am Folgetag die Paderborner Synagoge. Die Gewaltakte sind eine inszenierte Reaktion auf die Ermordung eines deutschen Diplomaten durch den Juden Herschel Grynszpan in Paris.

Fotografie: Brand der Paderborner Synagoge
10.11.1938
Papier
Paderborn, Stadtarchiv

Das Unmoralische als Moral 199

6.24
Staatlich gelenkter Zorn
Im Zuge der „Reichskristallnacht" 1938 werden auch
jüdische Geschäfte wie dieses Berliner Antiquariat
verwüstet, ausgeplündert und zerstört.
Obwohl als entfesselter „Volkszorn" propagiert,
sind es staatlich organisierte Aktionen.

Fotografie: Zerstörtes Geschäft nach Novemberpogrom
Berlin, 1938
Papier
akg-images

6.25 >
Metapher des Zorns
Das Titelblatt der Propagandabroschüre von 1943,
die die *Sportpalastrede* Joseph Goebbels' abdruckt,
zeigt die Vorbereitungen für den „Totalen Krieg".
Mit ihrem reißerischen Titel endet Goebbels' Rede:
„Nun, Volk steh auf und Sturm, brich los!"
Das Zitat stammt vom Dichter Theodor Körner (*1791, †1813),
der sich auf die Befreiungskriege gegen Napoleon bezog.

Titelblatt einer NS-Broschüre zum „Totalen Krieg"
Berlin, 1943
Papier
Berlin, Stiftung Deutsches Historisches Museum

6.25

Das Unmoralische als Moral 201

Trägheit des Herzens

6.26
Außer Sichtweite, bitte!
Das Schreiben an den Landrat des Kreises Perg
berichtet von den Beschwerden einiger Anwohner
über die Behandlung von Häftlingen
im benachbarten Konzentrationslager.
Eine Bäuerin klagt über „unmenschliche Handlungen"
an den KZ-Häftlingen in Sichtweite ihres Hofes.
Da der Anblick sie nervlich belaste,
bittet sie, dass dies unterlassen
oder wenigstens dort gemacht werde,
„wo man es nicht sieht".

Protokoll des Gendameriepostens Mauthausen (Kopie)
Mauthausen, 27.9.1941
Papier
Mauthausen, KZ-Gedenkstätte Mauthausen, O/2/1

Gendarmeriepost Mauthausen
Kreis Perg
Reichsgau Oberdonau

Mauthausen, den 27. September 1941.

Tgb. Nr.: 1472.

An den

L a n d r a t   des Kreises

in Perg.

Betrifft: Vorfälle im Arbeitsbereiche des Konzentrationslager in Mauthausen.

Die Landwirtin Eleonore Gusenbauer, in Marbach Nr.7, Gemeinde Ried i.d.Riedmark, erstattete folgende Anzeige:

„Im Konzentrationslager Mauthausen, werden auf der Arbeitsstätte in Wienergraben, wiederholt Häftlinge erschossen, von denen die schlecht getroffenen, noch längere Zeit leben und so neben den Toten, Stunden und sogar Halbtage lang liegen bleiben.

Mein Anwesen liegt auf einer Anhöhe nächst dem Wienergraben und ist man oft ungewollt Zeuge von solchen Untaten.

Ich bin ohnehin kränklich und solches Ansehen nimmt meine Nerven derart in Anspruch, daß ich dies nicht auf die Dauer ertragen kann.

Ich bitte um Veranlassung, daß solche unmenschliche Handlungen unterbleiben, bzw. dort gemacht werden, wo man es nicht sieht.

Ähnliches ereignete sich vor einiger Zeit im K.L.Gusen, wo ebenfalls in der Nähe einer Frau Häftlinge erschossen, und die nicht gleich tot waren, von den Posten, durch hinaufstellen mit den Schuhen auf den Hals, oder mit Fußtritte auf den Kopf, der Garaus gemacht wurde.

Weiters werden nach Aussagen von Zivilpersonen, die bei den Siedlungsbauten in Ufer, Gmd. Mauthausen beschäftigten Häftlinge, ebenfalls durch heftige Schläge u.s.w. unmenschlich behandelt.

Die Landwirtin Gusenbauer, führte über die unmenschliche Behandlung der schlecht erschossenen Häftlinge, bei dem Ortsgruppenleiter in Ried i/Rmk. Beschwerde, worüber durch die Ortsgruppe Ried i.d.Riedmark, an die Kreisleitung in Perg, Bericht erstattet wurde.

Der Postenführer:
Heinlmann
Meister der Gend.

6.27

6.28

6.27 bis 6.30

Propaganda und Realität
Einander gegenübergestellt zeigen die Fotos
links die nationalsozialistische Inszenierung
einer harmonischen, heilen Welt
und rechts Szenen der Judenverfolgung.
So stehen einer begeistert jubelnden Bevölkerung
verängstigte Frauen und Kinder gegenüber,
die von deutschen Soldaten abtransportiert werden.
Lachende Mädchen schwenken Hakenkreuzflaggen,
während eine alte Frau kleine Kinder auf ihrem Weg
in die Gaskammern von Auschwitz begleitet.

Fotografie: Erntedankfest auf dem Bückeberg
bei Hameln, aus: Sammelbildalbum „So grüßen
die deutschen Bauern ihren Führer Adolf Hitler"
Bückeberg, 1935
Papier
Büren-Wewelsburg, Kreismuseum Wewelsburg

Fotografie: Abtransport von Frauen und Kindern
nach der Niederschlagung des Aufstands
im Warschauer Ghetto
Warschau, 1943
Papier
akg-images

Fotografie: Mädchen reisen im Rahmen
der Landverschickung mit dem Zug aus Berlin ab
Berlin, 1940/45
Papier
Berlin, Bundesarchiv

Fotografie: Alte Frau und Kinder auf dem Weg
zur Gaskammer im KZ Auschwitz
Auschwitz, Mai 1944
Papier
Berlin, Bundesarchiv

6.29

6.30

Neue Gesellschaft, alte Sünden?
Todsünden in der Nachkriegszeit
Völlerei und Wirtschaftswunder

7.1
Not macht erfinderisch
Ein Kochbuch der unmittelbaren Nachkriegszeit gibt Hinweise für das „Strecken" von Essensmengen. Sparrezepte mit „falschen" Zutaten helfen dabei, nicht erhältliche Lebensmittel zu ersetzen. Hochwertige Produkte bleiben jahrelang rar.

Martha Zwerg: *Schmalhans kocht trotzdem gut*
Erfurt, 1948
Papier, Pappe
Lichtenau, Stiftung *Kloster Dalheim.* LWL-Landesmuseum für Klosterkultur

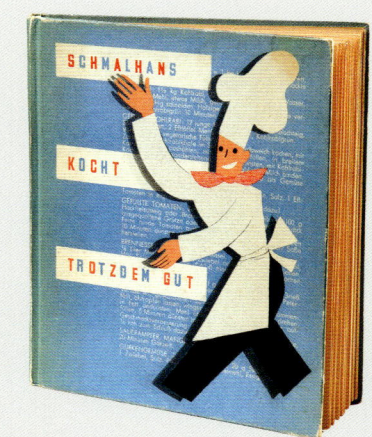

7.2 >
Schlaraffenland
Die „Fresswelle" Mitte der 1950er Jahre vertreibt „Schmalhans" aus den deutschen Küchen. Nach den Hungerjahren essen die Bundesbürger reichhaltig, fett und vor allem viel.
Die Internationalisierung des Lebensmittelmarktes verändert die Essgewohnheiten der Westdeutschen. Ausländische Gerichte erweitern den Speiseplan.

Rezeptheft Thea Margarine: *Jeden Tag gut essen*
Wien/Österreich, um 1953–1957
Jörg Bohn, Wirtschaftswundermuseum

7.2

7.3
Schadensbegrenzung
Die „Fresswelle" hat gesundheitliche Folgen
wie Übergewicht und Herzkreislauferkrankungen.
Sie erscheinen bereits in den frühen 1950er Jahren.
Der *Verbraucherausschuss für Ernährungsfragen*
ruft zu ausgewogener und gesunder Ernährung auf.

Broschüre: *Ernähren wir uns richtig*
Verbraucherausschuss für Ernährungsfragen Köln,
1957
Papier
Lichtenau, Stiftung *Kloster Dalheim*. LWL-Landesmuseum
für Klosterkultur

Neue Gesellschaft, alte Sünden?

Wollust im Wandel

7.4 (gegenüberliegende Seite)
Und führe uns nicht in Versuchung
Eindrücklich warnt die Broschüre Jugendliche
vor zornigem, anmaßendem und unkeuschem Verhalten.
Mit dem Aufruf zu Zucht und Maß
kämpft die katholische Kirche
für die sexuelle Reinheit der Jugend.

Bildhefte der Jugend: *Unzucht zerstört*,
Oskar Neisinger (Hg.), Würzburg, um 1950
Papier
Lichtenau, Stiftung *Kloster Dalheim*. LWL-Landesmuseum
für Klosterkultur

7.5
Gegen Kuppelei
Paragraph 180 verbietet die sogenannte Kuppelei,
die bewusste Förderung oder Duldung
von vorehelichem Geschlechtsverkehr.
Das Gesetz geht auf das Kaiserreich zurück.
Es sollte Zuhälterei und Prostitution unterbinden.
Verwandte, Freunde und sogar Vermieter
können mit einer Gefängnisstrafe belegt werden.
Mancher Untermietvertrag regelt daher
Möglichkeit und Uhrzeit von Damenbesuch.
Abgeschafft wird der Paragraph erst 1974.

Strafgesetzbuch
Berlin, 1958
Lichtenau, Stiftung *Kloster Dalheim*. LWL-Landesmuseum
für Klosterkultur

7.6
Sittenwächter
Der katholische *Volkswartbund* bekämpft
vor allem in den 1950er und 60er Jahren
die öffentliche „Unsittlichkeit".
Persönlichkeiten aus Politik, Justiz und Kirche
sind bekennende Anhänger des Vereins.
Er geht gegen Comics, erotische Literatur, Filme
sowie Versandhäuser für Sexartikel vor.
Empfänger unerwünschter Werbepost fordert er auf,
mit vorgefertigten Beleidigungsanzeigen
gegen den Vertrieb sexueller Waren zu klagen.

Monatsschrift *Der Volkswart*
Robert Schilling, Bonn, 1952
Papier
Köln, Universitäts- und Stadtbibliothek, Ps 228

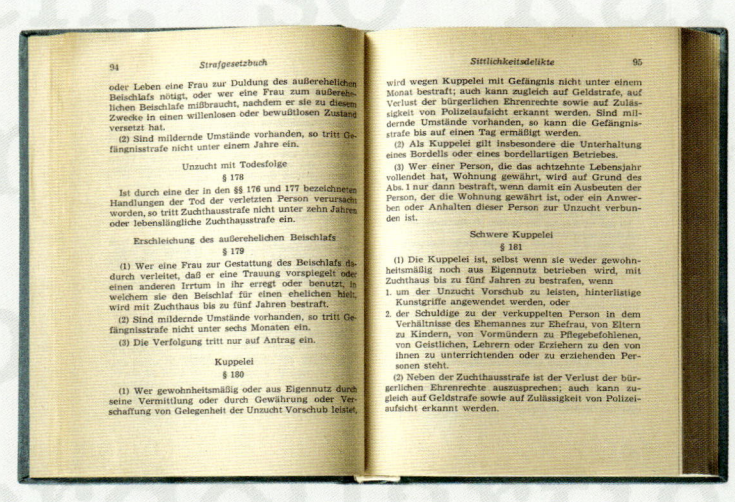

206 Neue Gesellschaft, alte Sünden?

7.4

7.7
Männervergnügen
Frivole Spielkarten zeigen Frauen
als leicht verfügbares Sexualobjekt
nach amerikanischem Vorbild des Pin-ups.

Pin-up Kartenspiel
1950er Jahre
Papier
Jörg Bohn, Wirtschaftswundermuseum

7.8 >
Frivoles Utensil
Der Kugelschreiber zeigt die doppelbödige
Sexualmoral der Gesellschaft in den 1950er Jahren.
Erotische Literatur, Anzüglichkeiten und Aktfotos
kursieren unter dem Ladentresen.

Pin-up Kugelschreiber
1950er Jahre
Kunststoff, Metall
Lichtenau, Stiftung *Kloster Dalheim*. LWL-Landesmuseum
für Klosterkultur

7.9 >
„Schmuddelliteratur"
Unter der Ladentheke oder im Versandhandel
ist in den 1950er Jahren
erotische Literatur zu erwerben.
Offiziell indizierte Werke sind besonders gefragt.
Mit dem Reiz des Verbotenen lockt auch der Titel.
Der Begriff „Sünde" wird auf die Wollust reduziert.
Sie ist meist kurzzeitig und endet verhängnisvoll.

Brenton C. Forbess: *Angst vor der Sünde*
Elite Roman, 1. Jahrgang Heft 9, Wien o.J.
Papier
Jörg Bohn, Wirtschaftswundermuseum

7.8

7.9

Neue Gesellschaft, alte Sünden? 209

GONDEL

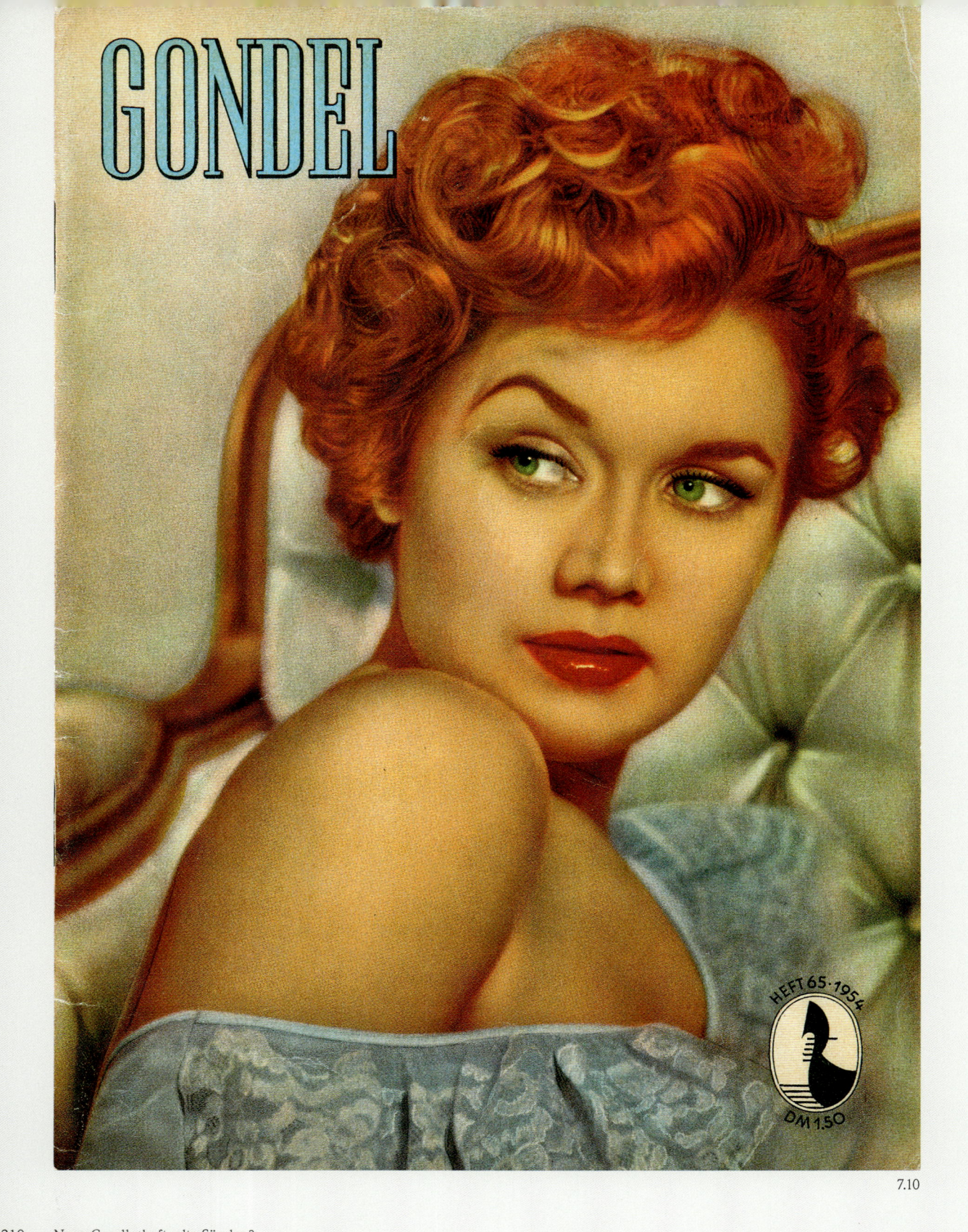

HEFT 65 · 1954
DM 1.50

7.10

Neue Gesellschaft, alte Sünden?

7.10 und 7.11

Männermagazine

Ein beliebtes Herrenmagazin der 1950er Jahre
ist die Monatszeitschrift *Gondel*.
Neben Kurzgeschichten enthält sie
Berichte über Jazz, Kino und bekannte Schönheiten.
Pin-ups zieren die Vorder- und Rückseite der Hefte.
Die Abbildungen sind ein Spiegel der Zeit:
Wo 1954 nur eine nackte Schulter sichtbar ist,
ist um 1960 wesentlich mehr Haut zu sehen.

Magazin *Gondel*
Gondel-Verlag Hamburg, 1954 und 1961
Papier
Lichtenau, Stiftung *Kloster Dalheim*. LWL-Landesmuseum
für Kosterkultur

7.11

Neue Gesellschaft, alte Sünden?

7.12
Lasterhaftes
Helen Vita (*1928, †2001) singt in deutscher Sprache
alte französische Volkslieder mit frivolem Inhalt.
Dieser Schallplatte folgen weitere,
die bis 1969 etliche Gerichtsverfahren auslösen.
Im Widerstreit stehen in den 1960er Jahren
künstlerische Freiheit und
Schutz der Jugend vor erotischem Material.

Helen Vita: *Freche Chansons*
Deutschland, 1963
Papier, Vinyl
Lichtenau, Stiftung *Kloster Dalheim*. LWL-Landesmuseum
für Kosterkultur

7.13 >
Skandalfilm
Willi Forsts (*1903, †1980) Film ist ein Tabubruch:
Sterbehilfe, Selbstmord, wilde Ehe und Prostitution
sind provozierende Themen vor allem für die Kirche.
Die Hauptdarstellerin Hildegard Knef (*1925, †2002)
ist für einige Sekunden nackt zu sehen.
Die Kirche fordert daher zur Eigeninitiative auf.
Boykottaufrufe und Störungen von Filmvorführungen
machen letztlich aber kostenlose Reklame:
Millionen Deutsche sehen *Die Sünderin*.

Filmplakat: *Die Sünderin*
Deutschland, 1951
Papier
Lichtenau, Stiftung *Kloster Dalheim*. LWL-Landesmuseum
für Kosterkultur

7.13

Neue Gesellschaft, alte Sünden?

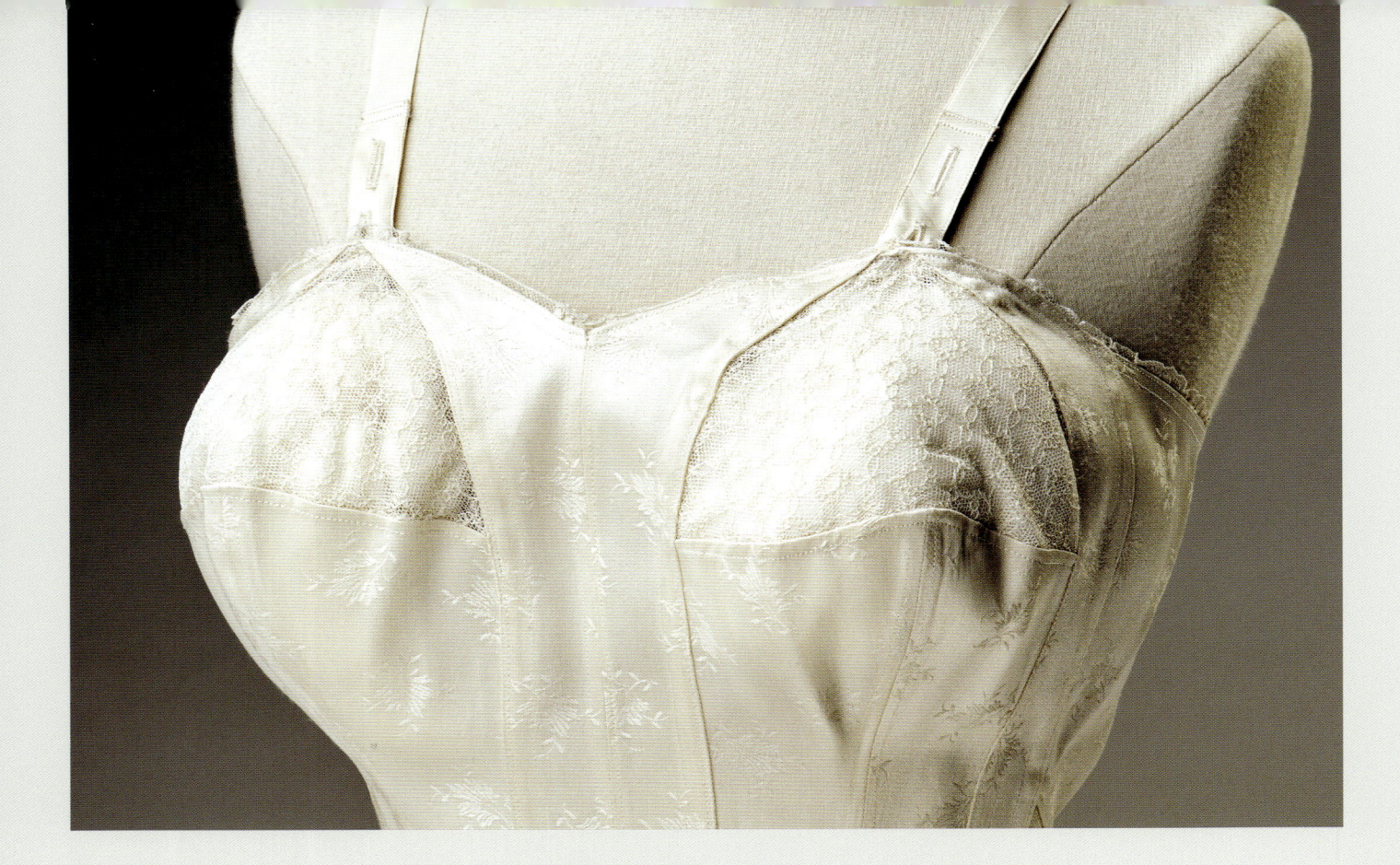

7.14
Verborgene Reize
Die zwiespältige Haltung zur Sexualität
spiegelt sich in der Unterwäsche wider.
Die sittsame junge Dame der 1950er Jahre
kleidet sich reizvoll, doch nicht verführerisch.
Mieder und Büstenhalter helfen dabei,
die weiblichen Formen zur Geltung zu bringen.
An Wäscheleinen im Freien sind sie nicht zu sehen.

Mieder-Büstenhalter
1950er Jahre
Seide, Spitze
Lichtenau, Stiftung *Kloster Dalheim*. LWL-Landesmuseum
für Kosterkultur

7.15 >
Das Geschäft mit der Lust
Die Unternehmerin Beate Uhse (*1919, †2001) beginnt
in den 1950er Jahren den erotischen Versandhandel.
Zum Sortiment gehören Aufklärungsliteratur,
ebenso Verhütungs- und Potenzmittel für Eheleute.
Die Kirche ruft dazu auf,
Klagen gegen das Unternehmen anzustrengen.
Beate Uhse versieht daraufhin den Katalog
mit einem Siegel gegen unabsichtliches Öffnen.
1962 eröffnet sie den ersten Sex-Shop der Welt.

Katalog: *Stimmt in unserer Ehe alles?*
Flensburg, 1952
Papier
Lichtenau, Stiftung *Kloster Dalheim*. LWL-Landesmuseum
für Kosterkultur

7.15

Neue Gesellschaft, alte Sünden? 215

7.16

Lustdragées für Mann und Frau

Aus heutiger Sicht bieten die frühen Beate Uhse-Kataloge eine harmlose Auswahl erotischer Artikel an. Schlüpfrige Romane, Dessous und Verhütungsmittel sollen Sex für Mann und Frau als ein lustvolles Erlebnis und nicht als eheliche Pflicht gestalten. Für intime Probleme werden Mittel wie *Erotin* empfohlen. Mit den beigefügten Broschüren zu Impotenz und Frigidität leistet das Unternehmen zugleich wichtige Aufklärungsarbeit und wirbt nicht zuletzt für weitere Potenzmittel.

Döschen *Erotin* Dragées und Broschüre
Ende 1950er Jahre
Metall, Papier
Lichtenau, Stiftung *Kloster Dalheim*. LWL-Landesmuseum für Kosterkultur

7.16

ÄRZTLICHES BERATUNGSHEFT DER FIRMA BEATE UHSE FLENSBURG

MIT HERRN KRÜGER STIMMT WAS NICHT!

DIE IMPOTENZ DES MANNES
FORMEN UND ABHILFE

7.16

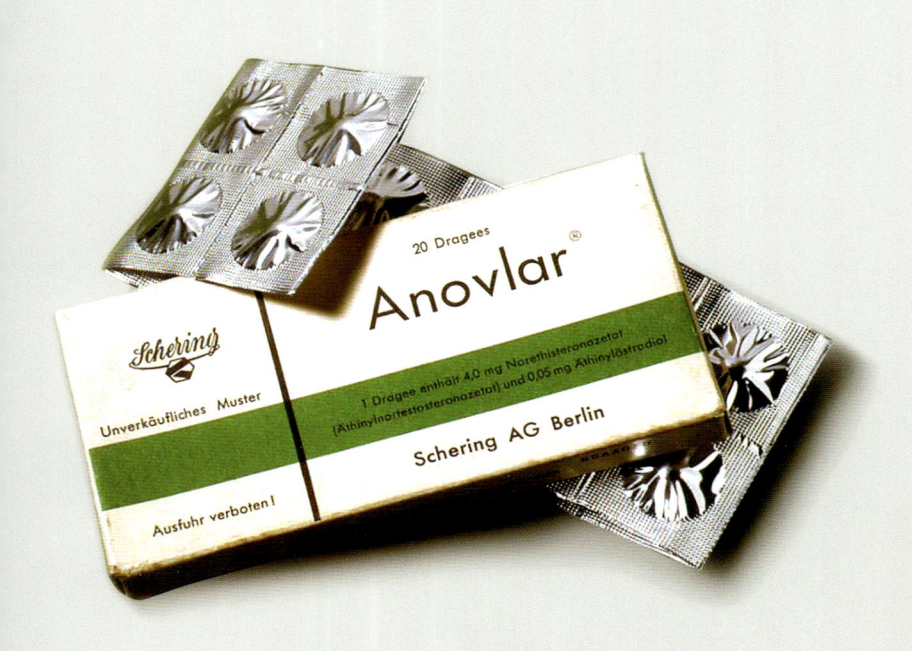

7.17
Kleine Pille, große Wirkung
Das erste hormonelle Verhütungsmittel
kommt 1961 auf den Markt.
Zunächst nur für verheiratete Frauen bestimmt,
wird die „Pille" sehr schnell populär.
Etwa 200 Ärzte und Professoren unterzeichnen 1964
einen Appell gegen die Sexualisierung des Lebens.
Papst Paul VI. (amt. 1963–1978) verurteilt die „Pille" 1968.
Wollust ist nun öffentliches Gesprächsthema.

Anti-Baby-Pille *Anovlar* (Replik)
1961
Papier
Schering Archiv/Bayer AG

7.18

Neue Gesellschaft, alte Sünden?

7.19

7.20

< 7.18
Sexwelle
Als überholt gelten ab Mitte der 1960er Jahre die Moralvorstellungen der Adenauer-Zeit. Nacktheit und Sex sind beliebte Themen in Magazinen, Illustrierten und Werbung. Politische und sexuelle Inhalte kombiniert die linksorientierte Zeitschrift *Konkret*, die überwiegend Studenten lesen.

Zeitschrift: *Konkret*
Hamburg, 1967
Papier
Lichtenau, Stiftung *Kloster Dalheim*. LWL-Landesmuseum für Kosterkultur

7.19 und 7.20
Spott
Die Satirezeitschrift *Pardon* verlacht 1964 die Jahrestagung des katholischen *Volkswartbundes*, auf der zensierte Spielfilmszenen gezeigt wurden. Die Kölner Sittenwächter behindern daraufhin die Auslieferung dieser Ausgabe im Kölner Raum. *Pardon* reagiert mit der „züchtigen" Sonderedition.

Zeitschrift: *Pardon* – reguläre Ausgabe/Sonderausgabe
Frankfurt, Juni 1964
Papier
Lichtenau, Stiftung *Kloster Dalheim*. LWL-Landesmuseum für Kosterkultur/
Bonn, Stiftung Haus der Geschichte der Bundesrepublik Deutschland

Neue Gesellschaft, alte Sünden? 219

7.21 und 7.22
Sexualerziehung
Oswalt Kolle (*1928, †2010), Autor und Filmproduzent, gilt als der Aufklärer der Nation.
Die Massen erreicht er seit Ende der 1960er Jahre mit Beiträgen in *Quick* und *Neue Revue* sowie mit Filmen und Büchern zur sexuellen Aufklärung. Kolle wirbt für offenen Umgang mit Sexualität und für die Aufklärung von Kindern und Jugendlichen.

Oswalt Kolle: *Deine Frau das unbekannte Wesen*
München, 1967
Papier
Lichtenau, Stiftung *Kloster Dalheim*. LWL-Landesmuseum für Kosterkultur

Filmplakat: *Dein Mann das unbekannte Wesen*
Oswalt Kolle (Drehbuch), Deutschland, 1970
Papier
Lichtenau, Stiftung *Kloster Dalheim*. LWL-Landesmuseum für Kosterkultur

7.21

Oswalt Kolle
Dein Mann das unbekannte Wesen

HEIDI und MICHAEL MAIEN

ANGELIKA und VOLKER FREY
BARBARA LANKAU und WALTER HERBST u. a.

Kamera: HEINZ PEHLKE
Musik: HEINZ KIESSLING
Gesamtleitung: OSWALT KOLLE
Regie: WERNER M. LENZ

ARCA
EIN ARCA-FARBFILM IM VERLEIH Constantin-Film

7.22

7.23
Neue Wege
Die *Kommune I* entsteht Anfang 1967 in Berlin.
Die politisch motivierte Wohngemeinschaft kämpft
gegen das kapitalistische Leistungsprinzip,
das Privateigentum und auch gegen feste Bindungen.
„Selbstverwirklichung" in Lust und Gemeinschaft
soll eine neue Gesellschaft befördern.
Private Themen werden als politisch umgedeutet
und gemeinsam in offener Runde diskutiert.
Die experimentelle Lebensführung währt nicht lange,
1969 löst sich die Bewegung auf.

Broschüre der *Kommune I*
Bundesrepublik Deutschland, 1967–69
Papier, Metall
Bonn, Stiftung Haus der Geschichte der Bundesrepublik Deutschland

< 7.24
Fanpost
Viele Jugendliche verehren die *Kommune I*.
Die neue Lebensweise und revolutionäre Ansichten
wirken auf sie wie ein Heilsversprechen.
Die bürgerliche Kleinfamilie
gilt nun vielen als „Spießerhölle".

Brief an die *Kommune I*
Ende 1960er Jahre
Papier
Hamburg, Institut für Sozialforschung

7.25
Wollust und Herrschaft
Der Psychoanalytiker Wilhelm Reich (*1897, †1957)
vertritt um 1930 die These,
die sexuelle Unterdrückung durch Staat und Familie
bedinge Willkür und Faschismus.
Sein Buch *Sexualität im Kulturkampf*
erscheint in den USA 1945
unter dem Titel *The sexual Revolution*.
Damit liefert es ein Schlagwort der *68er-Bewegung*.

Wilhelm Reich: *Sexualität im Kulturkampf*
Kopenhagen/Dänemark, 1936
Papier
Lichtenau, Stiftung *Kloster Dalheim*. LWL-Landesmuseum
für Kosterkultur

Neue Gesellschaft, alte Sünden? 223

Politischer Zorn

7.26 bis 7.32
Aufbruchstimmung
Unterschiedliche soziale Bewegungen entstehen in den späten 1960er und 1970er Jahren: Menschen protestieren gegen den *Springer*-Verlag, aber auch für Frieden, Umwelt und Frauenrechte.

Button: *Runter mit dem Männlichkeitswahn!*, um 1970
Blech, Kunststoff
Lichtenau, Stiftung *Kloster Dalheim*. LWL-Landesmuseum für Kosterkultur

Button: *Aufstehen für den Frieden*, um 1980
Blech, Kunststoff
Bonn, Stiftung Haus der Geschichte der Bundesrepublik Deutschland

Buttons: *Marsch auf Bonn, gegen Notstandsgesetze*, Mai 1968
Atomkraft? Nein Danke, 1977/78
Enteignet Springer, um 1968
Ostermarsch, 1966
Schutz der Demokratie, 1966
Blech, Kunststoff
Berlin, Stiftung Deutsches Historisches Museum

7.33

Massenprotest
Am 11. Mai 1968 strömen tausende Menschen
aus ganz Deutschland zum *Sternmarsch auf Bonn*.
Sie demonstrieren gegen die *Notstandsgesetze*,
die in politischen Krisensituationen oder im Krieg
einzelne Grundrechte einschränken sollen,
um Sicherheit und Versorgung zu gewährleisten.
Dennoch verabschiedet der Bundestag die Gesetze.

Fotografie: Demonstration gegen Notstandsgesetze
Bonn, 11.5.1968
Papier
dpa

Neue Gesellschaft, alte Sünden?

7.34 und 7.35

Gezielte Provokation

Protestaktionen plant Studentenführer Rudi Dutschke (*1940, †1979) sorgfältig. Ein bevorzugtes Mittel des Studentenführers bildet die „Konfrontation der Staatsgewalt": Angriffe auf Parlamente, Gerichte oder Medien sollen gewaltsame Reaktionen provozieren. Insgesamt äußert sich Dutschke widersprüchlich über Gewalt als politisches Mittel.

Jacke von Rudi Dutschke
Anfang 1960er Jahre
Leder
Luckenwalde, HeimatMuseum

Karteikarten von Rudi Dutschke
Ende 1967/Anfang 1968
Papier
Hamburg, Institut für Sozialforschung

7.34

Anarchistische Gewalttäter
– Baader/Meinhof-Bande –

Wegen Beteiligung an Morden, Sprengstoffverbrechen, Banküberfällen und anderen Straftaten werden steckbrieflich gesucht:

Meinhof, Ulrike, 7. 10. 34 Oldenburg
Baader, Andreas Bernd, 6. 5. 43 München
Ensslin, Gudrun, 15. 8. 40 Bartholomae
Meins, Holger Klaus, 26. 10. 41 Hamburg
Raspe, Jan-Carl, 24. 7. 44 Seefeld

Stachowiak, Ilse, 17. 5. 54 Frankfurt/M.
Jünschke, Klaus, 6. 9. 47 Mannheim
Augustin, Ronald, 20. 11. 49 Amsterdam
Braun, Bernhard, 25. 2. 46 Berlin
Reinders, Ralf, 27. 8. 48 Berlin

Barz, Ingeborg, 2. 7. 48 Berlin
Möller, Irmgard, 13. 5. 47 Bielefeld
Mohnhaupt, Brigitte, 24. 6. 49 Rheinberg
Achterath, Axel, 15. 4. 35 Hannover
Hammerschmidt, Katharina, 14. 12. 43 Danzig

Keser, Rosemarie, 24. 8. 47 Ebersberg
Hausner, Siegfried, 24. 1. 52 Selb/Bayern
Brockmann, Heinz, 1. 3. 48 Gütersloh
Fichter, Albert, 18. 12. 44 Stuttgart

Für Hinweise, die zur Ergreifung der Gesuchten führen, sind insgesamt **100 000 DM** Belohnung ausgesetzt, die nicht für Beamte bestimmt sind, zu deren Berufspflichten die Verfolgung strafbarer Handlungen gehört. Die Zuerkennung und die Verteilung erfolgen unter Ausschluß des Rechtsweges.

Mitteilungen, die auf Wunsch vertraulich behandelt werden, nehmen entgegen:

Bundeskriminalamt – Abteilung Sicherungsgruppe –
53 Bonn-Bad Godesberg, Friedrich-Ebert-Straße 1 – Telefon: 02229 / 53001
oder jede Polizeidienststelle

Vorsicht! Diese Gewalttäter machen von der Schußwaffe rücksichtslos Gebrauch!

7.36

< 7.36
Terrorismus
Allgegenwärtig sind Fahndungsplakate
in den vom Terror geprägten 1970er Jahren.
Seit 1970 verübt die *Rote Armee Fraktion* (RAF)
Anschläge, Überfälle und brutale Morde.
Vorbild ist die südamerikanische „Stadtguerilla".
Die RAF will den Staat zu Gegenaktionen verleiten
und so die Repression durch das System entlarven.
Der Kern der Gruppe wird 1972 verhaftet.

Fahndungsplakat: *Anarchistische Gewalttäter*
Bundeskriminalamt, Deutschland, 1970–1972
Papier
Bonn, Stiftung Haus der Geschichte der Bundesrepublik Deutschland

7.37
Mörder und Selbstmörder
Der entführte Hanns Martin Schleyer (*1915, †1977)
bittet per Videoaufnahme vergeblich
um die Freilassung inhaftierter RAF-Mitglieder.
Die Häftlinge nehmen sich daraufhin
am 18. Oktober 1977 das Leben.
Am folgenden Tag ermordet die RAF Schleyer.

Fotografie: Entführung von Hanns Martin Schleyer
September 1967
Papier
dpa

Neue Gesellschaft, alte Sünden?

Selfies, Sex und schrille Slogans – die sieben Todsünden heute
Hochmut

8.1

Vaters ganzer Stolz
Babykleidung ist ein beliebtes Mittel, um frischen Elternstolz aller Welt mitzuteilen.

Baby-Body: „Papa`s ganzer Stolz"
2014
Lichtenau, Stiftung *Kloster Dalheim.* LWL-Landesmuseum für Kosterkultur

8.2

Schlumpf
Eine Blume oder ein Spiegel sind die Merkmale des selbstverliebten *Beauty Schlumpfs.* Für ihn dreht sich alles nur um seine Schönheit.

Figur: *Beauty Schlumpf*
1970er Jahre
Privatleihgabe

8.3
Nationalgefühl
Die Fußball-Weltmeisterschaft 2006 erzeugt in Deutschland ein neues Wir-Gefühl: Das ganze Land unterstützt seine Mannschaft mit schwarz-rot-goldenen Fanartikeln. Besonders stolz feiert die ganze Nation 2014 den Weltmeistertitel und „unseren" vierten Stern.

Zeitung: *Westfalen-Blatt* „Die Nummer 1 der Welt sind wir"
Bielefeld, 15.7.2014 (Nr. 161)

Fanartikel „Deutschland":
Brille
Schminkstift
Blumenkette
21. Jahrhundert

Lichtenau, Stiftung *Kloster Dalheim*. LWL-Landesmuseum für Kosterkultur

Selfies, Sex und schrille Slogans

Nr. 50/10 13. Dezember 2010 € 3,50

DAS MODERNE NACHRICHTENMAGAZIN www.fo...

FOCUS

PISA-TEST
Wie hätten Sie abgeschnitten?

KARL-THEODOR ZU GUTTENBERG
Der konservative Modernisierer – Was kommt 2011?

PLUS: Interview mit seiner Frau Stephanie

DER MANN DES JAHRES

DOPPEL-COVER BITTE UMBLÄTTERN

THOMAS GOTTSCHALK: Die Geheimnisse seines Lebens

8.5

8.6

8.7

8.4 und 8.5
Vor dem Fall
Verteidigungsminister Karl-Theodor zu Guttenberg
ist 2010 bei Volk und Medien sehr beliebt.
Im Folgejahr verliert er seinen Doktortitel
wegen Betrugs beim Verfassen seiner Dissertation.
Er tritt unter dem Druck der Öffentlichkeit zurück.

Zeitschrift: *Focus* „Der Mann des Jahres"
München, 13.12.2010 (Nr. 50)
Lichtenau, Stiftung *Kloster Dalheim*. LWL-Landesmuseum
für Klosterkultur

Karl-Theodor zu Guttenberg:
Verfassung und Verfassungsvertrag (Dissertation)
Berlin, 2009
Bonn, Universitäts- und Landesbibliothek

8.6 und 8.7
Selbstdarstellung
Zahlreiche Ratgeber bieten praktische Hinweise
für den perfekten persönlichen Auftritt.
Die Inszenierung des eigenen Ich verspricht
Erfolg im beruflichen und privaten Leben.
Selbstaufnahmen, „Selfies", verbreiten
in „sozialen Netzwerken" das gewünschte Bild.

Smartphone mit „Selfie"
21. Jahrhundert

Christián Gálvez: *Du bist was du zeigst*
München, 2007

Lichtenau, Stiftung *Kloster Dalheim*. LWL-Landesmuseum
für Klosterkultur

Selfies, Sex und schrille Slogans   233

Habgier

8.8 und 8.9
Sparsam oder geizig?
Ob restlos aufgebrauchte Bleistifte
oder Sparcoupons für den Supermarkt:
Jeder entscheidet selbst,
ob er das nachhaltig oder geizig findet.
Für eine bessere Warenverwertung im Alltag
bieten Ratgeber und Internet zahllose Hinweise.

Rob van Eeden / Haneke van Veen:
Wie werde ich ein echter Geizhals?
München, 2000

Konvolut gebrauchte Bleistifter und Haltehilfe
Deutschland, 21. Jahrhundert

Lichtenau, Stiftung *Kloster Dalheim.* LWL-Landesmuseum
für Klosterkultur

8.10 >
Geiz als Werbestrategie
Ein Werbeslogan bringt das Verbraucherbedürfnis
provokant auf den Punkt.
Auch Billig- oder Ein-Euro-Läden locken die Kunden
mit großen Mengen und niedrigsten Preisen.

Einkaufstüte: *Saturn* „Geiz ist geil"
Deutschland, 21. Jahrhundert
Lichtenau, Stiftung *Kloster Dalheim.* LWL-Landesmuseum
für Klosterkultur

Selfies, Sex und schrille Slogans

DER SPIEGEL

Nr. 20 / 11.5.09
Deutschland: 3,70 €

DAS PRINZIP GIER

Warum der Kapitalismus nicht aus seinen Fehlern lernen kann

www.spiegel.de

< 8.11
Geschäft mit der Gier
Spekulative Transaktionen der Banken lösen ab 2007
eine weltweite Finanzkrise aus.
Die Ursache dafür sehen die einen
in der persönlichen Gier der Anleger,
andere in Mängeln des geltenden Finanzsystems.

Zeitschrift: *Der Spiegel* „Das Prinzip Gier"
Hamburg, 11.5.2009 (Nr. 20)
Lichtenau, Stiftung *Kloster Dalheim*. LWL-Landesmuseum
für Klosterkultur

8.12
Die reichste Ente der Welt
Dagobert Duck ist der Inbegriff des Geizes.
Er knausert mit jedem Taler, schwimmt im Geld
und hortet es in einem riesigen Geldspeicher.

Figur: *Dagobert Duck*
20./21. Jahrhundert
Lichtenau, Stiftung *Kloster Dalheim*. LWL-Landesmuseum
für Klosterkultur

Wollust

8.13

8.13
Sex sells
Für Kaminholz wirbt das Unternehmen *Sinnerbrink* mit der eindeutig zweideutigen Anspielung. Die ironisch gemeinte Reklame verursacht eine Beschwerde beim *Deutschen Werberat*. Rechtsverbindliche Folgen gibt es nicht.

Werbung: „Habt ihr auch alle genug Holz vor den Hütten?"
Verl, 2014
Verl, Sinnerbrink GmbH & Co. KG Furnierschälwerk

8.14 und 8.15 >
Wollust überall
Sex ist zu einem Dauerthema der Medien geworden. Filme, Bücher und Zeitschriften sind gefüllt mit reizvollen Körpern, Methoden zur Luststeigerung und Berichten über anderer Leute Sexualleben. Grenzenlose Anreize bietet heute das Internet.

E.L. James: *Fifty Shades of Grey – Gefährliche Liebe*
München, 2012
Lichtenau, Stiftung *Kloster Dalheim*. LWL-Landesmuseum für Klosterkultur

Zeitschrift: *Cosmopolitan* „Knaller Sex!"
Hamburg, Dezember 2013
Lichtenau, Stiftung *Kloster Dalheim*. LWL-Landesmuseum für Klosterkultur

8.14

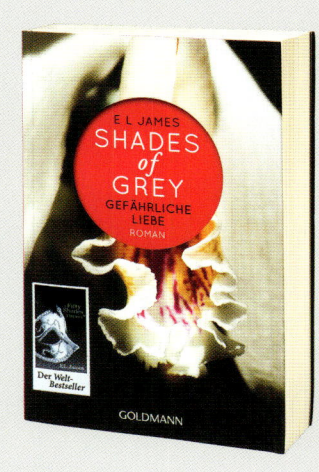

8.15

Selfies, Sex und schrille Slogans   239

190

Jungen, die ich schon geknutscht habe:
Jörg, Massimo, Frederiko, Samuele, Peter,
Heino, Uwe, Carsten, Cavit, Ralph, Marco,
Toni, Murat, Oliver, Pascal, Bülent, Daniel,
Stevie, Volker, Göklian, Alexandro

Typen, mit denen ich schon gepennt hab
Peter, Oliver, Murat, Marco, Toni, Stevie
Göklian

8.16
Gelistet
Im Tagebuch eines Teenagers finden sich
zahlreiche sexuelle Erfahrungen.
Ausmaß und Art sexueller Erfahrungen
sind heute zur persönlichen Entscheidung geworden.

Tagebuch eines 17-jährigen Mädchens
Berlin, 1992/93
Berlin, Stiftung Stadtmuseum

8.17

Spielzeug für Erwachsene
Hilfsmittel für das Liebesspiel werden heute
kaum noch versteckt gehandelt:
Erotikgeschäfte sind heutzutage vielerorts präsent.
Dildopartys sind eine beliebte Kaufveranstaltung.
Vibratoren und andere Frivolitäten werden hier
in geselliger Runde zu Hause präsentiert.

Sexspielzeug:
Gleitgel
Jimmy Jane – Indulgences Poket Pleasure Set
Vibratoren
21. Jahrhundert
Privatleihgabe

8.18 und 8.19
Wollust als Dienstleistung
Aufreizende Kleidung und hochhackige Schuhe sind Erkennungsmerkmale von Prostituierten. Trotz Diskriminierung und Vorurteilen sehen sich viele Sexarbeiterinnen als seriöse Geschäftsfrauen. Wie in jedem Gewerbe bieten sie Dienstleistungen zu bestimmten Preisen an.

Schuhe einer Sexarbeiterin
1990er Jahre
Bochum, Madonna e.V.

Preisliste aus dem Appartement von Michele
Nürnberg, 2005
Privatleihgabe

Erotische Speisekarte

Vorspeisen:

Schleckermäulchen (sanfte Entspannung mit den Mund)	50,- €
Route 69 (... ein unvergessliches Erlebnis für Französisch-Feinschmecker)	75,- €
Ganzkörper-Duft-Massage (erotische Massage mit Handentspannung ...ein muss für den gestressten Mann)	75,- €
mit Zusatzbeilage Verkehr	100,- €

Hauptspeisen:

Verkehr	50,- €
Verkehr mit Französisch beidseitig (ca. halbe Stunde)	100,- €
Als Zwei-Gänge-Menü (ca. eine Stunde)	150,- €
Erotische Behandlung von zart bis hart halbe Stunde eine Stunde	150,- € 200,- €

Nachspeisen:

Kaviar	200,- €

Getränke:

Natursekt - frisch von der Quelle (Hausmarke: Golden-Shower)	50,- €

8.19

8.18

8.20

Grenzen
Die sexuelle Freiheit ist nicht grenzenlos.
Wird der freie Wille missachtet,
hat das juristische Konsequenzen.

Thomas Fischer: Strafgesetzbuch mit Nebengesetzen
München, 2013
Lichtenau, Stiftung *Kloster Dalheim*. LWL-Landesmuseum
für Klosterkultur

8.21

Betörend
Jessica ist die attraktive Frau von *Roger Rabbit*.
Die erotische Ausstrahlung der Sängerin betört
die Männer weit mehr als ihr Gesang.

Figur: *Jessica Rabbit*
20./21. Jahrhundert
Lichtenau, Stiftung *Kloster Dalheim*. LWL-Landesmuseum
für Klosterkultur

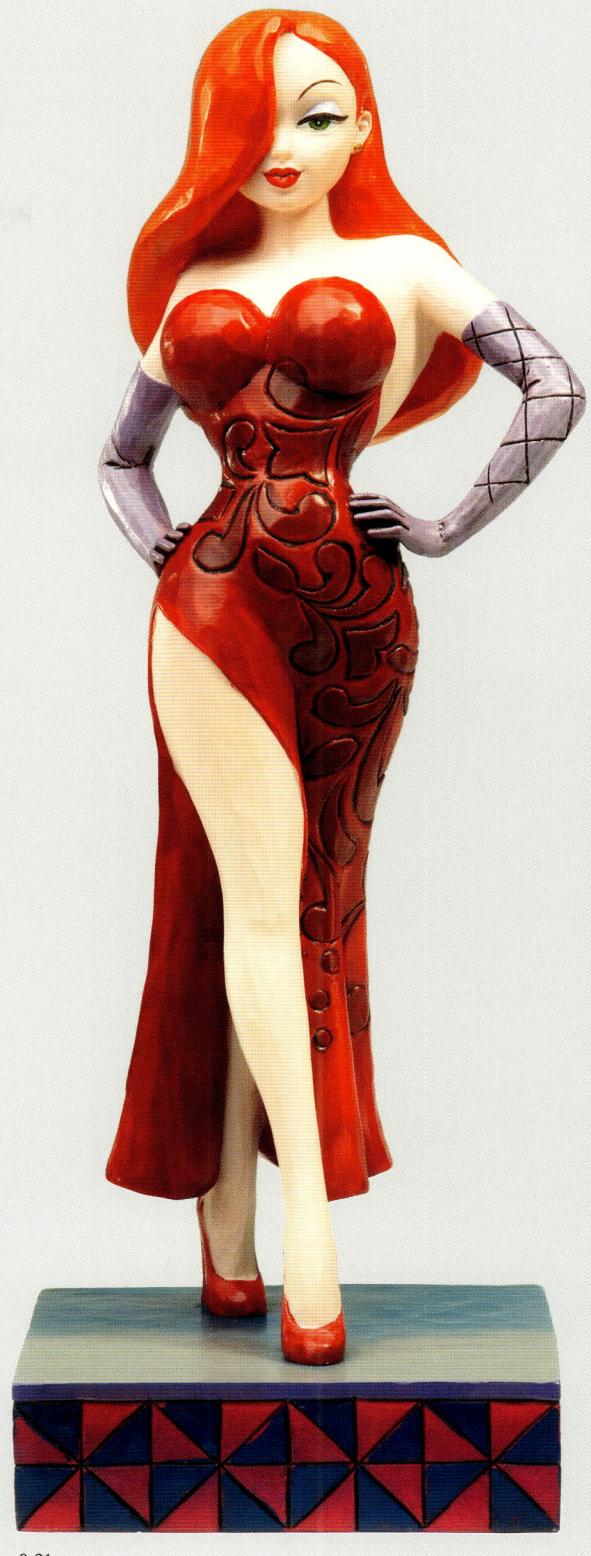

Selfies, Sex und schrille Slogans 243

Zorn

244 Selfies, Sex und schrille Slogans

< 8.22
Grünes Monster
Wird der zurückhaltende Physiker Dr. Banner zornig,
verwandelt er sich in den rasenden Kraftprotz *Hulk*.
In seiner Wut richtet er große Zerstörungen an.

Figur: *Hulk*
20./21. Jahrhundert
Lichtenau, Stiftung *Kloster Dalheim.* LWL-Landesmuseum
für Klosterkultur

8.23
Drück zu!
„Stressbälle" sind kleine Alltagshelfer,
um angestauten Ärger und Anspannung abzubauen.
Je nach Belastungsgrad gibt es verschiedene Härten.

Stressbälle
2015
Lichtenau, Stiftung *Kloster Dalheim.* LWL-Landesmuseum
für Klosterkultur

8.23

8.24

8.25

Wutbürger

8.24 bis 8.26

Der Stuttgarter Hauptbahnhof soll umgebaut werden. Das umstrittene Projekt weckt massiven Volkszorn. Im August 2010 beginnt der Abriss des Nordflügels. Ein 80 m langer Bauzaun soll die Arbeiten sichern. Schnell nutzen ihn die Projektgegner als Werbeträger für Plakate, Collagen und Statements.

Objekte vom Bauzaun *Stuttgart 21*
Anonym, Stuttgart, 2010
Stuttgart, Haus der Geschichte Baden-Württemberg

Aufkleber: *Stuttgart 21*
Deutschland, 2010
Lichtenau, Stiftung *Kloster Dalheim*. LWL-Landesmuseum für Klosterkultur

8.26

246 Selfies, Sex und schrille Slogans

8.27
Scheinbarer Gegensatz
Mit diesem widersprüchlichen Leitsatz ruft das bischöfliche Hilfswerk *Misereor* zu seiner 50. Fastenkollekte auf. Zorn über ungerechte Verhältnisse und das Mitgefühl für Benachteiligte bestimmen die Arbeit des Entwicklungswerks.

Werbematerial zur 50. Fastenaktion von *Misereor*
Deutschland, 2008
MISEREOR

Völlerei

8.28
Ich bin nicht dick!
Obelix ist der starke Freund von *Asterix*.
Gerne verspeist der Gallier ganze Wildschweine.

Figur: *Obelix*
2012
Lichtenau, Stiftung *Kloster Dalheim.* LWL-Landesmuseum
für Klosterkultur

8.29 >
Essen für den guten Zweck
René H. gewinnt 2012 ein XXL-Currywurst-Wettessen
zugunsten eines Vereins für krebskranke Kinder.
In nur einer Stunde isst er drei Würste von je
60 cm Länge, 4 cm Durchmesser und 500 g Gewicht.

Siegerpokal Currywurst-Wett-Essen
Wernigerrode, 2012
Privatleihgabe

8.29

Selfies, Sex und schrille Slogans

8.30

< 8.30
Essen XXL

Das *Big food*-Restaurant lockt mit dem Versprechen,
übermäßig viel essen zu dürfen.
Dabei ist Menge nicht gleich Verschwendung.
Die meisten Besucher teilen die Riesenportionen:
Fleischreste nehmen sie mit nach Hause.
Einsätze aus verlorenen Wettessen werden gespendet.

Speisekarte *Big food Essen in XXL*
Bergisch Gladbach, 2015
Privatleihgabe Andreas Mudring

8.31 >
Purer Luxus

Manchen Gourmets reicht gutes Essen nicht,
sie schätzen Extravaganz und Exklusivität.
Blattgold dient zum Veredeln der Speisen.

Streuer mit Blattgold
21. Jahrhundert
Lichtenau, Stiftung *Kloster Dalheim*. LWL-Landesmuseum
für Klosterkultur

Selfies, Sex und schrille Slogans

8.32
Genuss ohne Reue?
Lightprodukte versprechen ein einfaches Abnehmen.
Viele Menschen achten auf ihr Gewicht,
auch um das gängige Schönheitsideal zu erfüllen.

Lightprodukte:
Coca Cola Zero
Lay's Light
Du darfst – Leichte Butter
2015
Lichtenau, Stiftung *Kloster Dalheim*. LWL-Landesmuseum für Klosterkultur

8.33
Seelentröster
Wir schenken uns Schokolade als kleines „Kopf hoch".
Liebe
Wir schenken uns Schokolade aus Zuneigung.
Freude
Wir schenken uns Schokolade,
weil wir etwas feiern möchten.

Und nun stellen Sie sich vor,
es wäre gesellschaftlicher Konsens,
dass Sie allein zu jedem dieser Anlässe
statt Schokolade nur eine Scheibe Knäckebrot
bekommen dürfen.
Und dass Sie daran selbst Schuld sind.
Wie würden Sie sich fühlen?

Ausgeschlossen? Ungeliebt? Bedroht?
Dieses Gefühl begleitet einen dicken Menschen
in Deutschland jeden Tag.

Berlin, Gesellschaft gegen Gewichtsdiskriminierung e.V.

8.34
Mit Skalpell gegen Völlerei
Ein Magenband hilft bei Fettleibigkeit.
Das Silikonband umschließt den oberen Magenbereich.
Dadurch tritt das Sättigungsgefühl früher ein.

Magenband
2014
Privatleihgabe Guido Gaßner

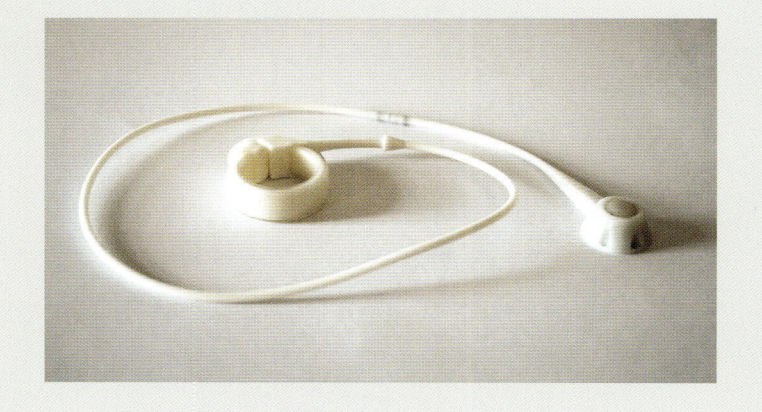

Selfies, Sex und schrille Slogans   253

Neid

8.35
Neiderregender Duft
Envy, zu Deutsch Neid, ist eine Parfum-Reihe
der italienischen Mode-Marke *Gucci.*
Diese verspricht für Mann und Frau große Wirkung:
Die Düfte sollen die eigene Ausstrahlung verstärken
und so den Neid unter Geschlechtsgenossen erregen.

Aftershave: *Gucci Envy*
21. Jahrhundert
Lichtenau, Stiftung *Kloster Dalheim.* LWL-Landesmuseum
für Klosterkultur

8.36 >
Neid frisst auf
Klaas Klever ist ein Konkurrent von *Dagobert Duck.*
Den größeren Erfolg hat jedoch stets Dagobert.
Von Neid geplagt, verzehrt Klaas immer seinen Hut.

Figur: *Klaas Klever*
20./21. Jahrhundert
Lichtenau, Stiftung *Kloster Dalheim.* LWL-Landesmuseum
für Klosterkultur

Selfies, Sex und schrille Slogans 255

8.37
„Das will ich auch!"
Die gleichen Schuhe kauft ein Dortmunder Ehepaar seinen unterschiedlich alten Töchtern, um Streit und Eifersucht zu vermeiden. Kinder fühlen mit zwei bis drei Jahren erstmals bewusst Neid.

2 Paar Kinderschuhe
21. Jahrhundert
Privatleihgabe

8.38 >
Neidobjekt Auto
Das Wortspiel der *Peugeot*-Werbekampagne knüpft an die US-Action Serie *Knight Rider*, zu Deutsch „fahrender Ritter", an. Analog zum sprechenden Auto *K.I.T.T.* der Serie ist das beworbene Auto ein Neidobjekt.

Printwerbung: *Peugeot RCZ* „Neid Rider"
Deutschland, 2011
Lichtenau, Stiftung *Kloster Dalheim*. LWL-Landesmuseum für Klosterkultur

NEID RIDER.

EASY DRIVE LEASING* inkl.
- 4 Jahren Garantie
- 4 Jahren Wartung & Verschleißreparaturen
- 4 Jahren Mobilitätsgarantie „Assistance"

LEASINGRATE ohne Anzahlung
ab **299,– €**** mtl.
für den PEUGEOT RCZ 155 THP

PEUGEOT EMPFIEHLT **TOTAL**   Kraftstoffverbrauch in l/100 km: innerorts 8,9; außerorts 5,1; kombiniert 6,4; CO_2-Emission (kombiniert) in g/km: 149 gemäß RL 80/1268/EWG.

*Zusätzlich zur Herstellergarantie gelten bei 48 Monaten Laufzeit bzw. einer Laufleistung von max. 40.000 km die Bedingungen der optiway-ServicePlus-Verträge.
**0,– € Anzahlung, Fahrleistung 10.000 km/Jahr, Laufzeit 48 Monate, zzgl. Überführungskosten. Ein Leasingangebot der PEUGEOT BANK für den PEUGEOT RCZ 155 THP. Das Angebot gilt für Privatkunden bis zum 31.12.2011 bei allen teilnehmenden Händlern.
Abbildung enthält Sonderausstattung.

DER PEUGEOT RCZ
Mit dem PEUGEOT RCZ bringen Sie Ihren ganz persönlichen Stil zum Ausdruck. Schließlich können Sie das rassige Sportcoupé ganz nach Ihren Wünschen anpassen. Ob bei Design, Ausstattung oder Motorisierung – Ihnen sind fast keine Grenzen gesetzt. Und damit der PEUGEOT RCZ nicht nur ein Traum, sondern Ihr Traumwagen wird, gibt es ihn jetzt beim attraktiven Easy Drive Leasing ohne Anzahlung schon ab günstigen 299,– € im Monat.

PEUGEOT RCZ

PEUGEOT
MOTION & EMOTION

Selfies, Sex und schrille Slogans

Dominik Klenk (Hg.)

Vom Neid befreit

Meins und Deins und die Kunst, zufrieden zu sein

OJC EDITION

BRUNNEN

8.39

< 8.39
Rechter Umgang mit Neid
Ratgeber verraten, wie Neid als Ansporn dient,
um eigene Stärken für seine Ziele zu nutzen.

Dominik Klenk (Hg.): *Vom Neid befreit*
Gießen, 2011
Lichtenau, Stiftung *Kloster Dalheim.* LWL-Landesmuseum
für Klosterkultur

8.40 bis 8.42
Mit Neid zu mehr Gerechtigkeit?
Dem Nebeneinander von zwei Krankenversicherungen,
der gesetzlichen und der privaten,
gilt oft der Vorwurf einer Zweiklassengesellschaft.
Öffentliche Diskussionen sind die Folge.

Gesundheitskarten: *DAK Gesundheit, Die Continentale,*
Gesetzliche Krankenkasse
Deutschland, 21. Jahrhundert
Düsseldorf, DAK Gesundheit
Privatleihgabe
Berlin, GKV Spitzenverband

8.40

8.41

8.42

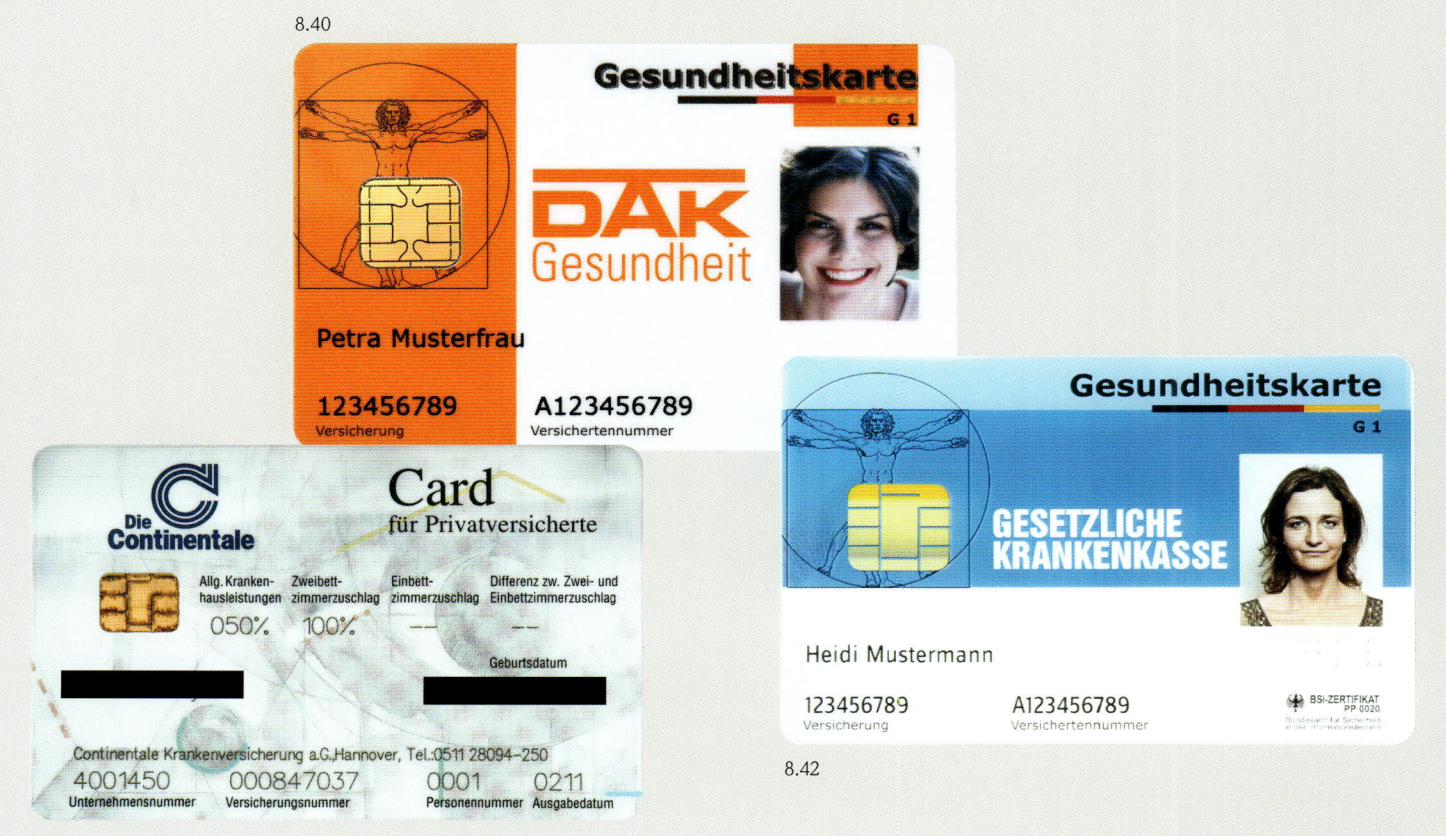

Selfies, Sex und schrille Slogans   259

Trägheit

8.43
Käufliche Entspannung
Egal, ob Tee, Gesichtsmaske oder Badezusatz:
viele Produkte versprechen dem Verbraucher
schon durch ihren Namen Entspannung.

Wellness-Produkte: Tee *Meßmer* „Entspannung",
Merz spezial „Spa deluxe Entspannungsmaske",
Nivea „Free time Shower cream", *Tetesept* „Entspannungsbad"
21. Jahrhundert
Lichtenau, Stiftung *Kloster Dalheim*. LWL-Landesmuseum
für Klosterkultur

8.44 >
Liebenswerter Faulpelz
Faulheit, Ungeschicklichkeit, aber auch Kreativität
kennzeichnen die belgische Comicfigur *Gaston*.
Dies führt zu vielen Katastrophen am Arbeitsplatz.

Figur: *Gaston*
2006
Lichtenau, Stiftung *Kloster Dalheim*. LWL-Landesmuseum
für Klosterkultur

8.43

Selfies, Sex und schrille Slogans 261

8.45 und 8.46
Trägheit macht erfinderisch
Fernsehen ohne Fernbedienung – heute undenkbar!
Nie mehr Spaghetti selber drehen?
Der Hang zur Trägheit ist der Ursprung
hilfreicher ebenso wie kurioser Erfindungen.

Fernbedienung
1990er Jahre
Elektrische Spaghettigabel
2014
Lichtenau, Stiftung *Kloster Dalheim*. LWL-Landesmuseum
für Kosterkultur

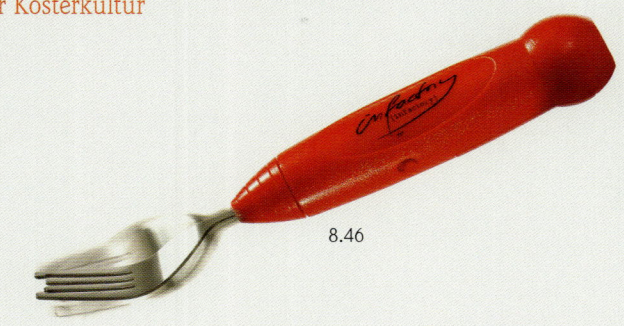

8.47 >
Volksempfinden?
Sind Arbeitslose faul und arbeitsscheu?
Gerhard Schröder spricht 2001
von „Sozialschwindlern".
Viele Menschen, die keine Arbeit finden können,
fühlen sich davon angegriffen.

Zeitung: *Bild* „Es gibt kein Recht auf Faulheit"
Berlin, 6.4.2001
Lichtenau, Stiftung *Kloster Dalheim*. LWL-Landesmuseum
für Kosterkultur

8.48 >
Trägheit des Herzens
Obdachlose gelten oft als faul oder alkoholkrank.
An Bettlern gehen viele in der Überzeugung vorbei,
ihre Hilfe sei überflüssig oder wirkungslos.
Der Verkauf von Straßenzeitungen hilft Obdachlosen,
wieder Fuß in der Gesellschaft zu fassen.

Zeitung: *Strassenfeger – Straßenzeitung für Berlin
und Brandenburg* „Frech"
Berlin, Januar 2015 (Nr. 1)
Lichtenau, Stiftung *Kloster Dalheim*. LWL-Landesmuseum
für Kosterkultur

8.47

8.48

Selfies, Sex und schrille Slogans 263

Epilog

9.1 a bis g

Die Physiognomie der Laster

Eva Aeppli (*1925) befasst sich in ihren Werken mit der menschlichen Existenz und ihrer Fragilität. Ihre Themen sind Tod, Einsamkeit, Apathie, Trauer, aber auch Selbstbehauptung.
Aepplis Kunst vermittelt eine moralische Botschaft. Die Gesichtszüge dieser Skulpturen zeigen die Todsünden als menschliche Schwächen. Jeder Todsünde ordnet sie einen Planeten zu.

Einige menschliche Schwächen
Eva Aeppli, Paris/Frankreich, 2000
Bronze, schwarz patiniert
Basel/Schweiz, Museum Jean Tinguely

9.1 a Die Faulheit. Mond

1 b Der Neid. Merkur

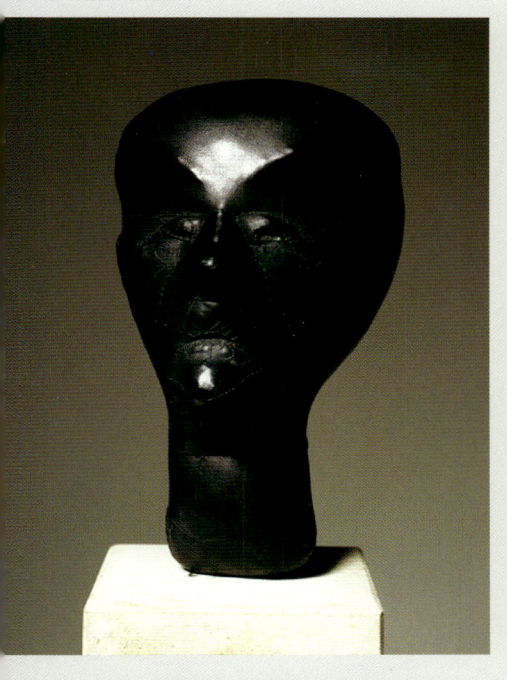

9.1 c Die Unkeuschheit. Venus

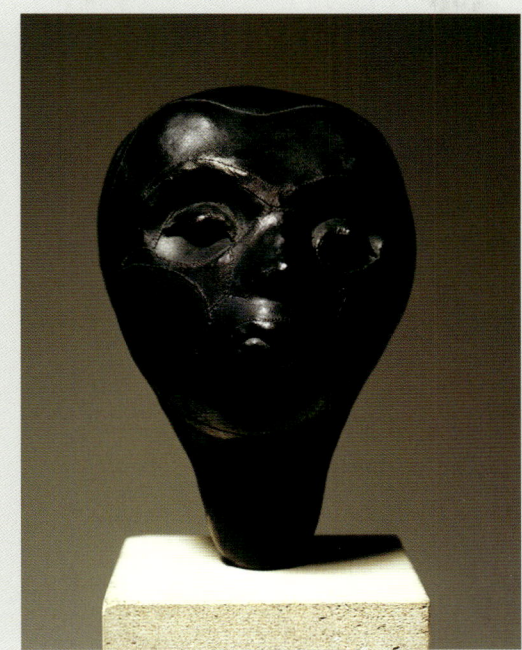

9.1 d Der Hochmut. Sonne

1 e Der Jähzorn. Mars

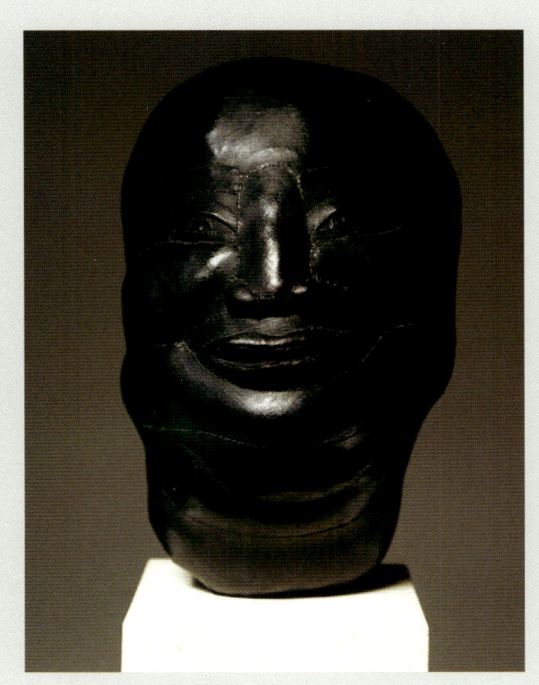

9.1 f Die Völlerei. Jupiter

9.1 g Der Geiz. Saturn

Epilog

9.2
Paderborn ist erstklassig
Für Paderborn wird 2014 ein Fußball-Märchen wahr: Der SC Paderborn 07 steigt in die erste Bundesliga auf. Die ganze Stadt jubelt und feiert das Fußballwunder. Mit besonderen Ortschildern begrüßt Paderborn zu Beginn der neuen Saison seine Besucher. Den Schriftzug „Bundesligastadt" muss die Stadt zwar nach einer Beschwerde wieder entfernen, doch der Stolz auf die Mannschaft bleibt.

Ortsschild: *Paderborn Bundesligastadt*
Paderborn, 2014
Leichtmetall
Paderborn, Stadtverwaltung

Paderborn
Bundesligastadt

Anhang

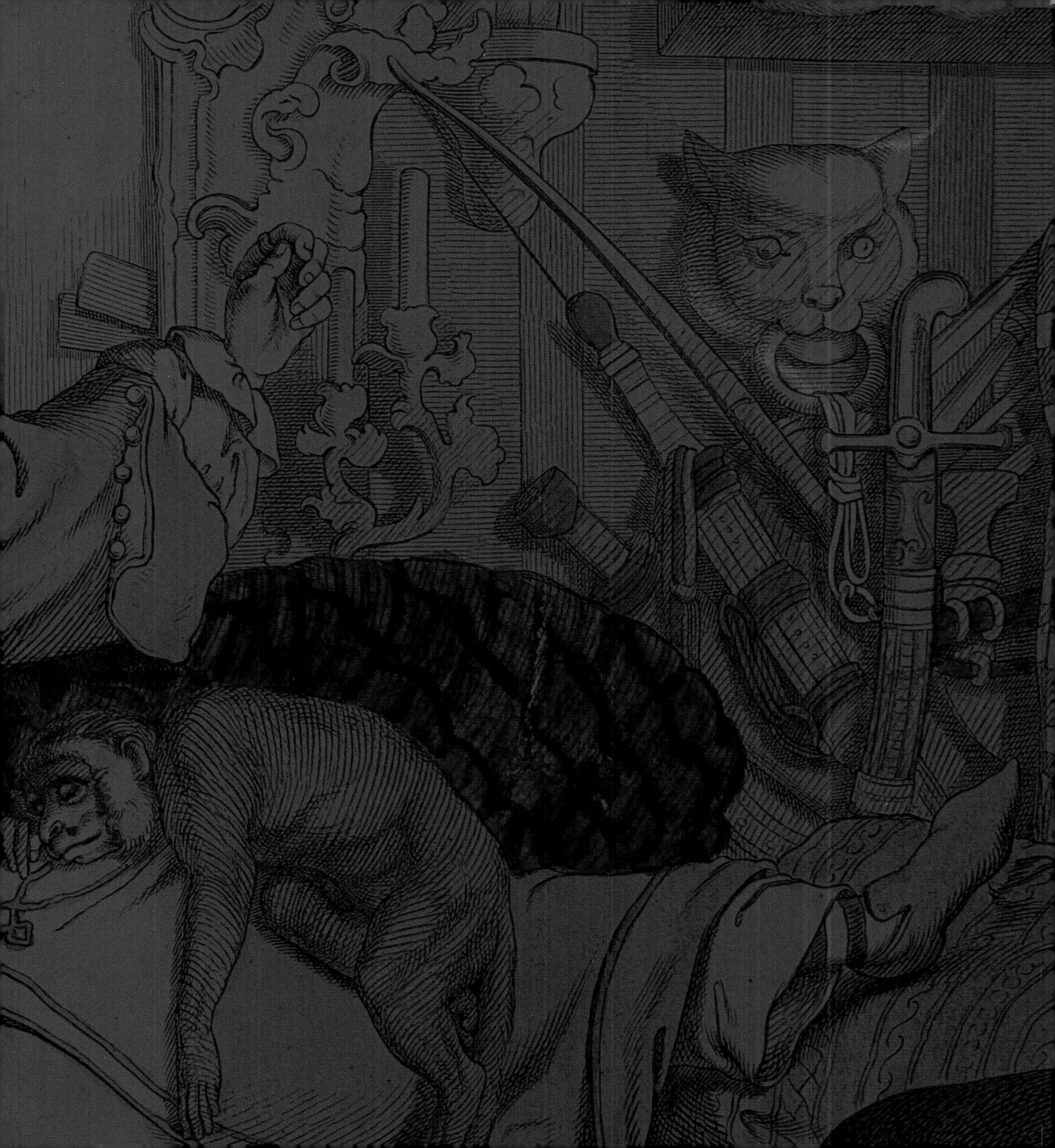

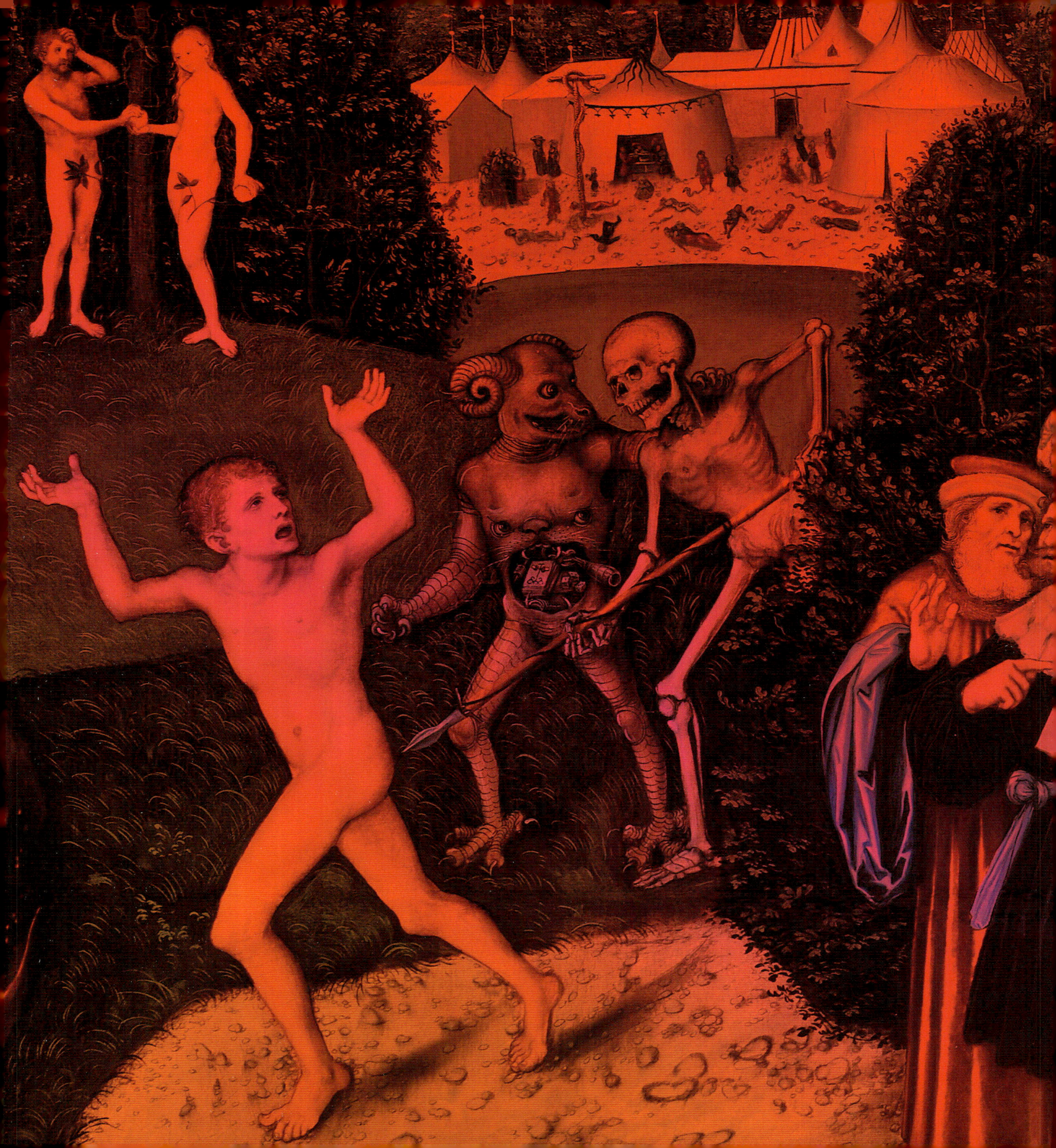

Literaturverzeichnis

Adams 1999
James Eli Adams: Victorian Sexualities, in: Herbert F. Tucker (Hg.): A Companion to Victorian Literature and Culture, Oxford u. a. 1999.

Alighieri 2008 [1472]
Dante Alighieri: Die Göttliche Komödie. Übersetzt von König Johann von Sachsen, Frankfurt a. M. 2008 [Erstausg. 1472].

Aly 2005
Götz Aly: Hitlers Volksstaat. Raub, Rassenkrieg und nationaler Sozialismus, Frankfurt a. M. 2005.

Aly 2011
Götz Aly: Warum die Deutschen? Warum die Juden? Gleichheit, Neid und Rassenhass 1800-1933, Frankfurt a. M. ²2011.

Aly 2013
Götz Aly: Die Belasteten. „Euthanasie" 1939-1945. Eine Gesellschaftsgeschichte, Frankfurt a. M. 2013.

Aly/Heim 2013
Götz Aly, Susanne Heim: Vordenker der Vernichtung. Auschwitz und die deutschen Pläne für eine europäische Ordnung. Überarbeitete Neuauflage der Erstausgabe von 1991, Frankfurt a. M. 2013.

Athanasius 1986 [ca. 360]
Athanasius: Vita Antonii, hrsg. von Adolf Gottfried, Leipzig 1986 [Erstausg. ca. 360].

Anonym 1736
Onania oder Die erschreckliche Sünde der Selbst-Befleckung, Mit allen ihren entsetzlichen Folgen, so dieselbe bey Beyderley Geschlecht nach sich zu ziehen pfleget; Nebst Geist- und Leiblichem Rath Vor alle diejenigen, welche sich durch bloße abscheuliche Gewohnheit bereits Schaden zugefügt haben, Nach der Fünfzehenden Herausgebung aus dem Englischen ins Deutsche übersetzt, Leipzig 1736.

Aretino 1986 [1534/36]
Pietro Aretino: Kurtisanengespräche. Aus dem Italienischen von Ernst Otto Kayser. Mit Anmerkungen des Übersetzers und einem Nachwort von Helmuth Faust, Frankfurt a. M. 1986 [Erstausg. 1534/36].

Bachmann 2013
Anne Bachmann: Lebenssituationen und Diskriminierungserfahrungen schwuler und bisexueller Männer. Eine Studie des Instituts für Psychologie der Christian-Albrechts-Universität zu Kiel unter der Leitung von Dr. Anne Bachmann, hrsg. von der Senatsverwaltung für Arbeit, Integration und Frauen, Landesstelle für Gleichbehandlung – gegen Diskriminierung (Dokumente lesbisch-schwuler Emanzipation 32), Berlin 2013.

Barth 2000
Ariane Barth: Die Welt im 21. Jahrhundert. HipHop der Hormone, in: Der Spiegel 48, 2000, S. 180-184.

Bajohr 2000
Frank Bajohr: „Arisierung" als gesellschaftlicher Prozeß. Verhalten, Strategien und Handlungsspielräume jüdischer Eigentümer und „arischer" Erwerber, in: Irmtrud Wojak, Peter Hayes (Hg.): „Arisierung" im Nationalsozialismus. Volksgemeinschaft, Raum und Gedächtnis, Frankfurt a. M. 2000, S. 15-30.

Bartsch 2012
Volker Bartsch: Ich und Andere. Hume – Rousseau – Kant, Berlin 2012.

Becker 1975
Werner Becker: Von Kardinaltugenden, Todsünden und etlichen Lastern. Bilder und Plastiken zur Kultur- und Sittengeschichte des 12. bis 19. Jahrhunderts, Leipzig 1975.

Berkel 2008
Irene Berkel: Sigmund Freud, Paderborn 2008.

Bernards 1955
Matthäus Bernards: Speculum Virginum. Geistigkeit und Seelenleben der Frau im Hochmittelalter (Forschungen zur Volkskunde 36/38), Köln/Graz 1955.

Bertz 2008
Inka Bertz: Silber aus jüdischem Besitz. „Im Museumsbetrieb redet man eigentlich über solche Sachen nicht so sehr …", in: Kat. Berlin/Frankfurt a. M. 2008, S. 189-194.

Bialas 2009
Wolfgang Bialas: Die moralische Ordnung des Nationalsozialismus. Zum Zusammenhang von Philosophie, Ideologie und Moral, in: Werner Konitzer, Raphael Gross (Hg.): Moralität des Bösen. Ethik und nationalsozialistische Verbrechen (Jahrbuch 2009 zur Geschichte und Wirkung des Holocaust), Frankfurt a. M. 2009, S. 30-60.

Bialas 2014
Wolfgang Bialas: Moralische Ordnungen des Nationalsozialismus (Schriften des Hannah-Arendt-Instituts für Totalitarismusforschung 52), Göttingen 2014.

Bidermann 1963 [1666]
Jakob Bidermann: Cenodoxus. Abdruck nach den „Ludi theatrales" (1666) mit den Lesarten der Kelheimer und Pollinger Handschrift, hrsg. von Rolf Tarot, Tübingen 1963 [Erstausg. 1666].

Blackburn 2004
Simon Blackburn: Die sieben Todsünden / I sette peccati capitali, in: Kat. Bozen 2004, S. 12-15.

Blackburn 2008
Simon Blackburn: Wollust. Die schönste Todsünde. Aus dem Englischen von Matthias Wolf, Berlin 2008.

Blanchard/Bancel/Boëtsch 2012
Pascal Blanchard, Nicolas Bancel, Gilles Boëtsch u. a. (Hg.): MenschenZoos. Schaufenster der Unmenschlichkeit. Aus dem Französischen von Susanne Buchner-Sabathy, Hamburg 2012.

Blöcker 1993
Susanne Blöcker: Studien zur Ikonographie der sieben Todsünden in der niederländischen und deutschen Malerei und Graphik von 1450-1560 (Bonner Studien zur Kunstgeschichte 8), Münster 1993.

Bloomfield 1967
Morton W. Bloomfield: The seven deadly sins. An introduction to the history of a religious concept. With special reference to medieval English literature, Michigan 1967.

Bock/Gaethgens 1987
Henning Bock, Thomas W. Gaethgens (Hg.): Holländische Genremalerei im 17. Jahrhundert. Symposium Berlin 1984 (Jahrbuch Preußischer Kulturbesitz, Sonderband 4), Berlin 1987.

Bode 2012
Franz-Josef Bode: Und führe uns in der Versuchung. Vom Umgang mit den eigenen Abgründen, Freiburg i. Br./Basel/Wien 2012.

Boockmann 1986
Hartmut Boockmann: Die Stadt im späten Mittelalter, München 1986.

Borowsky 2007
Peter Borowsky: Außerparlamentarische Opposition und Studentenbewegung, in: bpb. Bundeszentrale für politische Bildung, Stand: 20.8.2007, http://www.bpb.de/geschichte/deutsche-geschichte/geschichte-der-raf/49201/apo-und-studentenproteste?p=all, letzter Zugriff: 27.2.2015.

Borst 2007
Arno Borst: Die Welt des Mittelalters. Barbaren, Ketzer und Artisten. Neuauflage der Erstausgabe von 1988, Hamburg 2007.

Brandstetter 2013
Günther Brandstetter: Die größten Übel der Menschheit: Geiz und Gier, in: derStandard.at, Stand: 29.11.2013, http://derstandard.at/1385169273599/Die-groessten-Uebel-der-Menschheit-Geiz-und-Gier, letzter Zugriff: 19.3.2015.

Braun 1972
Rudolf Braun u. a. (Hg.): Industrielle Revolution. Wirtschaftliche Aspekte (Neue wissenschaftliche Bibliothek), Köln/Berlin 1972.

Braun 1990
Christina von Braun: Und der Feind ist Fleisch geworden. Der rassistische Antisemitismus, in: Christina von Braun, Ludger Heid (Hg.): Der ewige Judenhass. Christlicher Antijudaismus. Deutschnationale Judenfeindlichkeit. Rassistischer Antisemitismus (Studien zur Geistesgeschichte 12), Stuttgart/Bonn 1990, S. 110-130.

Briesen 2010
Detlef Briesen: Das gesunde Leben. Ernährung und Gesundheit seit dem 18. Jahrhundert, Frankfurt a. M. 2010.

Brockmeier 1972
Peter Brockmeier: Lust und Herrschaft. Studien über gesellschaftliche Aspekte der Novellistik. Boccaccio, Sacchetti, Margarete von Navarra, Cervantes, Stuttgart 1972.

Brooke 2001
Christopher Brooke: Die Klöster. Geist. Kultur. Geschichte, Erftstadt 2001.

Bryant 2011
Thomas Bryant: Himmlers Kinder. Zur Geschichte der SS-Organisation „Lebensborn" e.V. 1935-1945, Wiesbaden 2011.

Bruno Balz-Archiv
http://www.bruno-balz.com/index.php/das-bruno-balz-archiv, letzter Zugriff: 26.03.2015.

Bückendorf 1997
Jutta Bückendorf: „Schwarz-weiß-rot über Ostafrika!" Deutsche Kolonialpläne und afrikanische Realität. Europa – Übersee (Historische Studien 5), Münster 1997.

Bührer 1990
Werner Bührer: Erzwungene oder freiwillige Liberalisierung? Die USA, die OEEC und die westdeutsche Außenhandelspolitik 1949-1952, in: Ludolf Herbst, Werner Bührer, Hanno Sowade (Hg.): Vom Marshallplan zur EWG. Die Eingliederung der Bundesrepublik Deutschland in die westliche Welt (Quellen und Darstellungen zur Zeitgeschichte 30), München 1990, S. 139-162.

Bunge 1992
Gabriel Bunge: Evagrios Pontikos. Über die acht Gedanken, Würzburg 1992.

Burgdörfer 1932
Friedrich Burgdörfer: Volk ohne Jugend. Geburtenschwund und Überalterung des deutschen Volkskörpers. Ein Problem der Volkswirtschaft – der Sozialpolitik – der nationalen Zukunft, Berlin 1932.

Burgerbibliothek Bern 2009
Burgerbibliothek Bern (Hg.): Schachzabel, Edelstein und der Gral. Spätmittelalterliche Handschriftenschätze der Burgerbibliothek Bern (Passepartout. Schriftenreihe der Burgerbibliothek Bern 1), Bern 2009.

Busche 2005
Sinja-Mareike Busche: Die Entwicklung des Jugendmedienschutzes in Deutschland (Erziehung Schule Gesellschaft 39), Würzburg 2009.

Büttner 2012
Nils Büttner: Hieronymus Bosch, München 2012.

Byern 2010
Martin von Byern: Carême – Pâtissier architecte. Eine Weltgeschichte der Architektur in Zucker, in: archimaera 3, 2010, S. 87-96.

Cantzen 2015
Rolf Cantzen: Geiz – Das Gift der Menschlichkeit, in: br.de. Bayern2 Radio – radio Wissen, Stand: 12.2.2015, http://www.br.de/radio/bayern2/wissen/radiowissen/ethik-und-philosophie/ethik-geiz102.html, letzter Zugriff: 27.2.2015.

Chuang 2013
Ching-Ho Chuang: Mensch ärgere Dich (nicht)?, in: Bozena Anna Budara, Kathrin Weber (Hg.): Ira – Wut und Zorn in Kultur und Literatur, Gießen 2013, S. 99-140.

Conrad 2012
Sebastian Conrad: Deutsche Kolonialgeschichte, München ²2012.

Czarnowski 1991
Gabriele Czarnowski: Das kontrollierte Paar. Ehe- und Sexualpolitik im Nationalsozialismus (Ergebnisse der Frauenforschung 24), Weinheim 1991.

Daase 2007a
Christopher Daase: Die erste Generation der RAF (1970-1975), in: bpb. Bundeszentrale für politische Bildung, Stand: 20.8.2007, http://www.bpb.de/geschichte/deutsche-geschichte/geschichte-der-raf/49256/die-erste-generation, letzter Zugriff: 13.2.2015.

Daase 2007b
Christopher Daase: Die zweite Generation der RAF (1975-1981), in: bpb. Bundeszentrale für politische Bildung, Stand: 20.8.2007, http://www.bpb.de/geschichte/deutsche-geschichte/geschichte-der-raf/49268/die-zweite-generation?p=all, letzter Zugriff: 13.2.2015.

Daase 2007c
Christopher Daase: Die dritte Generation der RAF (1982-1998), in: bpb. Bundeszentrale für politische Bildung, Stand: 20.8.2007, http://www.bpb.de/geschichte/deutsche-geschichte/geschichte-der-raf/49299/die-dritte-generation, letzter Zugriff: 13.2.2015.

Dabhoiwala 2014
Faramerz Dabhoiwala: Lust und Freiheit. Die Geschichte der ersten sexuellen Revolution. Aus dem Englischen von Esther und Hainer Kober, Stuttgart 2014.

Danz 2013
Christian Danz: Einführung in die Theologie Martin Luthers, Darmstadt 2013.

D'Aprile/Stockhorst 2013
Iwan-Michelangelo D'Aprile, Stefanie Stockhorst (Hg.): Rousseau und die Moderne. Eine kleine Enzyklopädie, Göttingen 2013.

Darwin 2000 [1872]
Charles Darwin: Der Ausdruck der Gemütsbewegungen bei dem Menschen und den Tieren. Kritische Edition. Einleitung, Nachwort und Kommentar von Paul Ekman, Frankfurt a. M. 2000 [Erstausg. 1872].

Delgado/Krüger/Vergauwen 2010
Mariano Delgado, Oliver Krüger, Guido Vergauwen (Hg.): Das Prinzip Evolution. Darwin und die Folgen für Religionstheorie und Philosophie (Religionsforum 7), Stuttgart 2010.

Der Spiegel 1950
o. V.: Sonst brennt dein Haus, in: Der Spiegel 21, 1950, S. 8f.

Der Spiegel 1969
o. V.: Aus erster Hand, in: Der Spiegel 15, 1969, S. 84.

Die Bibel 1980
Die Bibel. Altes und Neues Testament. Einheitsübersetzung, hrsg. im Auftrag der Bischöfe Deutschlands, Österreichs, der Schweiz, des Bischofs von Luxemburg, des Bischofs von Lüttich, des Bischofs von Bozen-Brixen, Für die Psalmen und das Neue Testament auch im Auftrag des Rates der Evangelischen Kirche in Deutschland und des Deutschen Bibelwerks in der Bundesrepublik Deutschland, Stuttgart 1980.

Donner 1995
Wolf Donner: Propaganda und Film im „Dritten Reich", Berlin 1995.

Dorrmann 2008
Michael Dorrmann: Die Sammlungen der Familie von Klemperer. Von Büchern und Porzellanen, in: Kat. Berlin/Frankfurt a. M. 2008, S. 148-156.

Dreesbach 2005
Anne Dreesbach: Gezähmte Wilde. Die Zurschaustellung „exotischer" Menschen in Deutschland 1870-1940, Frankfurt a. M./New York 2005.

Dribbusch 2013
Barbara Dribbusch: Die Luft war voller Sehnsucht, in: taz. Die Tageszeitung, 5.12.2013, S. 9.

Dyduch 2013
Sarah Dyduch: Wollust: Kann denn Liebe Sünde sein, in: derStandard.at, Stand: 25.10.2013, http://psy-praxis.com/wollust-kann-den-liebe-suende-sein/, letzter Zugriff: 24.3.2015.

Ebbersmeyer/Keßler/Schmeisser 2007
Sabrina Ebbersmeyer, Eckhard Keßler, Martin Schmeisser (Hg.): Ethik des Nützlichen. Texte zur Moralphilosophie im italienischen Humanismus (Humanistische Bibliothek. Texte und Abhandlungen, Reihe II: Texte 36), München 2007.

Eckert 2013
Andreas Eckert: Die Berliner Afrika-Konferenz (1884/85), in: Jürgen Zimmerer (Hg.): Kein Platz an der Sonne. Erinnerungsorte der deutschen Kolonialgeschichte, Frankfurt a. M. 2013, S. 137-149.

Eder 2009
Franz X. Eder: Kultur der Begierde. Eine Geschichte der Sexualität, München ²2009.

Edschmid 2007
Ulrike Edschmid: „Ich gehöre nicht mehr dazu". Im Zeichen der Waffe, in: Daniel Cohn-Bendit, Rüdiger Dammann (Hg.): 1968. Die Revolte, Frankfurt a. M. 2007, S. 185-202.

Eisenbart 1962
Liselotte Constanze Eisenbart: Kleiderordnungen der deutschen Städte zwischen 1350 und 1700. Ein Beitrag zur Kulturgeschichte des deutschen Bürgertums (Göttinger Bausteine zur Geschichtswissenschaft 32), Göttingen/Berlin/Frankfurt a. M. 1962.

Eitler 2009
Pascal Eitler: Sexualität als Ware und Wahrheit. Körpergeschichte als Konsumgeschichte, in: Heinz-Gerhard Haupt, Claudius Torp (Hg.): Die Konsumgesellschaft in Deutschland 18901990. Ein Handbuch, Frankfurt a. M. 2009, S. 370-388.

Engl 1977
Lieselotte und Theodor Engl (Hg.): Die Eroberung Perus in Augenzeugenberichten, München ²1977.

Erasmus von Rotterdam 1950 [1511]
Erasmus von Rotterdam, Hans Holbein d. J.: Das Lob der Torheit. Mit den Randzeichnungen der Basler Ausgabe. Deutsch von Alfred Hartmann. Mit einer Einführung hrsg. von Curt Loehning, Berlin 1950 [Erstausg. 1511].

Erasmus von Rotterdam 2006 [1511]
Erasmus von Rotterdam: Lob der Torheit. Aus dem Lateinischen übersetzt von Heinrich Hersch, eingerichtet und überarbeitet von Kim Landgraf, Köln 2006 [Erstausg. 1511].

Erdmann 2013
Nicola Erdmann: Diese fünf Dating-Apps erleichtern das Liebesleben, in: Die Welt. de, Stand: 23.10.2013, http://www.welt.de/icon/article121068512/Diese-fuenf-Dating-Apps-erleichtern-das-Liebesleben.html, letzter Zugriff: 24.03.2015.

Ernst 2011
Heiko Ernst: Wie uns der Teufel reitet. Von der Aktualität der 7 Todsünden (Herder-Spektrum 6241), Freiburg i. Br. 2011.

Esch 2012
Arnold Esch: Wahre Geschichten aus dem Mittelalter, München 2012.

Essner/Conte 1996
Cornelia Essner, Edouard Conte: „Fernehe", „Leichentrauung" und „Totenscheidung". Metamorphosen des Eherechts im Dritten Reich, in: Vierteljahreshefte für Zeitgeschichte 44, H. 2, 1996, S. 201-227.

Evagrius Ponticus 2012a [4. Jh.]
Evagrius Ponticus: Antirrhetikos. Die große Widerrede. Übersetzt von Leo Trunk, hrsg. von Anselm Grün (Quellen der Spiritualität 1), Münsterschwarzach ³2012 [Erstausg. 4. Jh.].

Evagrius Ponticus 2012b [4. Jh.]
Evagrius Ponticus: Ad monachos, Ad virginem, Institutio ad monachos. Der Mönchsspiegel, der Nonnenspiegel, Ermahnung an Mönche, hrsg. von Christoph Joest (Fontes Christiani 51), Freiburg i. Br./Basel/Wien 2012 [Erstausg. 4. Jh.].

Feldmann 2014
Christian Feldmann: Die Dämonen sind unter uns. Die sieben Todsünden, in: br.de. Bayern2 Radio – radioWissen, Stand: 20.01.2014, http://www.br.de/radio/bayern2/wissen/radiowissen/religion/todsuenden-christentum-orient-religion-100.html, letzter Zugriff: 27.02.2015.

Flüeler/Rohde 2009
Christoph Flüeler, Martin Rohde (Hg.): Laster im Mittelalter (Scrinium Friburgense 23), Berlin/New York 2009.

Focus Money online 2010
o. V.: Konsumverhalten. Geiz ist nicht geil – aber weitverbreitet, in: Focus Money online, Stand: 05.08.2010, http://www.focus.de/finanzen/news/konsumverhalten-geiz-ist-nicht-geil-aber-weitverbreitet_aid_538308.html, letzter Zugriff: 27.02.2015.

Follmann 2010
Sigrid-Ursula Follmann: Wenn Frauen sich entblößen… Mode als Ausdrucksmittel der Frau der zwanziger Jahre, Marburg 2010.

Freud 1905
Sigmund Freud: Drei Abhandlungen zur Sexualtheorie, Leipzig/Wien 1905.

Freud 1974 [1905]
Sigmund Freud: Drei Abhandlungen der Sexualtheorie und verwandte Schriften. Auswahl und Nachwort von Alexander Mitscherlich, Frankfurt a. M. ¹³1974 [Erstausg. 1905].

Friedmann/Müller/Windmann 2009
Jan Friedmann, Ann-Katrin Müller, Antje Windmann: Als Deutschland aufgeklärt wurde. Setzen, Sex!, in: Spiegel online, Stand: 26.02.2009, http://www.spiegel.de/einestages/als-deutschland-aufgeklaert-wurde-a-948183.html, letzter Zugriff: 13.02.2015.

Friedrich 1989
Jörg Friedrich: „Die Wohnungsschlüssel sind beim Hausverwalter abzugeben". Die Ausschlachtung der jüdischen Hinterlassenschaft, in: Jörg Wollenberg (Hg.): „Niemand war dabei und keiner hat's gewußt". Die deutsche Öffentlichkeit und die Judenverfolgung 1933-1945, München 1989, S. 188-203.

Frye/Neckel 2012
Bernd Frye, Sighard Neckel: Gier: Eine Emotion kommt ins Gerede. Über den Gefühlshaushalt der Wirtschaft und die normative Grundlange des Kapitalismus. Interview, abgedruckt in: Forschung Frankfurt 2, 2012, 46-49, http://www.forschung-frankfurt.uni-frankfurt.de/39950453/2012#2_2012, letzter Zugriff: 27.02.2015.

Fuld 2014
Werner Fuld: Eine Geschichte des sinnlichen Schreibens, Berlin 2014.

Galen 2005
Margarete von Galen: Das Prostitutionsgesetz. Eine Bewertung aus rechtlicher Sicht, in: Kat. Hamburg 2005, S. 236f.

Geulen 2004
Christian Geulen: Wahlverwandte. Rassendiskurs und Nationalismus im späten 19. Jahrhundert, Hamburg 2004.

Geyer 2013
Paul Geyer: Von Dante zu Ionesco. Literarische Geschichte des modernen Menschen in Italien und Frankreich. Bd. 1: Dante, Petrarca, Boccaccio, Machiavelli, Ariost, Tasso, Hildesheim/Zürich/New York 2013.

Geyer/Thorwarth 2009
Paul Geyer, Kerstin Thorwarth (Hg.): Petrarca und die Herausbildung des modernen Subjekts, Bonn 2009.

Gesellschaft für deutsche Sprache 2010
Gesellschaft für deutsche Sprache e.V. (GfdS): „Wutbürger" zum Wort des Jahres 2010 gewählt. Pressemitteilung, Stand: 17.12.2010, http://gfds.de/wutbuerger-zum-wort-des-jahres-2010-gewaehlt/, letzter Zugriff: 25.3.2015.

Gier 2005
Helmut Gier (Hg.): Jakob Bidermann und sein „Cenodoxus". Der bedeutendste Dramatiker aus dem Jesuitenorden und sein erfolgreichstes Stück (Jesuitica. Quellen und Studien zur Geschichte, Kunst und Literatur der Gesellschaft Jesu im deutschsprachigen Raum 8, erscheint zugleich als Schwäbische Geschichtsquellen und Forschungen 25), Regensburg 2005.

Gille/Spriewald 1970
Hans Gille, Ingeborg Spriewald (Hg.): Die Gedichte des Michel Beheim. Bd. 2: Gedichte Nr. 148-357 (Deutsche Texte des Mittelalters 64), Berlin 1970.

Gillen 2007
Gabriele Gillen: Sexuelle Revolution. Gruppensitzung mit Bettgenossen, in: Spiegel online, Stand: 26.11.2007, http://www.spiegel.de/einestages/sexuelle-revolution-a-948895.html, letzter Zugriff: 13.02.2015.

Goheen 1990
Jutta Goheen: Mensch und Moral im Mittelalter. Geschichte und Fiktion in Hugo von Trimbergs „Der Renner", Darmstadt 1990.

Gottberg 2005
Joachim von Gottberg: Sexualität, Jugendschutz und der Wandel der Moral, in: TelevIZIon 18, H. 1, 2005, 12-16, online abrufbar unter: http://www.br-online.de/jugend/izi/deutsch/publikation/televizion/18_2005_1/gottberg.pdf, letzter Zugriff: 24.3.2015.

Gottberg/Schmidt 2001
Joachim von Gottberg, Gunter Schmidt: In Phantasiewelten spazieren gehen. Wie die Sexualisierung der Öffentlichkeit auf Jugendliche wirkt. Interview, in: tv diskurs. Verantwortung in audiovisuellen Medien 15, Hf. 1, 2001, 46-53, online abrufbar unter: http://fsf.de/medienarchiv/beitrag/heft/in-phantasiewelten-spazieren-gehen-wie-die-sexualisierung-der-oeffentlichkeit-auf-jugendliche-wirk/, letzter Zugriff: 24.3.2015.

Göttler/Schaffer 2010
Christine Göttler, Anette Schaffer: Die Kunst der Sünde. Die Wüste, der Teufel, der Maler, die Frau, die Imagination, in: Kat. Bern 2010, S. 42-61.

Grabowksy/Lücke 2014
Ingo Grabowsky, Martin Lücke: 100 Jahre deutscher Schlager!, in: Kat. Gronau 2014, S. 19-53.

Greschat 2005
Katharina Greschat: Die Moralia in Job Gregors des Großen. Ein christologisch-ekklesiologischer Kommentar (Studien und Texte zu Antike und Christentum 31), Habil. Universität Mainz 2004, Tübingen 2005.

Grimm 1986 [1819]
Brüder Grimm: Kinder- und Hausmärchen. Nach der zweiten vermehrten und verbesserten Auflage von 1819, textkritisch revidiert und mit einer Biographie der Grimmschen Märchen versehen, hrsg. von Heinz Rölleke. Band 2, Köln ³1986.

Gründer 2002
Horst Gründer: Der „Wettlauf um Afrika" und die Berliner Westafrika-Konferenz 1884/85, in: Ulrich van der Heyden, Joachim Zeller (Hg.): Kolonialmetropole Berlin. Eine Spurensuche, Berlin 2002, S. 19-23.

Gudermann 2004
Rita Gudermann: Der Sarotti-Mohr. Die bewegte Geschichte einer Werbefigur. Unter Mitarbeit von Bernhard Wulff, Berlin 2004.

Gurjewitsch 1992
Aaron J. Gurjewitsch: Mittelalterliche Volkskultur. Zweite unveränderte Auflage, München 1992.

Hammer-Tugendhat 1981
Daniela Hammer-Tugendhat: Hieronymus Bosch. Eine historische Interpretation seiner Gestaltungsprinzipien (Theorie und Geschichte der Literatur und der schönen Künste 58), München 1981.

Handel-inside 2013
o. V.: Werbung zu sexy: Anzeige für Redcoon, in: Handel-inside.com, Stand: 25.12.2013, http://www.forum.handel-inside.com/deutscher-lebensmittelhandel/sonstige/208-werbung-zu-sexy-anzeige-fuer-redcoon, letzter Zugriff: 25.03.2015.

Häntzschel 1986
Günter Häntzschel (Hg.): Bildung und Kultur bürgerlicher Frauen 1850-1918. Eine Quellendokumentation aus Anstandsbüchern und Lebenshilfen für Mädchen und Frauen als Beitrag zur weiblichen literarischen Sozialisation (Studien und Texte zur Sozialgeschichte der Literatur 15), Tübingen 1986.

Hapkemeyer 2004
Andreas Hapkemeyer: Kann denn Liebe Sünde sein? / Ma l`amore può essere peccato?, in: Kat. Bozen 2004, S. 7-11.

Haubl 2001
Rolf Haubl: Neidisch sind immer nur die anderen. Über die Unfähigkeit zufrieden zu sein (Beck'sche Reihe 1925), München 2001.

Hecht 2007
Julia Hecht: Alfred Kubins graphischer Zyklus „Die sieben Todsünden", in: Kat. Murnau 2007, S. 11-35.

Heid 1990a
Ludger Heid: Wir sind und wollen nur Deutsche sein! Jüdische Emanzipation und Judenfeindlichkeit 1750-1880, in: Christina von Braun, Ludger Heid (Hg.): Der ewige Judenhass. Christlicher Antijudaismus. Deutschnationale Judenfeindlichkeit. Rassistischer Antisemitismus (Studien zur Geistesgeschichte 12), Stuttgart/Bonn 1990, S. 70-109.

Heid 1990b
Ludger Heid: Die Juden sind unser Unglück! Der moderne Antisemitismus in Kaiserreich und Weimarer Republik, in: Christina von Braun, Ludger Heid (Hg.): Der ewige Judenhass. Christlicher Antijudaismus. Deutschnationale Judenfeindlichkeit. Rassistischer Antisemitismus (Studien zur Geistesgeschichte 12), Stuttgart/Bonn 1990, S. 110-130.

Heil 2012
Werner Heil: Welt des Mittelalters und der Frühen Neuzeit (Geschichte im Unterricht 3), Stuttgart 2012.

Heinrich von Burgus 1917 [1301/04]
Heinrich von Burgus: Der Seele Rat, hrsg. von Hans-Friedrich Rosenfeld (Deutsche Texte des Mittelalters 37), Berlin 1917 [Erstausg. 1301/04].

Hennen 2007
Manfred Hennen: Die unzeitgemäße Aktualität der Sünde. Zorn und Hochmut, in: Alfred Bellebaum, Detlef Herbers (Hg.): Die sieben Todsünden. Über Laster und Tugenden in der modernen Gesellschaft, Münster 2007, S. 169-201.

Hens 2001
Heinrich Hens: Verspielte Tugend – spielbares Laster. Studien zur Ikonographie des Kartenspiels im 15. bis 16. Jahrhundert, Bd. 2, Diss. RWTH Aachen 1998, Aachen 2001.

Herzog 2005
Dagmar Herzog: Die Politisierung der Lust. Sexualität in der deutschen Geschichte des zwanzigsten Jahrhunderts. Aus dem Amerikanischen von Ursel Schäfer und Anne Emmert, München 2005.

Herzog 2008
Dagmar Herzog: „Orgasmen wie Chinaböller": Sexualität zwischen Politik und Kommerz, in: Kat. Frankfurt a. M. 2008, S. 76-84.

Herr 2010
Katja Herr (Regie): Sex im 21. Jahrhundert, in: arte.tv, letzter Stand: 06.12.2010, arte.tv/de/sex-im-21-jahrhundert-13-sex-oder-liebe/3559284.html, letzter Zugriff: 23.3.2015.

Herrn 2004
Rainer Herrn: Vom Traum zum Trauma. Das Institut für Sexualwissenschaft, in: Elke-Vera Kotowski, Julius H. Schoeps (Hg.): Der Sexualreformer Magnus Hirschfeld. Ein Leben im Spannungsfeld von Wissenschaft, Politik und Gesellschaft (Sifria – Wissenschaftliche Bibliothek 8), Berlin 2004, S. 173-199.

Hersche 2006
Peter Hersche: Muße und Verschwendung. Europäische Gesellschaft und Kultur im Barockzeitalter, 2 Bde., Freiburg i. Br. 2006.

Hesse/Springer 2002
Klaus Hesse, Philipp Springer: Vor aller Augen. Fotodokumente des nationalsozialistischen Terrors in der Provinz, Essen 2002.

Hildegard von Bingen 2014 [1158-1163]
Hildegard von Bingen: Das Buch der Lebensverdienste. Liber vitae meritorum. Übersetzt und eingeleitet von Sr. Maura Zátonyi OSB, hrsg. von der Abtei St. Hildegard, Rüdesheim/Eibingen 2014 [Erstausg. 1158-1163].

Hirschfelder 2001
Gunther Hirschfelder: Europäische Esskultur. Eine Geschichte der Ernährung von der Steinzeit bis heute, Frankfurt a. M. 2001.

Hitler 1943
Adolf Hitler: Mein Kampf. Zwei Bände in einem Band. Ungekürzte Ausgabe, München [851-855]1943.

Hofmann 1982
Hans-Ulrich Hofmann: Luther und die Johannes-Apokalypse. Dargestellt im Rahmen der Auslegungsgeschichte des letzten Buches der theologischen Entwicklung des Reformators (Beiträge zur Geschichte der biblischen Exegese 24), Tübingen 1982.

Holmig 2008
Alexander Holmig: Zäune anrempeln, die den Alltag begrenzen! Von Kommunen und Wohngemeinschaften, in: Kat. Frankfurt a. M. 2008, S. 52-59.

Horbelt/Spindler 2000
Rainer Horbelt, Sonja Spindler: Die deutsche Küche im 20. Jahrhundert. Von der Mehlsuppe im Kaiserreich bis zum Designerjoghurt der Berliner Republik, Frankfurt a. M. 2000.

Iken 2011
Katja Iken: 60 Jahre Beate-Uhse-Versand. Als Deutschland mit der Post kam, in: Spiegel online, Stand: 7.9.2011, http://www.spiegel.de/einestages/60-jahre-beate-uhse-versand-a-947321.html, letzter Zugriff: 13.02.2015.

Jacob-Friesen 2007a
Holger Jacob-Friesen: Der Sensenmann und die Wollust. Zum tanzenden Paar im Gemälde Die sieben Todsünden von Otto Dix, in: L'art macabre. Jahrbuch der europäischen Totentanz-Vereinigung 8, 2007, S. 72-88.

Jacob-Friesen 2007b
Holger Jacob-Friesen: Von der Psychomachie zum Psychothriller – Die sieben Todsünden in der Kunst, in: Kat. Murnau 2007, S. 36-51.

Jansen 1987
Wolfgang Jansen: Glanzrevuen der zwanziger Jahre (Stätten der Geschichte Berlins 25), Berlin 1987.

Jehl 1982
Rainer Jehl: Die Geschichte des Lasterschemas und seiner Funktion. Von der Väterzeit bis zur karolingischen Erneuerung, in: Franziskanische Studien 3/4, 1982, S. 261-359.

Jellonnek 1990
Burkhard Jellonnek: Homosexuelle unter dem Hakenkreuz. Die Verfolgung von Homosexuellen im Dritten Reich, Paderborn 1990.

Jockel 1979
Nils Jockel (Bearb.): Die 7 (Sieben) Todsünden (Ausstellungszeitung Museum für Kunst und Gewerbe Hamburg), Hamburg 1979.

Jordan 1993
Gerda Jordan: Deutsche Kultur in Epochen (American University Studies, Series I, 99), New York u. a. 1993.

Jung 2006
Alexander Jung: Fresswelle nach der Fettlücke, in: Der Spiegel Special 1, 2006, S. 98-105.

Kailitz 2007
Susanne Kailitz: Von den Worten zu den Waffen? Frankfurter Schule, Studentenbewegung, RAF und die Gewaltfrage, Wiesbaden 2007.

Kant 1990 [1797]
Immanuel Kant: Metaphysische Anfangsgründe der Tugendlehre. Metaphysik der Sitten. Zweiter Teil. Mit einer Einführung „Kants System der Pflichten in der Metaphysik der Sitten" von Mary Gregor. Neu hrsg. und eingeleitet von Bernd Ludwig (Philosophische Bibliothek 430), Hamburg 1990 [Erstausg. 1797].

Kant 1999 [1784]
Immanuel Kant: Was ist Aufklärung? Ausgewählte kleine Schriften. Mit einem Text zur Einführung von Ernst Cassirer, hrsg. von Horst D. Brandt (Philosophische Bibliothek 512), Hamburg 1999 [Erstausg. 1784].

Kat. Assen u. a. 2004
Vincent T. van Vilsteren, Rainer-Maria Weiss (Hg.): 100000 Jahre Sex. Liebe und Erotik in der Geschichte. Begleitband zur internationalen Wanderausstellung, Stuttgart 2004.

Kat. Augsburg 2011
Staatliches Textil- und Industriemuseum Augsburg, LVR-Industriemuseum (Hg.): Reiz & Scham. Kleider, Körper und Dessous. 150 Jahre zwischen Anstand und Erotik. Eine Ausstellung des Staatlichen Textil- und Industriemuseums Augsburg in Kooperation mit dem LVR-Industriemuseum, Augsburg 2011.

Kat. Berlin 1994
Manuela Fischer (Hg.): ElDorado. Das Gold der Fürstengräber. Eine Ausstellung des Museums für Völkerkunde, Abteilung Amerikanische Archäologie in Zusammenarbeit mit der Hypo-Kulturstiftung München, Berlin 1994.

Kat. Berlin/Frankfurt a. M. 2008
Inka Bertz, Michael Dorrmann (Hg.): Raub und Restitution. Kulturgut aus jüdischem Besitz von 1933 bis heute. Ausstellung im Jüdischen Museum Berlin und im Jüdischen Museum Frankfurt a. M. (19. September 2008-25. Januar 2009; 22. April-2. August 2009), Göttingen 2008.

Kat. Bern 2010
Fabienne Eggelhöfer (Hg.): Lust und Laster. Die sieben Todsünden von Dürer bis Naumann. Kunstmuseum Bern und Zentrum Paul Klee (15. Oktober-20. Februar 2011), Ostfildern 2010.

Kat. Bozen 2004
Letizia Ragaglia (Hg.): Seven Sins. Ausstellung im Museion – Museum für moderne und zeitgenössische Kunst Bozen (10. September-28. November 2004), Bozen 2004.

Kat. Dresden 1995
Tobias Burg: Von Wüstlingen und anderen Zeitgenossen. Graphik von William Hogarth, Ausstellung vom 9. November 1995-2. Februar 1996 im Kupferstichkabinett der Staatlichen Kunstsammlungen Dresden (Sammeln und Bewahren 76), Dresden 1995.

Kat. Dresden 1996
Gisela Staupe, Lisa Vieth (Hg.): Die Pille. Von der Lust und von der Liebe. Ausstellung des Deutschen Hygiene Museums Dresden (1. Juni-31. Dezember 1996), Berlin 1996.

Kat. Dresden 2001
Stiftung Deutsches Hygiene-Museum (Hg.): Sex. Vom Wissen und Wünschen. Ausstellung im Deutschen Hygiene-Museum Dresden (7. November 2001-11. August 2002), Ostfildern-Ruit 2001.

Katechismus 1970 [1566]
Katechismus nach dem Beschlusse des Konzils von Trient für die Pfarrer. Auf Befehl der Päpste Pius V. und Klemens XIII. herausgegeben. Übersetzt nach der zu Rom 1855 veröffentlichten Ausgabe mit Sachregister, Kirchen 1970 [Erstausg. 1566].

Kat. Essen 2012
Museum Folkwang (Hg.), René Grohnert (Bearb.): Afrika. Reflexionen im Plakat. Ausstellung des Deutschen Plakat Museums im Museum Folkwang Essen (25. August-21. Oktober 2012), Göttingen 2012.

Kat. Frankfurt a. M. 2005
Ingrid Pfeiffer, Max Hollein (Hg.): James Ensor. Ausstellung in der Schirn Kunsthalle Frankfurt a. M. (17. Dezember 2005-19. März 2006), Ostfildern-Ruit 2005.

Kat. Frankfurt a. M. 2008
Andreas Schwab, Jan Gerchow (Hg.): Die 68er. Kurzer Sommer – Lange Wirkung. Eine Ausstellung des Historischen Museums in Frankfurt a. M. (1. Mai-31. August 2008) (Schriften des Historischen Museums Frankfurt a. M. 27), Essen 2008.

Kat. Gedenkstätten Buchenwald und Mittelbau-Dora 2010
Volkhard Knigge, Rikola-Gunnar Lüttgenau, Jens-Christian Wagner (Hg.): Zwangsarbeit. Die Deutschen, die Zwangsarbeiter und der Krieg. Begleitband zur Wanderausstellung, Weimar ²2010.

Kat. Gronau 2014
Thomas Mania, Ingo Grabowsky, Martin Lücke (Hg.): 100 Jahre deutscher Schlager! Ausstellung im Rock'n'Popmuseum Gronau (19. März-27. April und 16. Mai-17. September 2014), Münster 2014.

Kat. Hamburg 1982
Werner Hofmann (Hg.): Menzel – Der Beobachter. Ausstellung der Hamburger Kunsthalle (22. Mai-25. Juli 1982), München 1982.

Kat. Hamburg 1995
Susanne Meyer-Büser (Hg.): Bubikopf und Gretchenzopf. Die Frau der zwanziger Jahre, Ausstellung im Museum für Kunst und Gewerbe Hamburg (1. September-5. November 1995), Heidelberg 1995.

Kat. Hamburg 2005
Elisabeth von Dücker: Sexarbeit. Prostitution – Lebenswelten und Mythen. Ausstellung des Museums der Arbeit Hamburg (4. November 2005-13. August 2006), Bremen 2005.

Kat. Hamburg 2009
Ortrud Westheider, Michael Philipp (Hg.): Zwischen Himmel und Hölle: Kunst des Mittelalters von der Gotik bis Baldung Grien. Ausstellung im Bucerius Kunst Forum (19. September 2009-10. Januar 2010), München 2009.

Kat. Mainz 1991
Sabine Mertens (Hg.): Blockbücher des Mittelalters. Bilderfolgen als Lektüre. Ausstellung des Gutenberg-Museums Mainz (22. Juni 1991-1. September 1991), Mainz 1991.

Kat. Mannheim 1992
Karin von Welck (Hg.): Sammelleidenschaft, Mäzenatentum und Kunstförderung. Ausstellungskatalog zur Sonderausstellung in der Vertretung des Landes Baden-Württemberg in Bonn (29.April-3.Juni 1992) und im Hofgebäude des Museums für Kunst-, Stadt- und Theatergeschichte im Reiß-Museum der Stadt Mannheim (1. Juli-27. September 1992), Neustadt a. d. Weinstraße 1992.

Kat. Mauthausen 2013
Verein für Gedenken und Geschichtsforschung in österreichischen KZ-Gedenkstätten (Hg.): Das Konzentrationslager Mauthausen. 1938-1945. Katalog zur Ausstellung in der KZ-Gedenkstätte Mauthausen, Wien 2013.

Kat. München 1993
Ulrike Zischka, Hans Ottomeyer, Susanne Bäumler (Hg.): Die anständige Lust. Von Esskultur und Tafelsitten. Ausstellung im Münchener Stadtmuseum (5. Februar-31. Mai 1993), München 1993.

Kat. München 2014
Hilke Thode-Arora (Hg.): From Samoa with Love? Samoa-Völkerschauen im Deutschen Kaiserreich. Eine Spurensuche. Ausstellung im Staatlichen Museum für Völkerkunde München (31. Januar-5. Dezember 2014), München 2014.

Kat. Murnau 2007
Schloßmuseum des Marktes Murnau (Hg.), Brigitte Salmen (Bearb.): Alfred Kubin – Die 7 Todsünden. Tradition und Moderne, Eine Sonderausstellung im Schloßmuseum Murnau (26. Juli-4. November 2007), Bonn 2007.

Kat. Neuwied 2013
Detlev Richter, Bernd Willscheid (Hg.): Reinheit, Feuer & Glanz. Stobwasser und Roentgen – Kunsthandwerk von Weltrang. Ausstellung im Roentgen-Museum Neuwied (21. April-18. August 2013), Neuwied 2013.

Kat. Nürnberg 1983
Gerhard Bott (Hg.): Martin Luther und die Reformation in Deutschland. Ausstellung zum 500. Geburtstag Martin Luthers, veranstaltet vom Germanischen Nationalmuseum Nürnberg in Zusammenarbeit mit dem Verein für Reformationsgeschichte (25. Juni-25. September 1983), (Kataloge des Germanischen Nationalmuseums), Frankfurt a. M. 1983.

Kat. Nürnberg 2010
Daniel Hess (Hg.): Die Schausammlungen des Germanischen Nationalmuseums. Bd. 3: Renaissance, Barock, Aufklärung. Kunst und Kultur vom 16. bis zum 18. Jahrhundert, Nürnberg 2010.

Kat. Soest/Lippstadt/Unna 2002
Klaus Kösters, Reimar Möller (Hg.): Bilderstreit und Sinnenlust. Heinrich Aldegrever (1502-2002). Katalog zur Ausstellung Burghofmuseum Soest, Landschaftsverband Westfalen-Lippe, Städtisches Heimatmuseum Lippstadt und Hellweg-Museum Unna, Bönen 2002.

Kat. Stuttgart 2011
Haus der Geschichte Baden-Württemberg (Hg.): Dagegen leben? Der Bauzaun und Stuttgart 21. Ausstellung im Haus der Geschichte Baden-Württemberg Stuttgart (16. Dezember 2011-1. April 2012), Stuttgart 2011.

Kat. Tübingen 1984
Volker Harms (Hg.): Andenken an den Kolonialismus. Ausstellung des völkerkundlichen Instituts der Universität Tübingen (Ausstellungskataloge der Universität Tübingen 17), Tübingen 1984.

Kat. Wewelsburg 2011
Wulff E. Brebeck, Fran Huismann, Kirsten John-Stucke u. a. (Hg.): Endzeitkämpfer. Ideologie und Terror der SS. Begleitband zur ständigen Ausstellung „Ideologie und Terror der SS" in der „Erinnerungs- und Gedenkstätte Wewelsburg 1933-1945" des Kreismuseums Wewelsburg (Schriftenreihe des Kreismuseums Wewelsburg 8), München 2011.

Kat. Wuppertal 2008
Gerhard Finckh (Hg.): James Ensor – Schrecken ohne Ende. Ausstellung im Von-der-Heydt-Museum Wuppertal (12. Oktober 2008-8. Februar 2009), Wuppertal 2008.

Katzenellenbogen 1989
Adolf Katzenellenbogen: Allegories of the virtues [virtues] and vices in medieval art from early Christian times to the thirteenth century (Medieval Academy Reprints for Teaching 24), Canada 1989.

Kat. Zürich 1994
Peter Jezler: Das Jenseits im Mittelalter. Ausstellung „Himmel, Hölle, Fegefeuer" im Landesmuseum Zürich (4. März-29. Mai 1994), Zürich 1994.

Kaufmann 2010
Thomas Kaufmann: Martin Luther, München ²2010.

Kessler 2010
Hans Kessler: Kein Atheist: Wie Darwin zu Religion und Schöpfungsglauben stand, in: Tabula Rasa 39, Januar 2010.

Kirchmeier 2013
Christian Kirchmeier: Moral und Literatur. Eine historische Typologie, München 2013.

Knapp 1999
Fritz Peter Knapp: Die Literatur des Spätmittelalters in den Ländern Österreich, Steiermark, Kärnten, Salzburg und Tirol von 1273 bis 1439 (Geschichte der Literatur in Österreich von den Anfängen bis zur Gegenwart 2/1), Graz 1999.

Kneissler 2011
Michael Kneissler: Ich, ich, ich!, in: NZZ am Sonntag, Stand: 22.5.2011, http://www.genios.de/presse-archiv/artikel/NZZS/20110522/ich-ich-ich/IOCFV.html, letzter Zugriff: 27.2.2015.

Knigge 1991 [1788]
Adolf Freiherr Knigge: Über den Umgang mit Menschen (Bibliothek der Philosophie 8), Essen 1991 [Erstausg. 1788].

Koenen 2007
Gerd Koenen: Der Muff von tausend Jahren. Ein Aufstand gegen die Kriegsgeneration?, in: Daniel Cohn-Bendit, Rüdiger Dammann (Hg.): 1968. Die Revolte, Frankfurt a. M. 2007, S. 139-160.

Kolle 2005
Oswalt Kolle: Zur Erinnerung. Sexualität in den Fünfziger und Sechziger Jahren, in: Kat. Hamburg 2005, S. 186f.

Koop 2007
Volker Koop: „Dem Führer ein Kind schenken". Die SS-Organisation Lebensborn e. V., Köln 2007.

Körntgen 2006
Ludger Körntgen: Canon law and the practice of penance: Burchard of Worm's penitential, in: Early medieval Europe 14, 2006, S. 103-117.

Kors/Peters 2001
Alan Charles Kors, Edward Peters (Hg.): Witchcraft in Europe 400-1700. A documentary history, Pennsylvania 2001.

Kosmer 1975
Ellen Kosmer: The "noyous humoure of lecherie", in: The Art Bulletin 57, H. 1, 1975, S. 1-8.

Kothes 1977
Franz-Peter Kothes: Die theatralische Revue in Berlin und Wien. 1900-1938. Typen, Inhalte, Funktionen (Taschenbücher für Musikwissenschaft 29), Wilhelmshaven 1977.

Krafft-Ebing 1907
Richard Krafft-Ebing: Psychopathia sexualis. Mit besonderer Berücksichtigung der Konträren Sexualempfindung. Eine Medizinisch-Gerichtliche Studie für Ärzte und Juristen, Stuttgart ¹³1907.

Kraushaar 2007
Wolfgang Kraushaar: Rudi Dutschke und der bewaffnete Kampf, in bpb. Bundeszentrale für politische Bildung, Stand: 20.08.2007, http://www.bpb.de/geschichte/deutsche-geschichte/geschichte-der-raf/49209/rudi-dutschke, letzter Zugriff: 13.02.2015.

Kuester 1995
Hildegard Kuester (Hg.): Das 16. Jahrhundert. Europäische Renaissance (Eichstätter Kolloquium 2), Regensburg 1995.

Kurbjuweit 2010
Dirk Kurbjuweit: Der Wutbürger, in: Der Spiegel 41, 2010, S. 26f.

Lafargue 1966 [1883]
Paul Lafargue: Das Recht auf die Faulheit & Persönliche Erinnerungen an Karl Marx, hrsg. und eingeleitet von Iring Fetscher, Frankfurt a. M. 1966 [Erstausg. 1883].

Lakotta 2006
Beate Lakotta: Triebwerk im Keller der Seele, in: Der Spiegel 18, 2006, S. 160-174.

Laqueur 2003
Thomas Walter Laqueur: Solitary Sex. A Cultural History of Masturbation, New York 2003.

Le Goff 1984
Jacques Le Goff: Die Geburt des Fegefeuers, Stuttgart 1984.

Lehmann 2012
Johannes F. Lehmann: Im Abgrund der Wut. Zur Kultur- und Literaturgeschichte des Zorns (Rombach Wissenschaften, Reihe Litterae 107), Habil. Universität Duisburg-Essen 2011, Freiburg i. Br. 2012.

Lemmer 2004
Manfred Lemmer: Sebastian Brant. Das Narrenschiff, Tübingen ⁴2004.

Leppin 2013
Volker Leppin: Die Reformation (Geschichte Kompakt), Darmstadt 2013.

Luther-Bibel 1545
Biblia, das ist, Die gantze heilige Schrifft, Deudsch. Auffs new zugericht. D. Mart. Luth. Begnadet mit Kurfürstlicher zu Sachssen Freiheit, Wittemberg 1545.

Ganzer/Steimer 2002
Klaus Ganzer, Bruno Steimer (Red.): Lexikon der Reformationszeit (Lexikon für Theologie und Kirche kompakt), Freiburg/Basel/Wien 2002.

Limbach 2010
Jutta Limbach: Zorn – Europas erstes Wort. Eröffnungsvortrag der Opernfestspiele München 2010, abgedruckt in: Süddeutsche.de, Stand: 30.06.2010, http://www.sueddeutsche.de/muenchen/eroeffnungsvortrag-der-opernfestspiele-zorn-europas-erstes-wort-1.967495, letzter Zugriff: 27.02.2015.

Lindemann 2003
Gesa Lindemann: Magnus Hirschfeld, in: Andreas Seek (Hg.): Durch Wissenschaft zur Gerechtigkeit? Textsammlung zur kritischen Rezeption des Schaffens von Magnus Hirschfeld. Geschlecht – Sexualität – Gesellschaft (Berliner Schriften zur Sexualwissenschaft und Sexualpolitik 4), Münster 2003, S. 99-110.

Luther 1520
Martin Luther: Der zehen gebot gotes ain Schöne nutzliche Erklerung. Item Ain predig von den Siben todsünden, Augsburg 1520.

Luther 1883 [1518]
Martin Luther: D. Martin Luthers Werke. Kritische Gesamtausgabe. Bd. 1: Heidelberger Disputation, Weimar 1883 [Erstausg. 1518].

Luther 1915 [1544]
Martin Luther: D. Martin Luthers Werke. Kritische Gesamtausgabe. Bd. 52: Hauspostille, Weimar 1915 [Erstausg. 1544].

Luther 2006 [1517]
Martin Luther: Lateinisch-Deutsche Studienausgabe. Bd. 2: Christusglaube und Rechtfertigung, hrsg. und eingeleitet von Johannes Schilling, Leipzig 2006 [Erstausg. 1517].

Lutz 1982
Heinrich Lutz: Reformation und Gegenreformation (Oldenburgs Grundriss der Geschichte 10), München/Wien ²1982.

Mack 2010
Susanne Mack: Wollust. Serie: Die sieben Todsünden heute, in: Deutschlandradio Kultur.de, Stand: 30.01.2010, http://www.deutschlandradiokultur.de/wollust.1278.de.html?dram:article_id=192479, letzter Zugriff: 24.03.2015.

Maines 1999
Rachel P. Maines: The Technology of Orgasm. "Hysteria", the Vibrator, and Women's Sexual Satisfaction, Baltimore 1999.

Major 1908
Emil Major: Holzschnitte des fünfzehnten Jahrhunderts in der öffentlichen Kunstsammlung zu Basel (Einblattdrucke des 15. Jahrhunderts 11), Straßburg 1908.

Margarete von Navarra 1979 [1559]
Margarete von Navarra: Heptameron. Aus dem Französischen übertragen von Walter Widmer auf der Grundlage der von Michael François herausgegebenen kritischen Ausgabe (Paris 1943). Mit einem Nachwort von Peter Amelung und den Illustrationen von Dunker und Freudenberg der Ausgabe Bern 1780/81, München 1979 [Erstausg. 1559].

Markmiller 1995
Anton Markmiller: „Die Erziehung des Negers zur Arbeit". Wie die koloniale Pädagogik afrikanische Gesellschaften in die Abhängigkeit führte (Reflektierte Praxis. DED-Beiträge zur Entwicklungspolitik), Berlin 1995.

Marquis de Sade 1990 [1797]
Donatien Alphonse François Marquis de Sade: Justine oder Die Leiden der Tugend. Roman aus dem Jahre 1797. Aus dem Französischen von Raoul Haller, mit einem Essay von Albert Camus, Frankfurt a. M./Leipzig 1990 [Erstausg. 1797].

Märtens 2007
Susanne Märtens: Art and Appetites. Studien zur Ästhetik des Grotesken bei John Hamilton Mortimer und Thomas Rowlandson (Rombach Wissenschaften – Reihe Cultura 40), Freiburg i. Br. 2007.

Martin von Amberg 1958 [ca. 1370-82]
Martin von Amberg. Der Gewissensspiegel, hrsg. von Stanley Newman Werbow (Texte des späten Mittelalters 7), Berlin 1958 [Erstausg. ca. 1370-82].

Marthaler 2014
Ingo Marthaler: Bewusstes Leben. Moral und Glück bei Immanuel Kant (Kantstudien-Ergänzungshefte 176), Berlin/Boston 2014.

Mathes/Haubl 2007
Werner Mathes, Rolf Haubl: Interview mit Neidforscher Rolf Haubl. „Neid kann lebensgefährlich werden", in: Stern.de, Stand: 8.11.2007, http://www.stern.de/panorama/interview-mit-neidforscher-rolf-haubl-neid-kann-lebensgefaehrlich-werden-601969.html, letzter Zugriff: 24.3.2015.

Matussek 2010
Matthias Matussek: Auf Teufel komm raus, in: Der Spiegel 7, 2010, S. 60-71.

May 2000
Georg May: Die Rechtfertigung des Sünders. Nach katholischer Lehre und in der protestantischen Auffassung (Brennpunkt Theologie 4), Stuttgart 2000.

Mayer 2014
Susanne Mayer: Porno oder prüde? Zur neuen Doppelmoral. „Das Wilde ist bedroht", in: Die Zeit 35, 21.8.2014, S. 35.

McDonald 2012
William C. McDonald: Singing Sin. Michel Beheim's "Little Book of the Seven Deadly Sins". A German Pre-Reformation Religious Text for the Laity, in: Richard G. Newhauser, Susan J. Ridyard (Hg.): Sin in Medieval and Early Modern Culture. The Tradition of the Seven Deadly Sins, York 2012, S. 282-303.

Meens 2004
Rob Meens: Die Bändigung der Lust, in: Kat. Assen u.a. 2004, S. 64f.

Menkens 2011
Sabine Menkens: Was wären wir ohne … Neid? Das gelbe Gefühl, in: Die Welt.de, Stand: 10.12.2011, http://www.welt.de/print/die_welt/debatte/article13760507/Das-gelbe-Gefuehl.html, letzter Zugriff: 24.3.2015.

Meßing/Schulte 2012
Frank Meßing, Stefan Schulte: Rabattaktionen. Geiz ist im Einzelhandel nicht mehr geil, in: WAZ/derWesten, Stand: 27.1.2012, http://www.derwesten.de/wirtschaft/geiz-ist-im-einzelhandel-nicht-mehr-geil-id6290419.html, letzter Zugriff: 27.2.2015.

Meyer 2003
Beate Meyer: „Jüdische Mischlinge". Rassenpolitik und Verfolgungserfahrung 1933-1945, Hamburg ³2003.

MGH Epist. 2 1899
Hartmann, Ludwig M. (Hg.): Gregorii I Papae Registrum Epistolarum (Monumenta Germaniae Historica. Epistulae 2), Berlin 1899.

Mohr 2007
Reinhard Mohr: Die Liebe zur Revolution. Vom Richtigen und Falschen, in: Daniel Cohn-Bendit, Rüdiger Dammann (Hg.): 1968. Die Revolte, Frankfurt a. M. 2007, S. 19-46.

Molière 1978 [1668]
Molière: Drei Stücke. Deutsch von Tankred Dorst, Frankfurt a. M. 1978 [Erstausg. 1668].

Mozart 1981 [1787]
Wolfgang Amadeus Mozart: Don Giovanni, in der Originalsprache (Italienisch mit deutscher Übersetzung). Opernführer verfasst und hrsg. von Kurt Pahlen unter Mitarbeit von Rosemarie König, München 1981 [Uraufführung 1787].

Mücke 2007
Peter Mücke: Schleyer-Entführung: Hat der Staat richtig reagiert?, in: NDR.de, Stand: 7.8.2007, http://www.ndr.de/info/sendungen/Schleyer-Entfuehrung-Hat-der-Staat-richtig-reagiert,sommerserieterror6.html, letzter Zugriff: 20.3.2015.

Müller 2006
Ulrich Müller: Zwischen Gebrauch und Bedeutung. Studien zur Funktion von Sachkultur am Beispiel mittelalterlichen Handwaschgeschirrs (5./6. bis 15./16. Jahrhundert), in: Zeitschrift für Archäologie des Mittelalters 20, 2006 (zugleich Habil. Universität Greifswald 1999/2000).

Müller 2010
Barbara Müller: Die sieben Todsünden. Von der frühmonastischen Psychologie zur hochmittelalterlichen Volkstheologie, in: Kat. Bern 2010, S. 16-28.

Mumford 1974
Lewis Mumford: Mythos der Maschine. Kultur, Technik und Macht, 2 Bde., Wien 1974.

Naarmann 1998
Margit Naarmann: „Von ihren Leuten wohnt hier keiner mehr". Jüdische Familien in Paderborn in der Zeit des Nationalsozialismus (Paderborner Historische Forschungen 7), Köln 1998.

Naarmann 2002
Margit Naarmann: Eine „vernünftige" Auswanderung. Geseke, Paderborn, Amerika. Aufstieg, Verfolgung und Emigration der Familie Grünebaum, Paderborn 2002.

Neckel 2001
Sighard Neckel: Deutschlands gelbe Galle. Eine kleine Wissenssoziologie des teutonischen Neides, in: Karl Markus Michel, Ingrid Karsunke, Tilmann Spengler (Hg.): Die Neidgesellschaft (Kursbuch 143), Berlin 2001, S. 2-10.

Neckel 2011
Sighard Neckel: Der Gefühlskapitalismus der Banken: Vom Ende der Gier als „ruhiger Leidenschaft", in: Leviathan 39, 2011, S. 39-53.

Nederveen Pieterse 1992
Jan Nederveen Pieterse: White on Black. Images of Africa and Blacks in Western Popular Culture, New Haven (Conn.)/London 1992.

Niedenzu 2013
Sophie Niedenzu: Eine gesunde Portion Zorn, in: derStandard.at, Stand: 22.11.2013, http://derstandard.at/1381372125934/Eine-gesunde-Portion-Zorn, letzter Zugriff: 27.2.2015.

Nielsen 2009
Maja Nielsen: Charles Darwin. Ein Forscher verändert die Welt. Fachliche Beratung Dr. Matthias Glaubrecht (Abenteuer & Wissen), Hildesheim ³2009.

Nigg 1990
Walter Nigg: Vom Geheimnis der Mönche, Zürich 1990.

Oberste 2003
Jörg Oberste: Zwischen Heiligkeit und Häresie. Religiosität und sozialer Aufstieg in der Stadt des hohen Mittelalters, Bd. 1: Städtische Eliten und der Kirche des hohen Mittelalters (Norm und Struktur 17), Köln u. a. 2003.

Ochmann 2010
Frank Ochmann: Kopfwelten Schwarz-Rot-Stolz, in: Stern.de, Stand: 1.7.2010, http://www.stern.de/wissen/mensch/kopfwelten-schwarz-rot-stolz-1578867.html, letzter Zugriff: 27.2.2015.

Payne/Payne 2010
Matthew Payne, James Payne: Regarding Thomas Rowlandson. 1757-1827. His Life, Art & Acquaintance. London 2010.

Panke-Kochinke 1991
Birgit Panke-Kochinke: Die anständige Frau. Konzeption und Umsetzung bürgerlicher Moral im 18. und 19. Jahrhundert (Frauen in Geschichte und Gesellschaft 31), Pfaffenweiler 1991.

Petrarca 2004 [14. Jh.]
Francesco Petrarca: Secretum meum. Mein Geheimnis. Lateinisch-Deutsch, hrsg., übersetzt und mit einem Nachwort von Gerhard Regn und Bernhard Huss, Mainz 2004 [Erstausg. 14. Jh.].

Pfürtner u.a. 1988
Stephan H. Pfürtner u. a.: Ethik in der europäischen Geschichte. Bd. 2: Reformation und Neuzeit, Stuttgart u. a. 1988.

Pfürtner 1996
Stephan H. Pfürtner: Kirche und Kontrazeption, in: Kat. Dresden 1996, S. 83-97.

Picard 2007
Tobias Picard: Studenten in Aufruhr. Als die Revolte Laufen lernte, in: Spiegel online, Stand: 15.10.2007, http://www.spiegel.de/einestages/studenten-in-aufruhr-a-948401.html, letzter Zugriff: 13.02.2015.

Pohl 2012
Rolf Pohl: Das Konstrukt „Volksgemeinschaft" als Mittel zur Erzeugung von Massenloyalität im Nationalsozialismus, in: Detlef Schmiechen-Ackermann (Hg.): „Volksgemeinschaft": Mythos, wirkungsmächtige soziale Verheißung oder soziale Realität im „Dritten Reich"? Zwischenbilanz einer kontroversen Debatte. Nationalsozialistische „Volksgemeinschaft" (Studien zu Konstruktion, gesellschaftlicher Wirkungsmacht und Erinnerung 1), Paderborn 2012.

Post 2011
Werner Post: Acedia – Das Laster der Trägheit. Zur Geschichte der siebten Todsünde (Forschungen zur Europäischen Geistesgeschichte 12), Freiburg i. Br./Basel/Wien 2011.

Preuß/Schultz 2011
Roland Preuß, Tanjev Schultz: Guttenbergs Fall. Der Skandal und seine Folgen für Politik und Gesellschaft, Gütersloh 2011.

Prodi/Reinhard 2001
Paolo Prodi, Wolfgang Reinhard (Hg.): Das Konzil von Trient und die Moderne (Schriften des Italienisch-Deutschen Historischen Instituts in Trient 16), Berlin 2001.

Prose 2009
Francine Prose: Völlerei. Die köstlichste Todsünde, Berlin 2009.

Protzner 1987
Wolfgang Protzner: Vom Hungerwinter bis zum Beginn der „Freßwelle", in: Ders.: Vom Hungerwinter zum kulinarischen Schlaraffenland. Aspekte einer Kulturgeschichte des Essens in der Bundesrepublik Deutschland (Beiträge zur Wirtschafts- und Sozialgeschichte 35), Stuttgart 1987, S. 11-30.

Przyrembel 2003
Alexandra Przyrembel: Rassenschande. Reinheitsmythos und Vernichtungslegitimation im Nationalsozialismus (Veröffentlichungen des Max-Planck-Instituts für Geschichte 190), Göttingen 2003.

Rath 1984
Claus-Dieter Rath: Reste der Tafelrunde. Das Abenteuer der Eßkultur, Reinbeck bei Hamburg 1984.

Reichardt 2014
Sven Reichardt: Linke Beziehungskisten, in: Frankfurter Allgemeine Zeitung, 5.5.2014, S. 8.

Reinhard 1985
Wolfgang Reinhard: Geschichte der europäischen Expansion, Bd. 2: Die Neue Welt, Stuttgart u.a. 1985.

Richards 1983
Jeffrey Richards: Gregor der Grosse [sic.]. Sein Leben – seine Zeit, Graz u.a. 1983.

Riché 1996
Pierre Riché: Gregor der Große. Leben und Werk, München u.a. 1996.

Rieth 1996
Ricardo Rieth: „Habsucht" bei Martin Luther. Ökonomisches und theologisches Denken, Tradition und soziale Wirklichkeit im Zeitalter der Reformation (Arbeiten zur Kirchen- und Theologiegeschichte 1), Weimar 1996.

Röcke 1983
Werner Röcke: Berthold von Regensburg. Vier Predigten, Stuttgart 1983.

Roll 2014
Evelyn Roll: Frei von Sünde, in: Süddeutsche Zeitung 8, 11.1.2014, online abrufbar unter: http://www.genios.de/presse-archiv/artikel/SZ/20140111/frei-von-suende/A56233509.html, letzter Zugriff: 24.3.2015.

Rousseau 2010 [1755]
Jean-Jacques Rousseau: Abhandlung über den Ursprung und die Grundlagen der Ungleichheit unter den Menschen. Aus dem Französischen übersetzt und hrsg. von Philipp Rippel, Stuttgart 2010 [Erstausg. 1755].

Rudolph 2007
Sabine Rudolph: Restitution von Kunstwerken aus jüdischem Besitz. Dingliche Herausgabeansprüche nach deutschem Recht, Berlin 2007.

Sachsse 2003
Rolf Sachsse: Die Erziehung zum Wegsehen. Fotografie im NS-Staat, Dresden 2003.

Sartory 1981
Gertrude und Thomas Sartory (Hg.): Johannes Cassian. Spannkraft der Seele. Einweisung in das christliche Leben I (Texte zum Nachdenken 839), Freiburg/Basel/Wien 1981.

Schäfer 1998
Thomas Schäfer: Casanova. Magier – Gelehrter – Abenteurer, Leipzig 1998.

Schallenberg 2007
Peter Schallenberg: Die sieben Todsünden. Geistesgeschichtliche und moraltheologische Einordnung, in: Alfred Bellebaum, Detlef Herbers (Hg.): Die sieben Todsünden. Über Laster und Tugenden in der modernen Gesellschaft, Münster 2007, S. 21-28.

Schappach 2008
Beate Schappach: „Macht kaputt, was euch kaputt macht", in: Kat. Frankfurt a. M., S. 188f.

Scheffczyk 1992
Leo Scheffczyk: Das Konzil von Trient und die Reformation. Zum Versuch eines Brückenschlags (Bayerische Akademie der Wissenschaften. Philosophisch-Historische Klasse, Sitzungsberichte, Jahrgang 1992, Heft 3), München 1992.

Schenke 1989
Hans-Martin Schenke: Das Berliner Evagrius-Ostrakon (P. Berol. 14 700), in: Zeitschrift für ägyptische Sprache und Altertumskunde 116, 1989, S. 90-107.

Scheve/Stodulka/Schmidt 2013
Christian von Scheve, Thomas Stodulka, Julia Schmidt: Guter Neid, schlechter Neid? Von der „Neidkultur" zu Kulturen des Neides, in: bpb. Bundeszentrale für politische Bildung, Stand: 30.7.2012, http://www.bpb.de/apuz/165755/von-der-neidkultur-zu-kulturen-des-neides?p=all, letzter Zugriff: 24.03.2015.

Schild 2008
Axel Schild: Neue Linke und Studentenbewegung, in: bpb. Bundeszentrale für politische Bildung, Stand: 9.1.2008, http://www.bpb.de/geschichte/deutsche-geschichte/68er-bewegung/51815/neue-linke, letzter Zugriff: 13.2.2015.

Schild/Siegfried 2009
Axel Schild, Detlef Siegfried: Deutsche Kulturgeschichte. Die Bundesrepublik – 1945 bis zur Gegenwart (Bundeszentrale für politische Bildung, Schriftenreihe 1011), Bonn 2009.

Schilling 2013
Heinz Schilling: Martin Luther. Rebell in einer Zeit des Umbruchs, München ²2013.

Schippers 2012
Nicole Schippers: Die Funktionen des Neides. Eine soziologische Studie, Marburg 2012.

Schirrmacher 2013
Frank Schirrmacher: Ego. Das Spiel des Lebens, München ⁴2013.

Schneider 2010
Silke Schneider: Verbotener Umgang. Ausländer und Deutsche im Nationalsozialismus. Diskurse um Sexualität, Moral, Wissen und Strafe, Baden-Baden 2010.

Schönberger 1993
Axel Schönberger: Die Darstellung von Lust und Liebe im Heptaméron der Königin Margarete von Navarra, Frankfurt a. M. 1993.

Schreiber 2009
Mathias Schreiber: Nationalgefühl. Patriotismus der Heimwerker, in: Der Spiegel 19, 2009, S. 146-149.

Schulze 1914
Paul Schulze: Die Entwicklung der Hauptlaster- und Haupttugendlehre von Gregor dem Großen bis Petrus Lombardus und ihr Einfluß [sic.] auf die frühdeutsche Literatur, Diss. Universität Greifswald 1914, Greifswald 1914.

Schulze 2005
Gerhard Schulze: Hedonismus. Zur sündigen Modernität des Westens, Zürich 2015.

Schuster 1989
Eva Schuster: Mensch und Tod. Graphiksammlung der Universität Düsseldorf (Bestandskatalog), Düsseldorf 1989.

Schütz 1973
Eva Schütz: Joseps Sündenspiegel. Eine niederdeutsche Lehrdichtung des 15. Jahrhunderts (Niederdeutsche Studien 19), Diss. Universität Münster 1968, Köln u. a. 1973.

Schwab 2008
Andreas Schwab: „Das Private ist politisch", in: Kat. Frankfurt a. M. 2008, S. 60f.

Seeßlen 2011
Georg Seeßlen: Tintin, und wie er die Welt sah. Fast alles über Tim, Struppi, Mühlenhof und des Rest des Universums (Kultur & Kritik 4), Berlin 2011.

Seresse 2011
Volker Seresse: Kirche und Christentum. Grundwissen für Historiker, Paderborn 2011.

Sichtermann 2008
Barbara Sichtermann: Die beruhigende Zone bürgerlicher Kultur. Wie es sich die Eltern gemütlich machten und was die 68er-Kinder daran störte, in: Kat. Frankfurt a. M 2008, S. 226-231.

Sigmund 2009
Anna Maria Sigmund: „Das Geschlechtsleben bestimmen wir". Sexualität im Dritten Reich, erw. und überarb. Taschenbucherstausgabe, München 2009.

Sigusch 2005
Volkmar Sigusch: Neosexualitäten. Über den kulturellen Wandel von Liebe und Perversion, Frankfurt a. M./New York 2005.

Sofsky 2009
Wolfgang Sofsky: Das Buch der Laster, München 2009.

Sørensen 1997
Bengt Algot Sørensen (Hg.): Geschichte der deutschen Literatur, Bd. 2: Vom 19. Jahrhundert bis zur Gegenwart, München 1997.

Spike 1997
John T. Spike: Fra Angelico. Leben und Werk, München 1997.

Staupe/Vieth 1996
Gisela Staupe, Lisa Vieth: Einführung, in: Kat. Dresden 1996, S. 11f.

Stein 2006
Roger Stein: Das deutsche Dirnenlied. Literarisches Kabarett von Bruant bis Brecht, Köln/Weimar 2006.

Steinbacher 2011
Sybille Steinbacher: Wie der Sex nach Deutschland kam. Der Kampf um Sittlichkeit und Anstand in der frühen Bundesrepublik, München 2011.

Stender 2011
Detlef Stender: Damenwahl. Die 20er Jahre, in: Kat. Augsburg 2011, S. 16-19.

Stierle 2003
Karlheinz Stierle: Francesco Petrarca. Ein Intellektueller im Europa des 14. Jahrhunderts, München/Wien 2003.

Thiele-Dohrmann 1998
Klaus Thiele-Dohrmann: Kurtisanenfreund und Fürstenplage. Pietro Aretino und die Kunst der Enthüllung, Düsseldorf/Zürich 1998.

Thode-Arora 1989
Hilke Thode-Arora: Für fünfzig Pfennig um die Welt. Die Hagenbeckschen Völkerschauen, Frankfurt a. M. 1989.

Thomsen 1958
Rudolf Thomsen: Der erotisch-sexuelle Versandhandel, Köln-Klettenberg 1958.

Tinsobin 2013
Eva Tinsobin: Völlerei macht keine Freude, in: derStandard.at, Stand: 31.10.2013, http://derstandard.at/1381370411697/Voellerei-macht-keine-Freude, letzter Zugriff: 24.3.2015.

Traub 2010
Ulrike Traub: Theater der Nacktheit. Zum Bedeutungswandel entblößter Körper auf der Bühne seit 1900, Bielefeld 2010.

Uhrig 2007
Sanda Uhrig: Von Dämonischem, allzu Menschlichem und Politischem. Die sieben Todsünden im 20. Jahrhundert, in: Kat. Murnau 2007, S. 74-86.

Uhse 2000
Beate Uhse: Lustvoll in den Markt. Strategien für schwierige Märkte, Planegg 2000.

Usborne 1994
Cornelie Usborne: Frauenkörper – Volkskörper. Geburtenkontrolle und Bevölkerungspolitik in der Weimarer Republik. Aus dem Englischen übersetzt von Juliane Gräbener-Müller und Cornelie Usborne (Theorie und Geschichte der bürgerlichen Gesellschaft 7), Münster 1994.

Verlinden 2010
Britta Verlinden: Gemischte Gefühle: Neid. Die einzige Todsünde, die keinen Spaß macht, in: Süddeutsche.de, Stand: 7.9.2010, http://www.sueddeutsche.de/wissen/gemischte-gefuehle-neid-die-einzige-todsuende-die-keinen-spass-macht-1.995537, letzter Zugriff: 24.3.2015.

Vitali 2010
Samuel Vitali: Zyklen der sieben Todsünden vom Mittelalter bis zur Gegenwart, in: Kat. Bern 2011, S. 62-133.

Völker-Rasor 2000
Anette Völker-Rasor (Hg.): Frühe Neuzeit (Oldenburgs Geschichte Lehrbuch), München 2000.

Voigt/Köhlerschmidt 2011
Stefanie Voigt, Markus Köhlerschmidt: Die philosophische Wollust. Sinnliches von Sokrates bis Sloterdijk, Darmstadt 2011.

Voss 2008
Julia Voss: Charles Darwin. Zur Einführung, Hamburg 2008.

Wallmann 1988
Johannes Wallmann: Kirchengeschichte Deutschlands seit der Reformation, Tübingen ³1988.

Walter 2013
Regina Walter: Der Neid ist ein „grauslicher Charakterfehler", in: derStandard.at, Stand: 18.11.2013, http://derstandard.at/1381368483573/Der-Neid-ist-ein-grauslicher-Charakterfehler, letzter Zugriff: 24.3.2015.

Walther 2008
Rudolf Walther: Ein direkter Weg von der Spaßguerilla zum Terrorismus? Aktions- und Gewaltformen in der Protestbewegung, in: Kat. Frankfurt a. M., S. 180-187.

Weber 2010 [1904/05]
Max Weber: Die protestantische Ethik und der Geist des Kapitalismus, hrsg. und eingeleitet von Dirk Kaesler, München ³2010 [Erstausg. 1904/05].

Weber 2013
Kathrin Weber: Beeindruckende Emotionen. Wut und Zorn zwischen Leib und Seele, Individuum und Gesellschaft, in: Bozena Anna Budara, Kathrin Weber (Hg.): Ira – Wut und Zorn in Kultur und Literatur, Gießen 2013, S. 19-97.

Weber-Kellermann 1998
Ingeborg Weber-Kellermann: Frauenleben im 19. Jahrhundert. Empire und Romantik, Biedermeier, Gründerzeit, München ⁴1998.

Wegmann 2003
Susanne Wegmann: Auf dem Weg zum Himmel. Das Fegefeuer in der deutschen Kunst des Mittelalters, Diss. Universität Regensburg 2000, Köln/Weimar/Wien 2003.

Weitzel 2011
Sabine-Maria Weitzel: Die Ausstattung von St. Nikolai in Stralsund. Funktion, Bedeutung und Nutzung einer hansestädtischen Pfarrkirche (Schleswig-Holsteinische Schriften zur Kunstgeschichte 18), Kiel 2011.

Weitzmann-Fiedler 1981
Josepha Weitzmann-Fiedler: Romanische gravierte Bronzeschalen, Berlin 1981.

Wenzel 1995
Horst Wenzel: Hören und sehen – Schrift und Bild. Kultur und Gedächtnis im Mittelalter, München 1995.

Wertheimer 1999
Jürgen Wertheimer: Don Juan und Blaubart. Erotische Serientäter in der Literatur, München 1999.

Westhoff 2012a
Andrea Westhoff: Das große Fressen. Völlerei als Sünde gegen die Gesundheit, in: hr-online.de, Stand: 9.10.2012, http://www.hr-online.de/website/specials/wissen/index.jsp?jmpage=1&rubrik=77233&key=standard_document_42426564#titel1, letzter Zugriff: 24.3.2015.

Westhoff 2012b
Andrea Westhoff: Trägheit als aller Laster Anfang, in: hr-online.de, Stand: 9.10.2012, http://www.hr-online.de/website/specials/wissen/index.jsp?rubrik=68543&key=standard_document_42437748#titelnull, letzter Zugriff: 24.3.2015.

Weyrather 1993
Irmgard Weyrather: Muttertag und Mutterkreuz. Der Kult um die „deutsche Mutter" im Nationalsozialismus, Frankfurt a. M. 1993.

Wiederschein 2013
Harald Wiederschein: Schaut, wie toll ich bin! Deshalb überschätzen sich Menschen gerne selbst, in: Focus Online, Stand: 30.12.2013, http://www.focus.de/wissen/mensch/psychologie/tid-28607/fast-jeder-haelt-sich-fuer-besser-als-der-durchschnitt-warum-wir-uns-haeufig-ueberschaetzen_aid_881252.html, letzter Zugriff: 27.2.2015.

Wiggershaus 2008
Rolf Wiggershaus: Sternmarsch nach Bonn. Vor 40 Jahren protestierten mehrere 10.000 Demonstranten gegen die Notstandsgesetze, in: Deutschlandfunk, Stand:11.05.2008, http://www.deutschlandfunk.de/sternmarsch-nach-bonn.871.de.html?dram:article_id=126237, letzter Zugriff: 25.3.2015.

Wilckens 1980
Leonie von Wilckens: Bildteppiche, Regensburg 1980.

Wilckens 1995
Leonie Wilckens: Die mittelalterlichen Bildteppiche aus dem Regensburger Rathaus, in: Martin Angerer (Hg.): Regensburg im Mittelalter (Beiträge zur Stadtgeschichte vom frühen Mittelalter bis zum Beginn der Neuzeit 1), Regensburg 1995, S. 445-452.

Winkel 1987
Harald Winkel: Vom Gourmand zum Gourmet, in: Wolfgang Protzner: Vom Hungerwinter zum kulinarischen Schlaraffenland. Aspekte einer Kulturgeschichte des Essens in der Bundesrepublik Deutschland (Beiträge zur Wirtschafts- und Sozialgeschichte 35), Stuttgart 1987, S. 31-48.

Winter 2010
Susanne Winter: Die lachhaften Laster, in: Die sieben Todsünden in der Frühen Neuzeit, Frühneuzeit-Info 1/2, 2010, S. 50-57.

Winter 2013
Sebastian Winter: Geschlechter- und Sexualitätsentwürfe in der SS-Zeitung Das Schwarze Korps. Eine psychoanalytisch-sozialpsychologische Studie (Forschung Psychosozial), Gießen 2013.

Wohlmuth 2000
Josef Wohlmuth (Hg.): Konzilien des Mittelalters. Bd. 2: Vom ersten Laterankonzil (1123) bis zum fünften Laterankonzil (1512-1517) (Dekrete der ökumenischen Konzilien 2), Paderborn u. a. 2000.

Wolf/Linder 2014
Notker Wolf, Leo G. Linder: Das Böse. Wie unsere Kultur aus den Fugen gerät, Gütersloh 2014.

Wolter 2002
Gundula Wolter: Teufelshörner und Lustäpfel. Modekritik in Wort und Bild 1150-1620, Marburg 2002.

Zehnpfennig 2011
Barbara Zehnpfennig: Adolf Hitler. Mein Kampf. Weltanschauung und Programm. Studienkommentar, München 2011.

Ziegler 2009
Dieter Ziegler: Die Industrielle Revolution (Geschichte kompakt), Darmstadt ²2009.

Zinke 2010
Detlef Zinke: Meisterwerke vom Mittelalter bis zum Barock im Augustinermuseum in Freiburg i. Br., Berlin 2010.

Zirfas 2011
Jörg Zirfas: Frühe Neuzeit. Auf dem anthropologischen Weg zur Eigenständigkeit der Künstler und der Kunst, in: Leopold Klepacki und Jörg Zirfas (Hg.): Geschichte der Ästhetischen Bildung. Bd. 2: Frühe Neuzeit, Paderborn u. a. 2011 S. 7-27.

Zöckler 1893
Otto Zöckler: Das Lehrstück von den sieben Hauptsünden (Biblische und kirchenhistorische Studien 3), München 1893.

Zwerg 1948
Martha Zwerg: Schmalhans kocht trotzdem gut, Erfurt 1948.

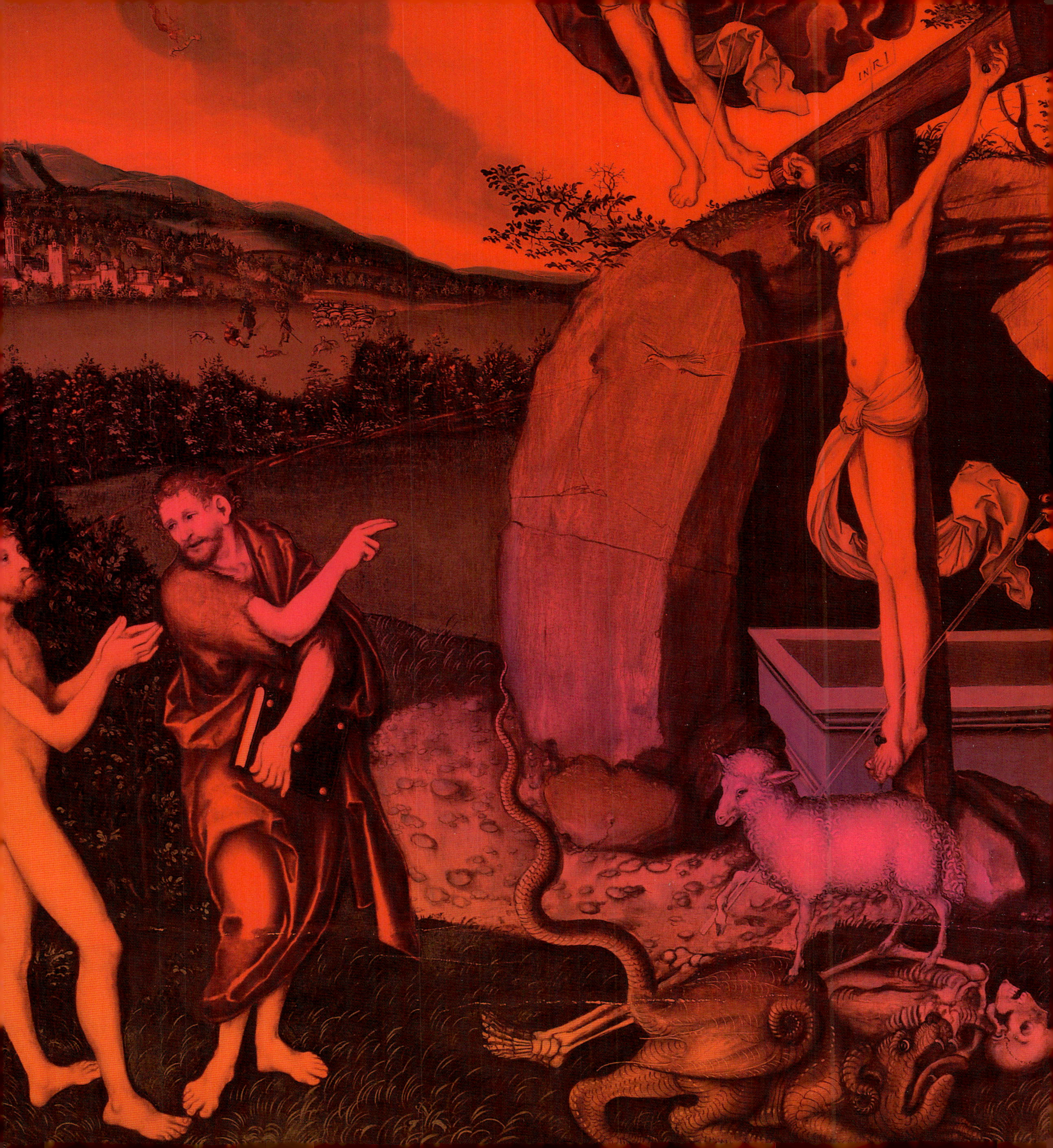
INRI

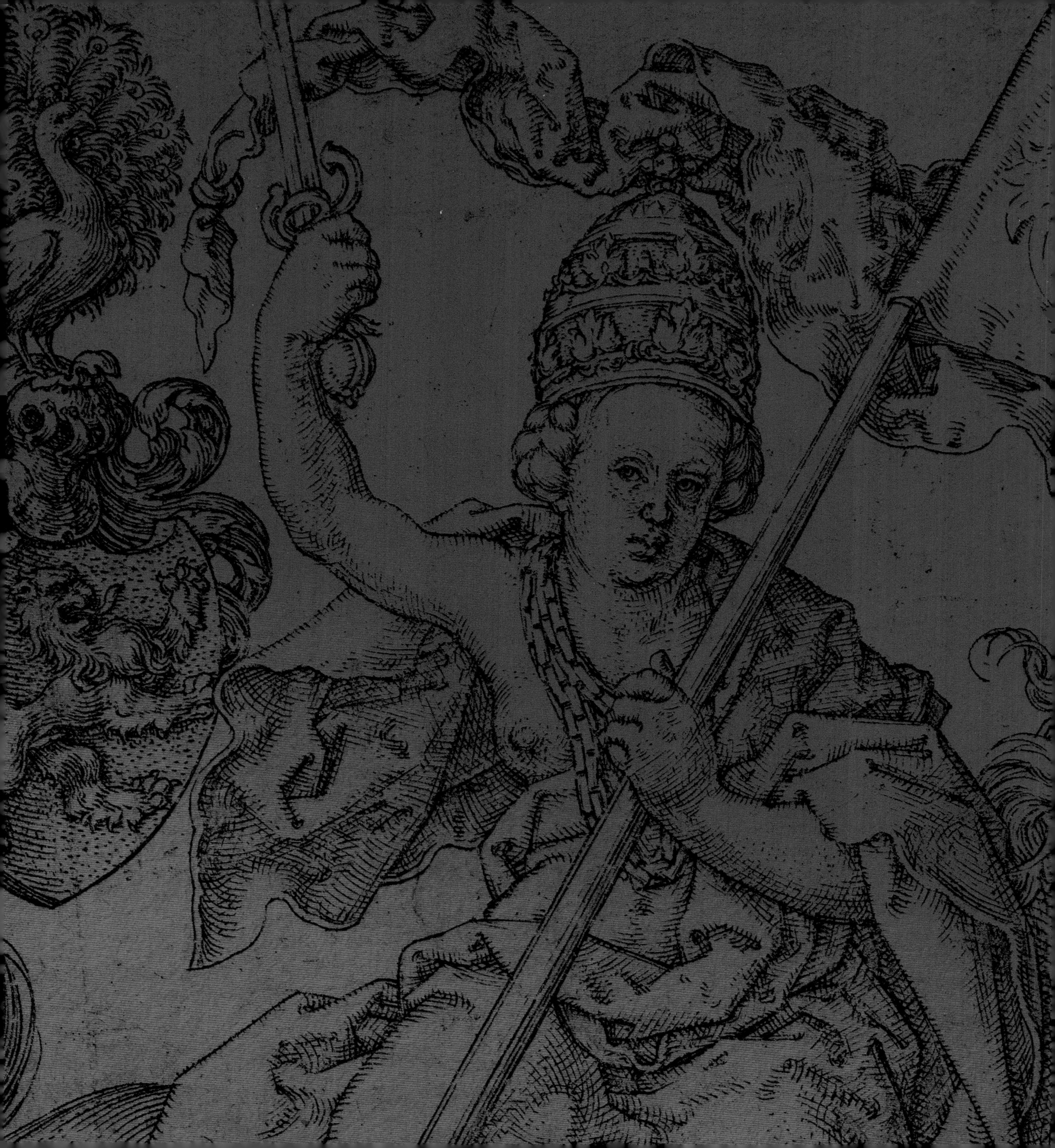

Abbildungsverzeichnis

Schmuckblätter

S. 2 (Kat. 1.1)
Meister von 1445, Die Versuchung des hl. Antonius, 1460 (Detail)
Rosgartenmuseum Konstanz

S. 4
„Himmlische und weltliche Stadt": Illustration der Cité de Dieu des Augustinus, 1478 (Detail)
Den Haag, MMW 10 A 11, f. 6r

S. 6
Fra Angelico, Das Jüngste Gericht, um 1395 (Detail), akg-images

S. 8 (Kat. 2.11)
Jüngstes Gericht, um 1480 (Detail)
Bayerisches Nationalmuseum München, Foto: Michael Preischl,
Historisches Museum der Stadt Regensburg

S. 15 (Kat. 2.12)
Hans Baldung, genannt Grien, Die sieben Hauptsünden, vor 1511 (Detail)
Benediktinerstift St. Paul im Lavanttal/Österreich

S. 19 (Kat. 3.25)
Galerie zu den Memoiren des Venetianers Jakob Casanova, Paris, um 1850, S. 47 (Detail)
Lichtenau, Stiftung *Kloster Dalheim*. LWL-Landesmuseum für Klosterkultur,
Foto: Ansgar Hoffmann, www.hoffmannfoto.de

S. 31
Pieter van der Heyden nach Pieter Bruegel d. Ä.,
Die sieben Todsünden: Desidia, 1558 (Detail), akg-images

S. 35 (Kat. 1.1)
Meister von 1445, Die Versuchung des hl. Antonius, 1460 (Detail)
Rosgartenmuseum Konstanz

S. 46
Teppich mit dem Kampf der Tugenden und Laster, um 1400 (Detail)
Foto: Peter Ferstl, Historisches Museum der Stadt Regensburg

S. 49
Hans Holbein d. J., Randzeichnung: Ein Narr betrachtet seine Marotte, in:
Erasmus von Rotterdam: Stultidiae laus, Basel März 1515, Inv. 1662.166, fol. K 4 verso (Detail)
Kunstmuseum Basel, Martin P. Bühler

S. 60
Adolph Menzel, Eisenwalzwerk, 1872-1875 (Detail)
bpk / Nationalgalerie, Staatliche Museen zu Berlin / Jürgen Liepe

S. 63
Edouard Manet, Olympia, 1863 (Detail)
bpk | RMN - Grand Palais | Patrice Schmidt

S. 71
Adolph Menzel, Die Zulus, nach 1855 (Detail)
bpk | Hamburger Kunsthalle | Elke Walford

S. 80
Karikatur „Die Ausgesaugten", in: Der Stürmer 8, Febr. 1930, S. 1 (Detail)
Stadtarchiv Nürnberg, AvPer 627 Nr. 8

S. 91 (Kat. 7.21)
Oswalt Kolle, Deine Frau das unbekannte Wesen, München 1967,
Abbildung Schutzumschlag (Detail)
Lichtenau, Stiftung *Kloster Dalheim*. LWL-Landesmuseum für Klosterkultur,
Foto: Ansgar Hoffmann, www.hoffmannfoto.de

S. 97 (Kat. 8.5)
Zeitschrift Focus: Der Mann des Jahres, Nr. 50, 13.12.2010, Titelblatt (Detail)
Lichtenau, Stiftung *Kloster Dalheim*. LWL-Landesmuseum für Klosterkultur,
Foto: Ansgar Hoffmann, www.hoffmannfoto.de

S. 103 (Kat. 8.36)
Figur: Klaas Klever, 20./21. Jahrhundert (Detail)
Lichtenau, Stiftung *loster Dalheim*. LWL-Landesmuseum für Klosterkultur,
Foto: Ansgar Hoffmann, www.hoffmannfoto.de

S. 112f. (Kat. 5.12)
Thomas Rowlandson, The Miser's End, 1815 (Detail)
(c) Graphiksammlung „Mensch und Tod" am Institut für Geschichte der Medizin der Heinrich-Heine-Universität Düsseldorf

S. 268f. (5.13)
Eduard Ille, Zyklus der sieben Todsünden: Trägheit, 1861 (Detail)
(c) Graphiksammlung „Mensch und Tod" am Institut für Geschichte der Medizin der Heinrich-Heine-Universität Düsseldorf

S. 270
Lukas Cranach d. Ä., Sündenverhängnis und Erlösung, 1529 (Detail)
© Stiftung Schloss Friedenstein Gotha

S. 287
Lukas Cranach d. Ä., Sündenverhängnis und Erlösung, 1529 (Detail)
© Stiftung Schloss Friedenstein Gotha

S. 288 (Kat. 3.3)
Heinrich Aldegrever, Die Tugenden und Laster: Superbia, 1552 (Detail)
Lichtenau, Stiftung *Kloster Dalheim*. LWL-Landesmuseum für Klosterkultur,
Foto: Ansgar Hoffmann, www.hoffmannfoto.de

S. 293 (Kat. 3.3)
Heinrich Aldegrever, Die Tugenden und Laster: Superbia, 1552 (Detail)
Lichtenau, Stiftung *Kloster Dalheim*. LWL-Landesmuseum für Klosterkultur,
Foto: Ansgar Hoffmann, www.hoffmannfoto.de

S. 294 (Kat. 2.14)
Conrad Dinckmut, Das Fegefeuer, aus: Anonym, Der Seelen Wurzgarten,
Ulm 1483 (Detail)
Kunsthaus Zürich, Grafische Sammlung

S. 299 (Kat. 2.14)
Conrad Dinckmut, Das Fegefeuer, aus: Anonym, Der Seelen Wurzgarten,
Ulm 1483 (Detail)
Kunsthaus Zürich, Grafische Sammlung

S. 304 (Kat. 7.2)
Rezeptheft Thea Magarine, Jeden Tag gut essen, Wien um 1953-57
Bohn, Wirtschaftswundermuseum

Katalog- und Essayabbildungen

Augsburg, Staats- und Stadtbibliothek Augsburg,
Graph 15/500: S. 182 (5.14 und Detail).

Basel/Schweiz, Kunstmuseum Basel, Martin P. Bühler: S. 52 (Abb. 17).

Basel/Schweiz, Museum Tinguely, Basel, Foto: Christian Baur: S. 264f. (9.1 a-g).

Bergisch-Gladbach, Andreas Mudring, Big food – Essen in XXL,
Foto: Ansgar Hoffmann, www.hoffmannfoto.de: S. 250 (8.30).

Berlin, akg-images: S. 13 (Abb. 2), S. 25 (Abb. 7), S. 42f. (Abb. 14), S. 73 (Abb. 25), S. 200 (6.24), S. 203 (6.28); akg-images/AP: S. 93 (Abb. 31); akg-images/Erich Lessing: S. 23 (Abb. 6).

Berlin, bpk/Bayerische Staatsgemäldesammlungen: S. 28 (Abb. 9).

Berlin, bpk – Bildagentur für Kunst, Kultur und Geschichte: S. 69 (Abb. 23).

Berlin, bpk/Hamburger Kunsthalle/Christoph Irrgang: S. 66 (Abb. 22);
Elke Walford: S. 70 (Abb. 24).

Berlin, bpk/Nationalgalerie, Staatliche Museen zu Berlin/Jürgen Liepe:
S. 59 (Abb. 19).

Berlin, bpk/RMN - Grand Palais/Patrice Schmidt: S. 64 (Abb. 21).

Berlin, Bruno Balz-Archiv/Rechtsnachfolger Jürgen Draeger: S. 197 (6.19, 6.20), S. 198 (6.21, 6.22).

Berlin, Bundesarchiv, Bild 183-R70355: S. 79 (Abb. 27); NS 2/276: S. 195 (6.16) und S. 194f. (Detail); Bild 146-1978-013-14: S. 203 (6.29); Bild 183-74237-004, Fotograf: Bernhard Walter: S. 203 (6.30).

Berlin, Deutsches Historisches Museum, Berlin: S. 77 (Abb. 26); S. 187 (6.5), S. 190 (6.9); S. 201 (6.25), S. 224 (7.28-7.32).

Berlin, Gesellschaft gegen Gewichtsdiskriminierung e. V., Foto: Alexandra Buterus/LWL: S. 253 (8.33).

Berlin, GKV Spitzenverband, Foto: Ansgar Hoffmann, www.hoffmannfoto.de:
S. 259 (8.42).

Berlin, Landesarchiv Berlin, B Rep. 025-03 Nr. 428, Bl. 18: S. 191 (6.11).

Berlin, Museen zu Berlin, Kunstgewerbemuseum; Foto: Saturia Linke: S. 124 (2.8).

Berlin, Privatleihgabe, Foto: Alexandra Buterus/LWL: S. 253 (8.34).

Berlin, Schering Archiv, Bayer AG: S. 218 (7.17).

Berlin, Staatliche Museen zu Berlin, Ägyptisches Museum und Papyrussammlung,
Foto: Sandra Steiss: S. 114 (1.2).

Berlin, Staatsbibliothek zu Berlin – Preußischer Kulturbesitz, Abteilung Historische Drucke, Yq 4031 R: S. 138 (3.9); Oq 10370/4: S. 150f. (3.21) und S. 149 (Detail); 4" Pn 3451/250: S. 182 (5.15).

Berlin, Stiftung Stadtmuseum Berlin / Reproduktion: Friedhelm Hoffmann, Berlin:
S. 169 (5.1); Reproduktion: Oliver Ziebe, Berlin: S. 192 (6.12), S. 240 (8.16).

Blankenburg, Privatleihgabe, Foto: Ansgar Hoffmann,
www.hoffmannfoto.de: S. 249 (8.29).

Bocholt, LWL-Industriemuseum. Westfälisches Landesmuseum für Industriekultur.
TextilWerk Bocholt, Foto: Anke Hochgartz: S. 156 (4.1), S. 177 (5.8, 5.9).

Bochum, Madonna e.V., Foto: Ansgar Hoffmann,
www.hoffmannfoto.de: S. 242 (8.18).

Bonn, Stiftung Haus der Geschichte der Bundesrepublik Deutschland, Bonn: S. 188 (6.6), S. 196 (6.17), S. 219 (7.20), S. 222 (7.23), S. 224 (7.27); © BKA Wiesbaden:
S. 228 (7.36).

Bonn, ULB Bonn, Fd 14/2 (1): S. 145 (3.16 und Detail); W 2014/4652: S. 233 (8.4).

Braunschweig, Richard Borek Stiftung: S. 160f. (4.7).

Bremen, Kunsthalle Bremen - Der Kunstverein in Bremen, Kupferstichkabinett,
Foto Karen Blindow: S. 152 (3.23 a+b).

Brixen/Italien, Bibliothek des Priesterseminars Brixen: S. 123 (2.6).

Büren-Wewelsburg, Foto: Kreismuseum Wewelsburg, R. Hellmeier u. I. Friedenberger: S. 130 (2.15), S. 192f. (6.13); Erntedankfest auf dem Bückeberg bei Hameln; jubelnde Zuschauer mit SS-Absperrung, 1935, aus: Sammelbildalbum „So grüßen die deutschen Bauern ihren Führer Adolf Hitler, Bückeberg 1935 / Kreismuseum Wewelsburg, Inv. Nr. 14279/8: S. 203 (6.27).

Calgary/Kanada, iStockphoto, Foto: Hazel Bregazzi/freeimages: S. 104 (Abb. 35).

Cambridge/Großbritannien, © The Fitzwilliam Museum, Cambridge: S. 54 (Abb. 18a), S. 55 (Abb. 18b).

Chemnitz, Universitätsbibliothek Chemnitz: S. 157 (4.2 und Detail).

Den Haag/Niederlande, Museum Meermanno, Den Haag, MMW 10 A 11, f. 6r: S. 21 (Abb. 5).

Dresden, Kupferstich-Kabinett, Staatliche Kunstsammlungen Dresden, Foto: Herbert Boswank: S. 134 (3.2).

Dresden, Porzellansammlung, Staatliche Kunstsammlungen Dresden, Foto: Werner Lieberknecht: S. 193 (6.14).

Düsseldorf, DAK-Gesundheit, Foto: Ansgar Hoffmann, www.hoffmannfoto.de: S. 259 (8.40).

Düsseldorf, (c) Graphiksammlung „Mensch und Tod" am Institut für Geschichte der Medizin der Heinrich-Heine-Universität Düsseldorf: S. 139 (3.10 und Detail), S. 180 (5.12), S. 181 (5.13 und Detail).

Düsseldorf, Universitäts- und Landesbibliothek Düsseldorf: S. 176 (5.7).

Essen, Museum Folkwang | Deutsches Plakat Museum, Essen: S. 172 (5.3).

Frankfurt a. M., picture-alliance/ dpa: S. 98 (Abb. 33); picture alliance / AP: S. 225 (7.33); picture alliance / UPI: S. 229 (7.37).

Frankfurt a. M., Universitätsbibliothek Johann Christian Senckenberg, Handschriftenabteilung, Signatur: Ms.Barth.50: S. 117 (1.5); Signatur: 18/25201: S. 166 (4.14).

Freiburg i. Br., Freiburger Münsterbauverein, Bildarchiv: S. 41 (Abb. 13).

Genf/Schweiz, Mission Suisse d'Archéologie Copte (MSAC), Université de Genève: S. 33 (Abb. 10).

Gotha, © Stiftung Schloss Friedenstein Gotha: S. 50 (Abb. 16).

Göttingen, Swen Pförtner: S. 98 (Abb. 32).

Hamburg, HIS-Archiv, Hamburg: S. 223 (7.24), S. 226 (7.35).

Hannover, GWLB Hannover: Ms I, 82: S. 125 (2.10).

Hannover, Historisches Museum Hannover/Repro: Reinhard Gottschalk: S. 196 (6.18).

Heidelberg, Universitätsbibliothek Heidelberg, Cod. Pal. germ. 382, fol. 1r [digitales Faksimile online abrufbar unter: http://digi.ub.uni-heidelberg.de/diglit/cpg382]: S. 132 (2.17).

Heiligenkreuz/Österreich, Zisterzienserabtei Stift Heiligenkreuz, Handschriftenkammer, Niederösterreich, Österreich. [Foto: P. Roman Nägele OCist]: S. 122 (2.4).

Herne, LWL-Archäologie für Westfalen/Stefan Brentführer: S. 149 (3.22).

Innsbruck/Österreich, Universitäts- und Landesbibliothek Tirol, Cod. 900, fol. 108v: S. 133 (2.19).

Iserlohn, Foto: Klein und Neumann KommunikationsDesign: S. 266f. (Detail).

Jena, Quelle: Thüringer Universitäts- und Landesbibliothek Jena (ThULB): S. 158 (4.3), S. 167 (4.15).

Karlsruhe, Staatliche Kunsthalle Karlsruhe: S. 17 (Abb. 3).

Kassel, Museumslandschaft Hessen Kassel, Graphische Sammlung: S. 183 (5.16).

Köln, Historisches Archiv der Stadt Köln, Best. 7010, 276 A: S. 39 (Abb. 12), S. 118 (2.1).

Köln, NS-Dokumentationszentrum der Stadt Köln, Foto: Ibrahim Basalamah: S. 184 (6.1); Foto: Michael Wiesehöfer: S. 194 (6.15).

Köln, Universitäts- und Stadtbibliothek Köln: S. 206 (7.6).

Konstanz, Rosgartenmuseum Konstanz: S. 36 (Abb. 11), S. 114 (1.1).

Leipzig, Stadtgeschichtliches Museum Leipzig: S. 179 (5.11).

Lichtenau, Stiftung *Kloster Dalheim*. LWL-Landesmuseum für Klosterkultur, Foto: Ansgar Hoffmann, www.hoffmannfoto.de: S. 18 (Abb. 4), S. 135 (3.3 und Detail), S. 154 (3.25) und S. 154f. (Detail), S. 159 (4.4), S. 160 (4.5), S. 162f. (4.8), S. 163 (4.9), S. 164 (4.10, 4.11), S. 167 (4.16), S. 178 (5.10), S. 204 (7.1), S. 205 (7.3), S. 207 (7.4), S. 206 (7.5 und Detail), S. 208 (7.8), S. 210 (7.10), S. 211 (7.11), S. 212 (7.12), S. 213 (7.13), S. 214 (7.14), S. 215 (7.15), S. 216f. (7.16), S. 218 (7.18), S. 219 (7.19), S. 220 (7.21), S. 221 (7.22), S. 223 (7.25), S. 224 (7.26), S. 230 (8.1, 8.2), S. 231 (8.3), S. 232 (8.5), S. 233 (8.6, 8.7), S. 234 (8.8, 8.9), S. 235 (8.10), S. 236 (8.11), S. 237 (8.12); S. 239 (8.14, 8.15), S. 241 (8.17), S. 243 (8.20, 8.21), S. 244 (8.22), S. 245 (8.23), S. 246 (8.26), S. 248 (8.28), S. 251 (8.31), S. 252 (8.32), S. 254 (8.35), S. 155 (8.36), S. 256 (8.37), S. 257 (8.38), S. 258 (8.39), S. 259 (8.41), S. 260 (8.43), S. 261 (8.44), S. 262 (8.45, 8.46), S. 263 (8.47, 8.48), S. 300f.

London/Großbritannien, © National Maritime Museum, Greenwich, London: 170f. (5.2).

Luckenwalde, HeimatMuseum Luckenwalde: S. 227 (7.34).

Lund/Norwegen, Lund University Historical Museum, Bengt Almgren: S. 161 (4.6).

Lutherstadt Wittenberg, Stiftung Luthergedenkstätten in Sachsen-Anhalt: S. 134 (3.1).

Mainz, Gutenberg-Museum Mainz: S. 124 (2.7).

Mannheim, Reiss-Engelhorn-Museen Mannheim, MAV: S. 146 (3.17).

Misereor, Foto: Ansgar Hoffmann, www.hoffmannfoto.de: S. 247 (8.27).

München, Bayerisches Nationalmuseum München, Foto: Michael Preischl, Historisches Museum der Stadt Regensburg: S. 11 (Abb. 1), S. 126 (2.11).

München, Bayerische Staatsbibliothek München, 2 Inc.c.a. 127: S. 125 (2.9); Rar. 290-1/3: S. 131 (2.16 und Detail); Res/4 P.o. germ 17: S. 133 (2.18); Res/4 Th. u. 103, VII, 13: S. 136 (3.4); Pol. g. 961: S. 136 (3.5); P.o.gall.1494 mh-6: S. 147 (3.18); Rem. IV 1834: S. 155 (3.26); Anthr. 252u: S. 165 (4.12); Bildarchiv: S. 185 (6.2).

München, Staatliche Graphische Sammlung München: S. 142f. (3.13 a-g) und S. 142 (Detail).

München, Süddeutsche Zeitung Photo / Thomas Hesterberg: S. 90 (Abb. 30).

Münster, Universitäts- und Landesbibliothek Münster, S+2 7956: S. 147 (3.19); ZQU 262.119, Bd. 119 (1930), Nr. 3042: S. 173 (5.4).

Nürnberg, Germanisches Nationalmuseum, Nürnberg: S. 140 (Detail), S. 141 (3.11, 3.12).

Nürnberg, Privatleihgabe, Foto: Ansgar Hoffmann, www.hoffmannfoto.de: S. 242 (8.9).

Nürnberg, Stadtarchiv Nürnberg, E 39 Nr. 1747/23: S. 83 (Abb. 28).

Paderborn, Stadt Paderborn, Foto: Ansgar Hoffmann, www.hoffmannfoto.de: S. 267 (9.2).

Paderborn, Stadtarchiv Paderborn, S4: VI.3.8: S. 186 (6.3); A 3303, Bd. 1, p. 46: S. 187 (6.4); Ansichtskartensammlung: S. 189 (6.7, 6.8) und S. 188f. (Detail); B 2078, p. 4: S. 191 (6.10); Sammlung Golücke im Stadtarchiv Paderborn / Kurt Böse: S. 199 (6.23).

Regensburg, Foto: Peter Ferstl, Historisches Museum der Stadt Regensburg: S. 44f. (Abb. 15).

Rheinberg, Bohn, Wirtschaftswundermuseum: S. 87 (Abb. 29), S. 204 (7.2), S. 208 (7.7, 7.9).

Schönecken, Lothar Graff: S. 174 (5.5).

Soest, Burghofmuseum Soest, Foto: Christian Theopold: S. 137 (3.6, 3.7).

Speyer, Landesbibliothekszentrum Rheinland-Pfalz / Pfälzische Landesbibliothek Speyer, Sign.Mus 26674: S. 175 (5.6).

St. Gallen/Schweiz, Stiftsbibliothek, Cod. Sang. 184, p. 198/199: S. 115 (1.3); Cod. Sang. 209, p. 173: S. 116 (1.4 und Detail); Cod. Sang. 643, p. 73: S. 128 (2.13); SGST 19269, Titelblatt: S. 138 (3.8).

St. Paul im Lavanttal/Österreich, Foto: Benediktinerstift St. Paul im Lavanttal: S. 123 (2.5), S. 127 (2.12).

Strasbourg/Frankreich, Collections BNU de Strasbourg: S. 120 (2.3) und S. 121 (Detail).

Stuttgart, Foto: P. Frankenstein, H. Zwietasch; Landesmuseum Württemberg, Stuttgart: S. 148 (3.20).

Stuttgart, Haus der Geschichte Baden-Württemberg, Foto: Bernd Eidenmüller: S. 246 (8.24, 8.25).

Trier, Stadtbibliothek/Stadtarchiv Trier, Foto: Anja Runkel; Sign. N15-9an2 Titelblatt: S. 144 (3.15).

Tübingen, Universitätsbibliothek Tübingen, MC 122: S. 144 (3.14).

Utrecht/Niederlande, National Museum van Speelklok tot Pierement, Utrecht: S. 62 (Abb. 20).

Vaduz/Liechtenstein, © LIECHTENSTEIN. The Princely Collections, Vaduz-Vienna: S. 27 (Abb. 8).

Verl, Klaus Sinnerbrink, Joh. Sinnerbrink GmbH & Co.KG Furnierschälwerk, Foto: Ansgar Hoffmann, www.hoffmannfoto.de: S. 100 (Abb. 34) und S. 238 (8.13).

Vorau/Österreich, Augustiner Chorherrenstift, Vorau, Stiftsarchiv, StAV-MS 130: S. 119 (2.2).

Weimar, Klassik Stiftung Weimar, Goethe- und Schiller-Archiv, Bestand Arnim, GSA 03/200: S. 166 (4.13).

Wien/Österreich, Archiv der KZ-Gedenkstätte Mauthausen, Wien, Q/2/1: S. 202 (6.26 und Detail).

Wien/Österreich, Theatermuseum, Wien: S. 153 (3.24).

Zürich/Schweiz, Kunsthaus Zürich, Grafische Sammlung: S. 129 (2.14).

Wir haben uns bemüht, die Inhaber aller Bildrechte zu ermitteln. Wenn unserer Aufmerksamkeit jemand entgangen sein sollte, bitten wir um Mitteilung an die Stiftung *Kloster Dalheim*. LWL-Landesmuseum für Klosterkultur.

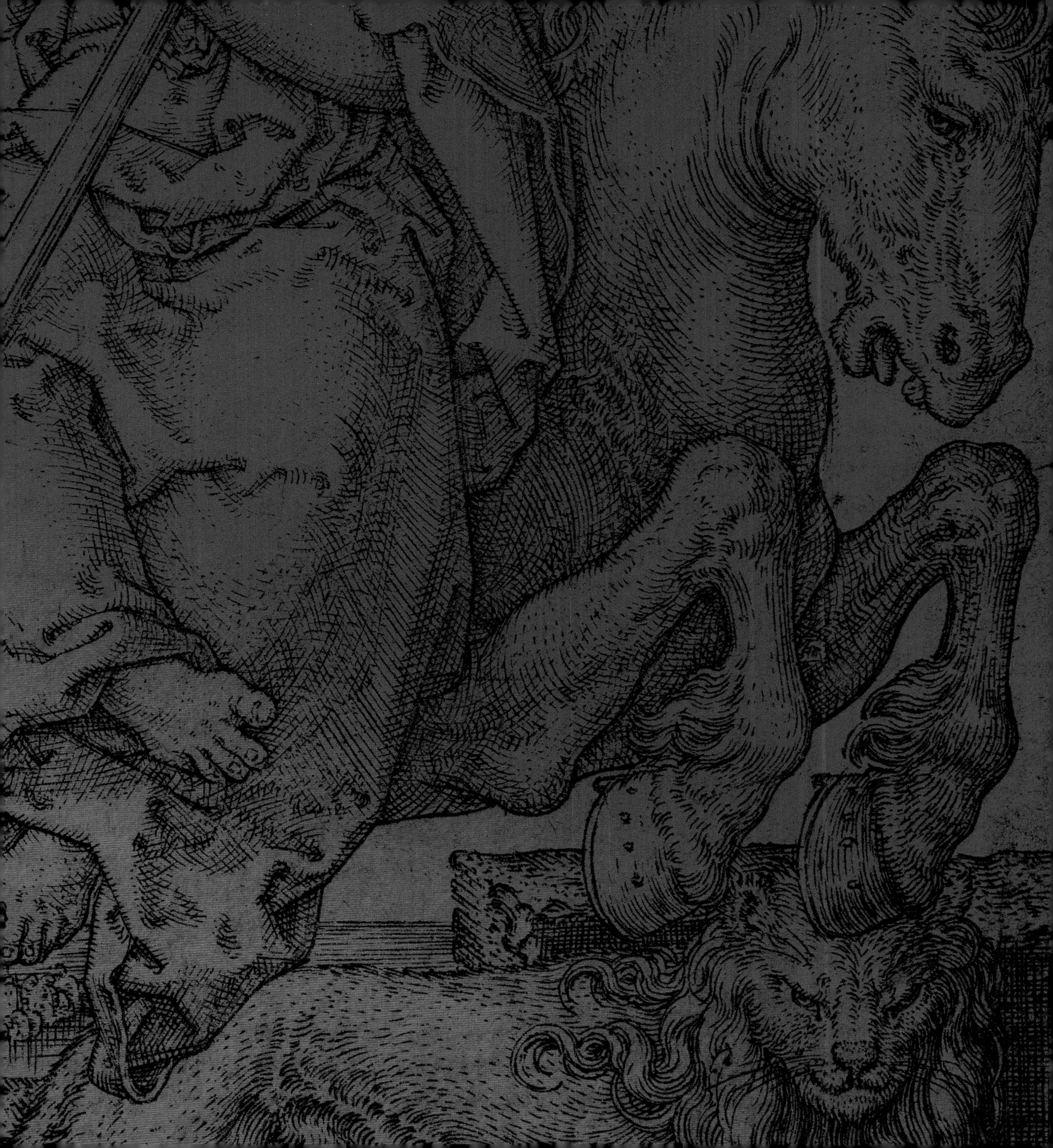

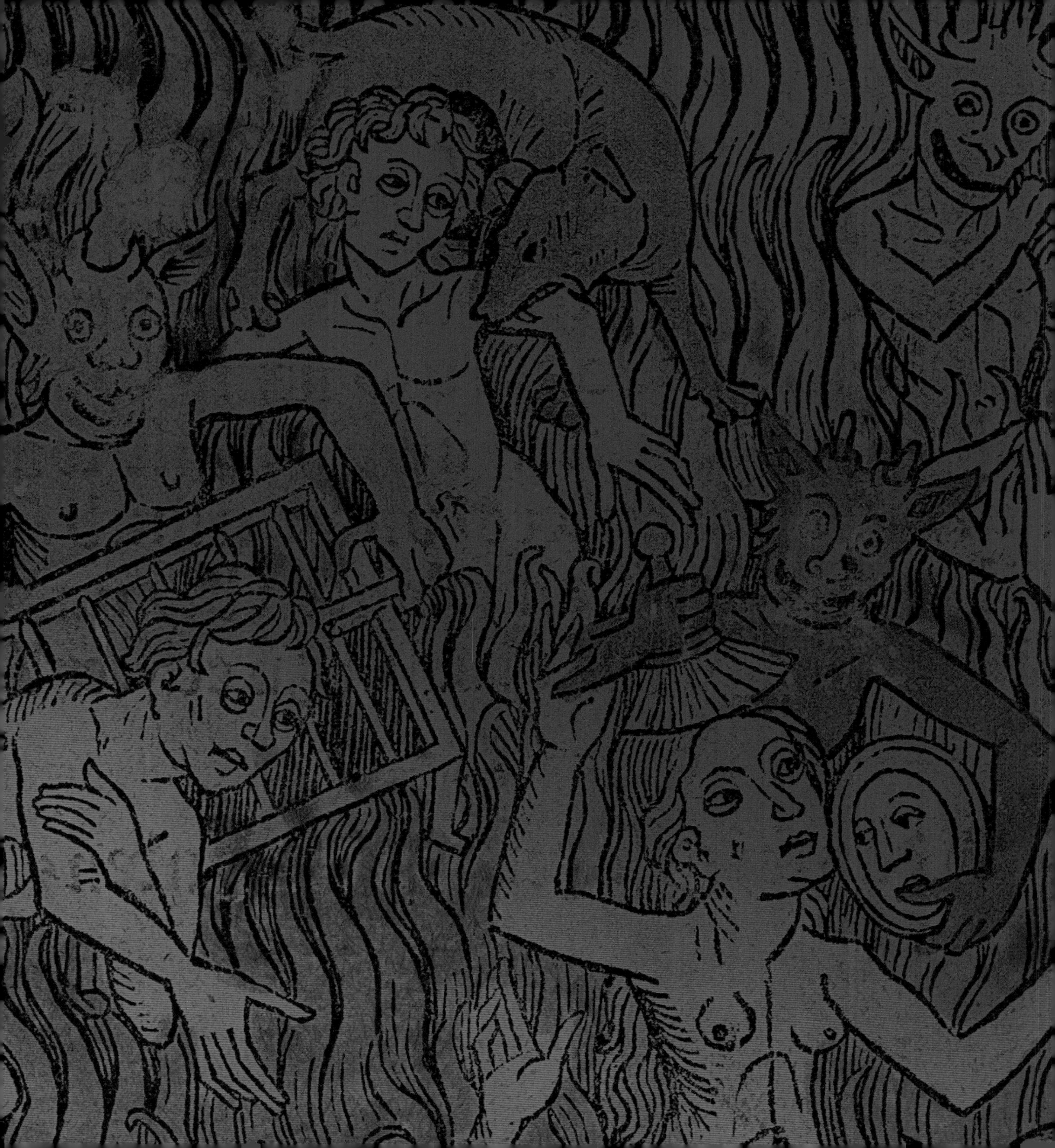

Autoren

Alexandra Buterus, Jahrgang 1985, studierte Kunstgeschichte, Französisch und Pädagogik an der Julius-Maximilians-Universität Würzburg und der Université de Caen Basse-Normandie/Frankreich. Seit Dezember 2013 ist sie wissenschaftliche Volontärin der Stiftung *Kloster Dalheim*. LWL-Landesmuseum für Klosterkultur.

Linda Eggers, Jahrgang 1983, studierte Kunstgeschichte sowie Mittlere und Neuere Geschichte an der Georg-August-Universität Göttingen. 2014 schloss sie das Studium mit einer Dissertation über Altarleuchter der Romanik ab. Seit Juli 2014 ist Eggers wissenschaftliche Volontärin der Stiftung *Kloster Dalheim*. LWL-Landesmuseum für Klosterkultur.

Helga Fabritius, Jahrgang 1969, studierte Kunstgeschichte, Ethnologie und Ägyptologie an den Universitäten Tübingen und Heidelberg. Ihre Dissertation über mittelalterliche Wandmalerei wurde 2004 mit dem Ernst-Habermann-Preis ausgezeichnet. Seit 2005 ist Fabritius bei der Stiftung *Kloster Dalheim*. LWL-Landesmuseum für Klosterkultur tätig, seit 2009 als wissenschaftliche Projektleitung im Bereich Dauer- und Sonderausstellungen. Schwerpunkte ihrer Forschung liegen in der mittelalterlichen Kunst und Ikonographie, besonders der Wandmalerei, und der Kunst Ostmitteleuropas.

Ingo Grabowsky, Jahrgang 1971, studierte Slavistik, Geschichte und Germanistik an den Universitäten Bochum, Zagreb/Kroatien und Jaroslavl'/Russland. Nach Abschluss der Promotion 2003 wirkte er bis 2008 am Haus der Geschichte der Bundesrepublik Deutschland in Bonn an zahlreichen Ausstellungsprojekten mit. Bis 2013 leitete Grabowsky ein Forschungsprojekt an der Ruhr-Universität Bochum. Zahlreiche seiner Veröffentlichungen befassen sich mit Alltags-, Kultur- und Architekturgeschichte. Seit 2014 ist Grabowsky Direktor und Geschäftsführer der Stiftung *Kloster Dalheim*. LWL-Landesmuseum für Klosterkultur.

Dieter Hattrup, Jahrgang 1948, studierte Mathematik, Physik und katholische Theologie in Münster, Regensburg und Bonn. 1978 wurde er im Fachbereich Mathematik promoviert. Nach seiner Priesterweihe im Jahre 1980 war er sieben Jahre lang in der Pfarrseelsorge tätig. 1986 erfolgte eine zweite Promotion und 1990 die Habilitation in katholischer Theologie. Seit 1991 ist Hattrup ordentlicher Professor für Dogmatik und Dogmengeschichte an der Theologischen Fakultät Paderborn.

Carolin Mischer, Jahrgang 1984, studierte Geschichte, Anglistisch-Amerikanistische Literatur- und Kulturwissenschaft sowie Kulturerbe an der Universität Paderborn und der Université Paris 1 Panthéon-Sorbonne/Frankreich. An der Universität Paderborn arbeitete sie von 2010 bis 2011 als wissenschaftliche Mitarbeiterin am Lehrstuhl für Materielles und Immaterielles Kulturerbe. 2012 wechselte Mischer zur Stiftung *Kloster Dalheim*. LWL-Landesmuseum für Klosterkultur, wo sie seit Juli 2014 als wissenschaftliche Referentin tätig ist.

Stefanie Wittenborg, Jahrgang 1979, studierte Mittelalterliche Geschichte, Archäologie des Mittelalters und der Neuzeit sowie Volkskunde/Europäische Ethnologie an den Universitäten Bamberg, Münster und der Università degli Studi di Perugia/Italien. Von 2004 bis 2007 war Wittenborg an mehreren Projekten zur Vorbereitung der Eröffnung der Stiftung *Kloster Dalheim*. LWL-Landesmuseum für Klosterkultur beteiligt, seit Juli 2012 ist sie dort als wissenschaftliche Referentin tätig.

Konzept und Umsetzung

Gesamtkoordination
Dr. Ingo Grabowsky

Wissenschaftliche Projektleitung
Dr. Helga Fabritius

Projektteam
Alexandra Buterus
Linda Eggers
Carolin Mischer
Stefanie Wittenborg (stellvertretende Projektleitung)

Museumspädagogisches Programm
Dr. Christiane Wabinski
Sonja Voss

Presse- und Öffentlichkeitsarbeit
Elisabeth Fisch
Natascha Rusche
Maria Tillmann

Verwaltung
Katrin Bachtrop
Manuela Grunert
Angelika Günnewig
Marianne Rosar

Klostergärten
Andreas Bogel
Brigitte Imeraj

Technischer Dienst und Werkstatt
Michael Kotthoff
Marcus Siekaup

Matthias Potthoff
Johannes Heppe
Uwe Kemper
Johannes Kerl
Jevgeni Stambler

Ausstellungsarchitektur und -grafik
Raumzeit GbR, Münster
Philipp Schwerdtfeger
Johannes Vogt
Marion Wolke

Für ihre Unterstützung bei der Projektumsetzung danken wir besonders:

Für das Kuratorium der Stiftung *Kloster Dalheim*
Matthias Löb, Vorsitzender des Kuratoriums

Dem Vorstand der Stiftung *Kloster Dalheim*
Dr. Barbara Rüschoff-Thale, Vorsitzende des Vorstands
Manfred Müller, Landrat des Kreises Paderborn
Fritz-Wilhelm Pahl, Sprecher des Stifterkollegs

Für den Landschaftsverband Westfalen-Lippe (LWL)
Matthias Löb, LWL-Direktor
Dieter Gebhard, Vorsitzender der LWL-Landschaftsversammlung

Für die LWL-Kulturabteilung
Dr. Barbara Rüschoff-Thale, LWL-Kulturdezernentin
Guido Kohlenbach
Ursula Lenz

Für den LWL-Bau- und Liegenschaftsbetrieb
Ulrich Beyer

Impressum

Die 7 Todsünden
1.700 Jahre Kulturgeschichte zwischen Tugend und Laster
Katalog zur Sonderausstellung der Stiftung *Kloster Dalheim*. LWL-Landesmuseum für Klosterkultur vom 30. Mai bis 1. November 2015.

Herausgeber
Stiftung *Kloster Dalheim*. LWL-Landesmuseum für Klosterkultur/Ingo Grabowsky

Texte
Alexandra Buterus
Linda Eggers
Helga Fabritius
Ingo Grabowsky
Dieter Hattrup
Carolin Mischer
Christiane Wabinski
Stefanie Wittenborg

Redaktion
Maria Tillmann
Bildredaktion und Literaturverzeichnis: Linda Eggers

Gestaltung
Klein und Neumann KommunikationsDesign, Iserlohn

Verlag
Ardey-Verlag GmbH, Münster

Druck und Bindung
Westermann Druck Zwickau GmbH

Die Deutsche Nationalbibliothek verzeichnet diese Publikation in der Deutschen Nationalbibliographie; detaillierte bibliographische Daten sind im Internet über https://d-nb.de abrufbar.

© 2015
Stiftung *Kloster Dalheim*. LWL-Landesmuseum für Klosterkultur, Lichtenau-Dalheim
ISBN 978-3-87023-379-2

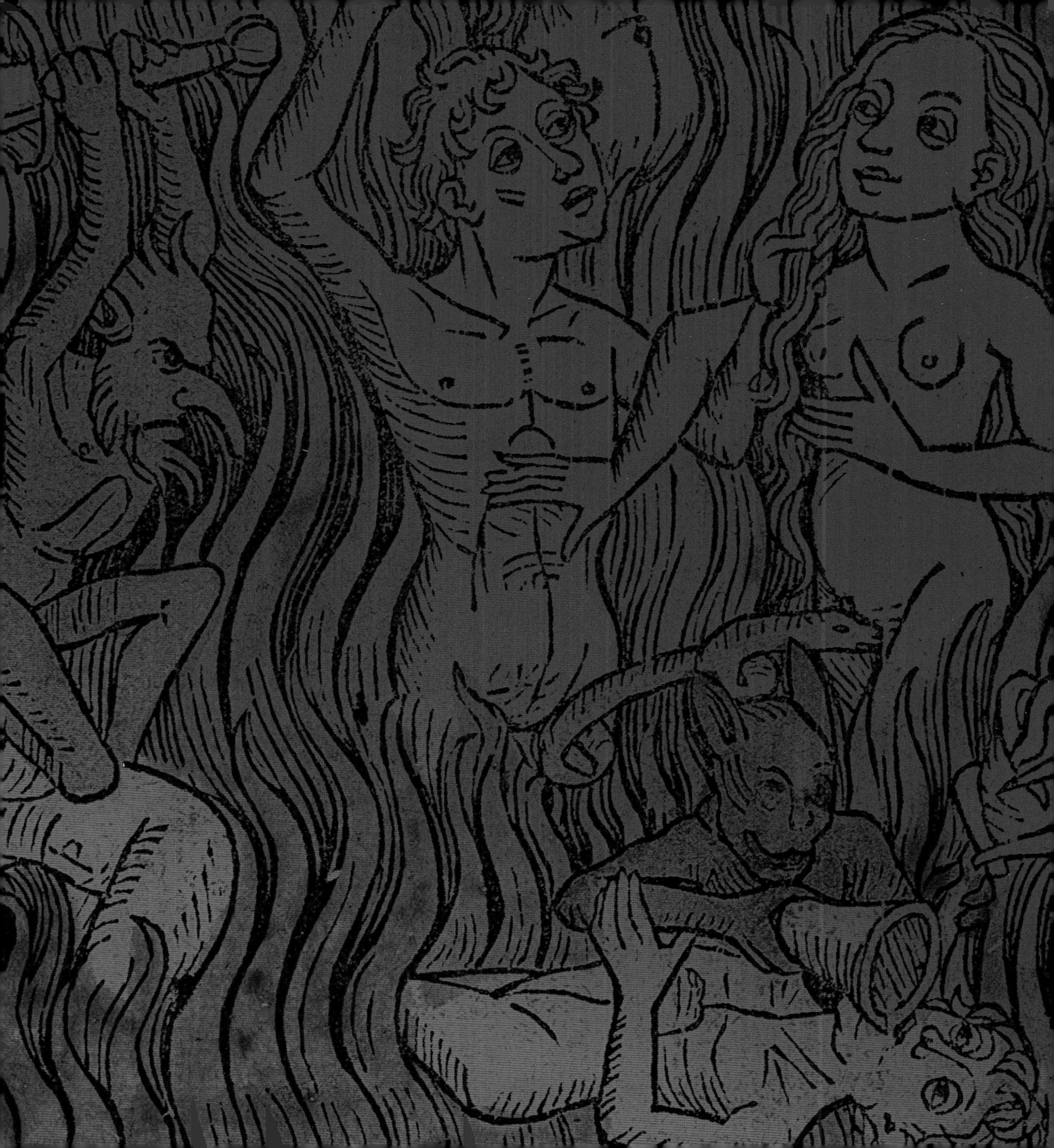

Die Gesichter der sieben Todsünden
Hochmut, Habgier, Wollust, Zorn,
Völlerei, Neid und Trägheit –
die Ausstellung versteht die sieben Todsünden
als menschliche Grundeigenschaften,
die heute nicht mehr als rein negativ gelten:
Ist es Trägheit oder eine Auszeit?
Ist es Völlerei oder Genuss?
Ist es Geiz oder geil?

Jede Zeit gibt den vermeintlichen Lastern
ein neues Gesicht.
Dies sind unsere Gesichter der sieben Todsünden.

Wir danken unseren Modellen!

Fotografien: Die sieben Todsünden
Lichtenau-Dalheim, 2015
Lichtenau, Stiftung *Kloster Dalheim.* LWL-Landesmuseum
für Klosterkultur

Hochmut

Habgier

Wollust

Zorn

Völlerei

Neid

Trägheit

Jeden Tag gut essen